우리 민족문화 상징 100

문화관광부 선정

우리 민족문화 상징 100

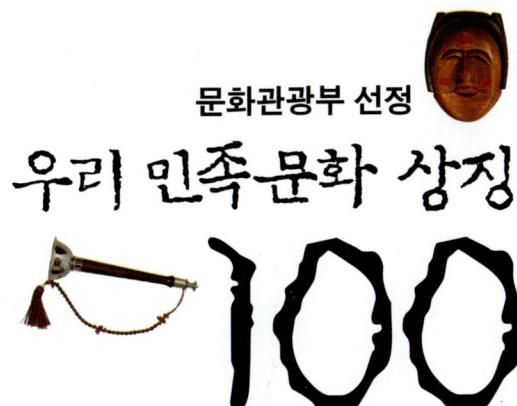

자장면에서 효까지 ③

글_이장원 그림_김이랑

21세기는 문화의 힘이 곧 국력이에요!

가만히 생각해 보면 우리 민족은 참 대단한 민족입니다. 여러분! 지금 세계 지도를 펼쳐 놓고 우리나라를 한번 찾아보세요. 쉽사리 찾기도 어려울 만큼 아주 작은 나라지요. 그런데 이 조그만 나라가 오천 년 역사를 한결같이 이어 왔다는 건 정말 놀라운 일이 아닐 수 없습니다. 그것도 수많은 외세의 침략에 그때마다 숱한 위기를 겪으면서 말입니다. 그러한 힘은 과연 어디에서 나오는 걸까요? 그건 아마도 유구한 역사를 지닌 우리 민족문화의 힘에서 나오는 게 아닐까 싶어요.

21세기는 문화 산업의 시대라는 말을 많이 들어봤을 거예요. 문화를 어떻게 가꾸어 가느냐에 따라 그 나라의 경쟁력이 강해질 수도, 또 약해질 수도 있다는 말이겠지요. 최근 몇 년 사이 우리 나라 문화가 아시아 여러 나라와 세계 여러 나라에 빠르게 전파되고 있는 걸 여러분도 많이 보고 듣고 했을 거예요. 이런 문화 현상을 한류(韓流)라고 해서, 다른 나라에서는 우리 문화 산업의 성공 비결을 배우려고 애를 쓰고 있습니다. 예전에는 정말 상상도 못한 일들이지요. 하지만 아직까진 음악이나 영화, 드라마 같은 몇 가지 분야에 머물고 있어요.

우리는 여기서 머뭇거릴 게 아니라 이 기회를 잘 살려 오천 년 역사 속에서 갈고 닦고 다져 온 민족문화를 잘 계승하여 21세기에 걸맞은 문화 상품으로 키워 가야 해요. 문화관광부에서는 세계로 퍼져 나가는 한류를 기회로, 우리 문화를 '한(韓) 스타일'이라는 이름으로 널리 알리는 일을 시작했습니다.

그래서 2005년 2월부터 '100대 민족문화 상징'을 선정하려고 여러 전문가들과

깊이 연구하고, 또 우리 국민들의 의견을 열심히 듣고 해서 마침내 2006년 7월 27일 100대 민족문화 상징을 발표했습니다. 고려청자, 석굴암, 팔만대장경 같은 빛나는 전통 문화에서부터 길거리 응원, 자장면, 정보통신 같은 새로운 문화에 이르기까지 전통과 현대를 아우르는 우리 민족 대표 상징들을 말입니다.

《우리 민족문화 상징 100》은 여러분이 우리 문화를 제대로 알고 '한 스타일'과 더욱 친해질 수 있는 좋은 기회가 되어 줄 거예요. 오랜 시간 여러 전문가 분들의 노고와 국민들의 뜨거운 관심과 성원에 힘입어 마침내 이처럼 훌륭한 책을 만날 수 있게 되어 정말 기쁩니다.

부디 이 책을 보며 여러분이 우리 민족문화에 자긍심을 키워 갈 뿐만 아니라, 한 걸음 더 나아가 세계 여러 나라의 문화에도 관심을 품었으면 합니다. 서로서로 문화 차이를 이해하고 알아 가는 것, 그것이 곧 세계 문화 시민이 되는 길이니까요.

전 문화관광부 장관   김 명 곤

'쓸데없는' 것을 아끼고 즐기는 마음이 지식과 능력을 더욱 빛나게 해요

이 책을 처음 준비한 것은 지난 2005년 가을쯤이었어요. 그때 문화관광부에서는 '100대 민족문화 상징'을 고르려고 여러 전문가들과 연구를 하고 있었는데, 마침 그 기획 단계에서부터 함께해 큰 밑그림을 잡을 수 있었지요. 문화관광부는 2006년 7월 27일 100대 민족문화 상징을 발표했고, 그해 이른 가을에 《우리 민족문화 상징 100》 1권이 나왔어요.

일찌감치 준비를 서둘렀지만 100가지나 되는 민족문화 상징을 꼼꼼히 책에 담는 것은 생각보다 쉬운 일이 아니었어요. 첫 책이 나온 이듬해인 2007년 5월에 2권을 펴낼 수 있었고, 다시 한 해가 더 지난 지금에 와서야 마지막 3권을 보게 됐어요.

그사이 책방에는 《우리 민족문화 상징 100》과 비슷한 책이 여러 권 쏟아져 나왔어요. 대개는 한 권짜리 책으로 엮었는데, 어쩌면 그렇게 책을 빨리 만들어 냈는지 그 비결이 참 궁금했어요. 마음이 급했지만 《우리 민족문화 상징 100》은 그 '비결'을 따라 하지 않기로 했어요. 당장 배가 고파도 패스트푸드를 먹느니, 조금만 더 참고 기다려 뜸이 잘 든 밥을 먹고 싶다는 생각이었지요.

그동안 '우리 문화'를 다룬다고 나온 책들은 옛날엔 주로 일본, 요즘은 서양 사람의 눈과 입을 빌려 말하는 책이 아주 많아요. 그러다 보니 뿌리 깊은 열등감에 빠져 있거나, 아니면 이를 거슬러 보려고 괜한 자만심만 부추기는 책도 있어요. 하루하루 땀 흘리고 살아 온 '보통 사람'보다는 귀족 양반들의 삶에 치우쳐 이야기한 책도 너무 많고요. 《우리 민족문화 상징 100》에서 가장 크게 애쓴 점은 이렇게 제자리에서 벗어난 우리 문화를 '우리 눈'으로 바로 보려는 것이었어요.

　《우리 민족문화 상징 100》은 어린이와 청소년이 보는 책이라고 해서 사진 하나라도 어물쩍 넘어가지 않았어요. 대개는 이번 책을 만들려고 새로 찍었어요. 이 가운데에는 다른 책에서는 보기 어려운 귀한 사진도 꽤 많아요. 이번 3권에 실은 측우기는 사진 촬영을 도와 준 기상청 직원 분의 말로도 '거의 처음' 제대로 진품을 찍은 것이라고 해요. 프랑스 국립박물관에 있는 《직지심체요절》과 16세기 한석봉 천자문 같은 사진도 복원품이 아닌 '진짜 모습' 은 두툼한 어른 책에서조차 보기 어려운 사진이고요. 측우기와 수표 같은 유물은 보통 다른 책과는 달리 옛날 사람들이 실제 보던 방향에 맞추어 찍기도 했어요.

　우리가 살면서 '먹고 사는 데 지장 없는 것' 만 익히면 그 삶은 아주 재미없어지고 말아요. 공부만 열심히 하면 오히려 '바보' 가 되기 쉽지요. 삶의 즐거움과 지혜는 뜻밖에도 '쓸데없는' 것들에 아주 많아요. 이런 것들을 골고루 느끼고 즐기고 사랑하는 마음을 우리는 보통 '교양' 이라고 해요. 교양 없이 지식만 갖춘 사람이 지도자가 되면 세상은 아주 어지러워져요.

　'우리 민족문화 100대 상징' 은 학교 시험과 논술에 나올 수 있어서도 중요하지만, 한때 우리가 스스로 업신여겨 내쫓은 바로 그 '쓸데없는' 것들을 가득 담고 있어서 아주 재미있어요. 여러분이 그 즐거움과 지혜를 《우리 민족문화 상징 100》에서 듬뿍 느낄 수 있으면 참 좋겠어요.

이 장 원

우리 민족문화 상징 100 — 차례

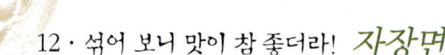

- 12 · 섞어 보니 맛이 참 좋더라! **자장면**
- 18 · 거친 파도보다 굳센 제주 바다의 어머니 **잠녀(해녀)**
- 26 · 입과 눈이 즐겁고 참살이에도 좋은 먹을거리 **전주비빔밥**
- 32 · 우리 모두 행복할 수 있는 기술을 부탁해 **정보통신(IT)**
- 36 · 지금 당장 개혁하지 않으면 나라는 망하고 만다 **정약용**
- 44 · 에어컨보다 시원한 나무 그늘 사랑방 **정자나무**
- 48 · 세찬 바닷바람을 다스린 제주 사람들의 지혜 **제주도 돌담**

- 52 · 이보다 꼼꼼한 역사 기록은 세계 어느 나라에도 없었다 **조선왕조실록**
- 60 · '공자의 나라'에도 없는 우리만의 문화유산 **종묘와 종묘대제**
- 68 · 안타깝게 우리 땅을 떠난 이 세상 첫 금속활자 인쇄본 **직지심체요절**
- 76 · 주인과 마음을 주고받는 신비한 우리 토박이 개 **진돗개**
- 82 · 까맣고 단단한 돌판에 새긴 천 년 왕조의 꿈 **천상열차분야지도**
- 90 · 우리 할머니 할아버지가 살던 소박한 보금자리 **초가**
- 96 · 그저 '연애' 이야기였다면 이처럼 오래 사랑받아 왔을까? **춘향전**
- 102 · 중요한 것은 '세계 처음'이 아니다 **측우기**
- 108 · 다 같이 탈 쓰고 신명 나게 탈을 잡아 보세! **탈춤**
- 116 · 떳떳이 뿌리를 밝히고 다시 한 번 세계로 하이킥을 뻗어라 **태권도**

124 · 그때 그 자리, 누구를 위하여 깃발은 펄럭였을까 **태극기**

132 · 동아시아 성리학을 완성한 위대한 사상가 **퇴계 이황**

140 · 뻔히 다 아는 이야기가 왜 이리 재미있을까 **판소리**

146 · 756년 동안 이어져 내려온 부처님의 자비 **팔만대장경**

156 · 통일된 나라에서 함께 가꾸어야 할 우리 겨레의 첫 서울 **평양**

162 · 땀 흘리는 민중의 일과 놀이와 꿈이 어우러진 몸짓 **풍물굿**

168 · 땅을 사람처럼 아끼고 살핀 마음 **풍수**

174 · 누구나 쉽게 배우고 날마다 쓰기 편하게 하라 **한글(훈민정음)**

182 · 자연과 평화를 사랑한 우리 겨레의 날개 **한복**

190 · 자식을 바른 길로 이끈 어머니의 원칙과 모범 **한석봉과 어머니**

196 · 우리나라 사람은 구들과 마루가 있는 집에서 살았다 **한옥**

202 · 죽어서도 의리를 다하는 우리 겨레의 오랜 식구 **한우**

208 · 천 년을 가도 살아 숨 쉬는 기적 **한지**

216 · 무서운 산신령 호랑이가 왜 작은 토끼한테는 꼼짝 못했을까 **호랑이**

222 · 올림픽 금메달 싹쓸이는 우연이 아니다 **활**

228 · 살아 숨 쉬는 흙 **황토**

234 · 어버이 살아 계실 때 섬기길 다하여라 **효**

● 우리 민족문화 100대 상징, 교과서 어디에 있을까? · 240

자장면에서 효까지

섞어 보니 맛이 참 좋더라!
자장면

우리 민족문화를 상징하는 100가지를 뽑았을 때, 여기에 '자장면' 이 들어간 것을 두고 고개를 갸우뚱거리는 사람들이 꽤 많았어요. '중국집' 에서나 파는 자장면이 어떻게 우리 민족문화를 상징한다는 말이지? 아마 이 글을 읽는 여러분 가운데에서도 이렇게 생각하는 사람이 적지는 않을 듯싶어요. 자장면이 어쩌다 '우리 민족문화' 를 상징하는 100가지에 들어갔는지, 자장면보다 더 맛있고 흥미로운 이야기를 지금부터 시작해 볼게요.

자장면 먹는 아이들
엄마 아빠한테 옛날 학교 졸업식이나 생일 같은 때 가장 많이 먹은 것이 무엇이었냐고 여쭈어 보면, 아마 열에 여덟아홉은 자장면이라고 대답할 거예요. 더 옛날인 1960년대에는 나라에 쌀이 모자라 자장면 같은 '분식 먹기 운동' 을 펼치기도 했지요. 그때 자장면 한 그릇 값은 15원쯤이었다고 해요.

붕어빵엔 붕어가 없고 중국 음식엔 자장면이 없다?

지난 2005년 10월, 인천광역시 중구 선린동 '차이나타운' 에서는 '자장면 탄생 100주년 잔치' 가 열렸어요. 그러니까 우리가 먹는 자장면이 이 세상에 나온 지 이제 꼭 100년이 조금 넘었다는 얘기지요.

'어, 자장면이 인천에서 태어났나? 중국에는 자장면이 없어?'

맞아요. 오늘날 우리가 아는 자장면은 중국에는 없는 중국 음식이에요. 자장면이 왜 중국에는 없는 중국 음식으로 태어났는지 알려면 우리나라 역사부터 조금 살펴봐야 해요.

자장면이 태어날 무렵인 18세기 말에서 19세기 초 사이는 외국의 힘센 나라들이 우리나라 땅을 집어삼키려고 서로 다툼을 벌이던 때였어요. 우리나라를 한입에 집어삼키려면 나라의 심장과도 같은 서울을 먼저 빼앗아야 했는데, 그러려면 한강을 타고 들어가는 뱃길이 열리는 인천과 강화도 지역을 손에 넣어야 했지요.

화교와 차이나타운

중국이 아닌 다른 나라에 사는 중국 사람과 그 자손을 화교(華僑)라고 해요. 그리고 이 사람들이 모여 사는 마을을 '차이나타운'이라 하고요. 우리나라 인천뿐 아니라 전 세계 웬만한 나라에는 다 '차이나타운'이 있어요. 이렇게 중국 밖에 나가서 사는 사람들 숫자만 해도 우리나라 남한 인구보다 훨씬 많은 6천만 명에 이른다고 하지요. 예부터 중국 사람들은 장사를 아주 잘하기로 이름이 높았는데, 이들이 다른 나라에 가서 주로 많이 하던 일이 요리사, 비단 장사, 이발사였다고 해요. 비단 장사나 이발사는 많이 줄었지만 요리사만큼은 지금도 우리나라를 비롯한 세계 곳곳에서 이름을 높이 떨치고 있어요.

자장면은 왜 '짜장면'이 아닐까?

1980년대 표준어를 정할 때 국어학자들이 된소리가 우리말을 거칠게 한다고 보고 '자장면'을 표준어로 삼았어요. 참고로 순 우리말 가운데에 '짜장'이란 낱말이 있는데 '틀림없이' 또는 '정말이지'와 같은 뜻이에요. 이를테면 "이 자장면 짜장 맛있다!"와 같이 쓸 수 있어요.

    미국이나 프랑스 같은 '서양 오랑캐'들의 공격에도 꿋꿋이 맞서던 우리나라가 끝내 무릎을 꿇어야 했던 나라는 다름 아닌 일본이었어요. 1876년(고종 13년) 우리나라는 일본과 억울하기 짝이 없는 '조일수호조약(강화도조약)'을 맺고 아무런 준비도 못한 채 제물포(인천)항을 열어 제쳐야 했지요.

    제물포항이 열리자 기다렸다는 듯이 외국 사람들이 몰려들었어요. 그 가운데에서도 우리나라와 가까운 일본과 청나라(중국) 사람들이 아주 많았어요. 이들은 조계지(租界地)라고 하는 지금으로 치면 '외국인 마을'을 이루고 살았는데, 일본 사람들은 지금의 인천 자유공원 남쪽에, 중국 사람들은 지금 차이나타운이 있는 선린동 쪽에 주로 모여 살았지요. 조용하던 바닷가 마을 제물포는 어느새 일본과 청나라에서 한밑천 잡으려고 건너온 온갖 사람들로 북적거렸어요.

자장면 탄생 1905년에 숨은 비밀

    청나라 조계지에 주로 많이 살던 사람은 '비단 장수 왕서방' 같은 장사꾼과 물건이 오가는 부두에서 허드렛일을 하는 가난한 일꾼들이었어요. 사람들이 몰려들다 보니 자연스럽게 이들을 상대로 하는 숙박 업소와 음식점도 많이 들어섰지요. 청나라에 살던 스물두 살 '우희광'이란 젊은이도 이 즈음 부푼 꿈을 안고 인천에 들어와 음식점과 호텔을 함께 하는 가게 하나를 차렸어요. 그리고 가게 이름을 '산동회관(山東會館)'이라 지었지요. 이때가 바로 1905년이었어요.

공화춘
인천광역시 중구 선린동. 근대문화유산 등록 문화재 246호. 1950년대에 중국과는 다른 '우리나라 자장면'을 처음 만들어 판 곳으로 알려져 있어요. 아쉽게도 지난 1984년에 문을 닫아 '원조 자장면' 맛은 볼 수 없게 되었지만 2009년쯤이면 이 자리에 '자장면 박물관'이 들어선다고 해요. 지금 인천역 가까운 곳에 있는 공화춘 식당은 이곳 '진짜 공화춘'과는 아무 관계가 없어요.

그런데 1912년 청나라가 망하고 '중화민국'이 들어서자 우희광은 이를 기념하여 가게 이름을 바꾸었어요. '공화국 첫해의 봄'이란 뜻인 '공화춘(共和春)', 그러니까 요즘 우리가 자장면을 처음 만들어 팔았던 곳으로 알고 있는 바로 그 가게 이름으로 말이에요. 오늘날 많은 책과 자료, 심지어 인천 차이나타운에서조차 자장면이 처음 만들어진 때가 '1905년'이고, 그곳이 '공화춘'이라고 말하는 뿌리가 바로 여기에 있어요. 실제 이 즈음에는 이곳 차이나타운에서 가난한 일꾼들이 빠르고 값싸게 먹을 수 있는 먹을거리가 필요했는데, 그러기에 딱 좋은 것이 바로 자장면이었지요.

자장면의 역습, 사실은 중국에도 자장면이 있다!

만일 우리한테 타임머신이 있어서 1905년 '공화춘'(산동회관) 식당에 갈 수 있다면 정말 '원조 자장면'을 먹을 수 있을까요? 아쉽게도 그러기는 힘들 것 같아요. 그때 팔던 자장면은 우리가 아는 자장면이 아닌 이상한(?) 맛이 날 테니까요. 여기서 우리는 한 가지 알아야 할 사실이 있어요. '우리가 아는 자장면'이 중국에는 없지만, 중국에도 옛날부터 자장면하고 비슷한 '차오지앙미엔(炸醬麵 작장면)'이 있었다는 사실을 말이에요.

1905년 인천 차이나타운에서 처음 팔던 자장면은 바로 이런 '중국식 자장면'이었어요. 시간이 흐르고, 중국 음식점에 중국 사람보다 우리나라 사람들이 더욱 많이 드나들게 되면서 우리 입맛에 맞는 새로운 자장면이 나오게 된 것이죠. 그 시기는 1905년이 아니라 이보다 훨씬 뒤인 1950년대에 들어와서

중국의 작장면
'작장면(炸醬麵)'을 풀이하면 '중국식 된장(醬)을 기름에 볶아(炸) 국수(麵)에 얹어 먹는 음식'이에요. 우리 자장면과 뜻은 비슷해도 그 맛과 모양은 아주 다르지요. 중국 자장면에 뿌려 나오는 소스는 '춘장'이라고 하는 중국식 된장이에요. 달콤한 캐러멜을 넣어 검은빛이 반들반들한 우리 자장면 소스와는 달리 누런 밤빛이 돌고 맛은 아주 짭조름해요. 우리 자장면처럼 갖은 채소와 고기를 볶아 넣지도 않고, 비비기 좋게 국물이 자박자박하지도 않아 우리나라 사람 입맛에는 아주 낯설게 느껴진다고 해요.

였다고 해요. 이때 지금 우리가 먹는 것과 비슷한 자장면을 처음 만들어 팔던 곳이 바로 위에서 말한 '공화춘'이란 음식점이고요.

자장면은 '퓨전 문화'의 상징이다

지금까지 살펴본 것처럼 자장면은 중국에도 있었지만, 우리나라에 건너와서 아주 딴판인 맛과 모양으로 탈바꿈한 '새로운' 먹을거리예요. 자장면이 우리 민족문화를 상징하는 100가지에 뽑힌 까닭이 바로 여기에 있어요. '문화'라는 것이 꼭 위대한 예술이나 정신 같은 것만을 뜻하지는 않으니까요. 다른 나라의 문화를 받아들여 우리 나름대로 만들어낸 새로운 문화, 요즘 흔히 말하는 '퓨전 문화'를 대표할 수 있는 상징이 바로 자장면이란 얘기예요.

지금은 아주 당연한 우리 먹을거리로 알고 있는 김치나 고추장도 사실은 자장면처럼 외국에서 들어온 재료를 우리 식으로 잘 섞어 18세기 후반에 와서야 만들어 낸 '퓨전 음식'이에요. 멕시코 지역이 원산지인 고추가 우리나라에 들어오기 전까지만 해도 우리 조상들은 지금처럼 '빨간 김치'와 고추장을 먹을 수 없었지요.

살기가 어렵고 밀가루 값도 지금보다 많이 비싸던 60~70년대에는 자장면 한 그릇 사 먹는 것이 아주 '특별한' 일이었어요. 요즘 여러분이 먹는 피자나 스파게티, 스테이크 같은 것보다 훨씬 먹기 어려운 '고급 음식'이었지요. 어쩌면 엄마 아빠의 '그때 그 자장면 한 그릇'은 다른 무엇과도 바꿀 수 없는 소중한 추억으로 남아 있을지 몰라요. 이쯤 되면 세상을 바꾸는 발명품이 꼭 자동차나 휴대전화 같은 거창한 물건만은 아니라는 생각도 들지요. '필요는 발명의 어머니'란 말이 있는데, 앞으로는 고정관념을 버리고 잘 섞기만 해도 세상을 뒤집을 만한 발명품을 만들 수 있지 않을까요? 중국의 전통 춘장에 달콤한 캐러멜 소스를 처음 섞어 넣을 생각을 했던 그 옛날 인천 차이나타운의 어느 주방장처럼 말이에요.

자장면이 빠르게 널리 퍼진 까닭
첫 번째는 '맛'이에요. 장삿속이 뛰어난 화교 조리사들이 중국식 자장면에서 기름과 향신료는 줄이고 그 대신 당근, 양파, 캐러멜 따위를 넣어 우리 입맛에 맞게 잘 다듬은 덕분이죠. 두 번째는 1950년 한국전쟁 뒤 미국에서 원조 물자로 들어온 '밀' 때문이에요. 그때 미국에서 남아돌던 밀이 우리나라에 들어와 밀가루 값을 크게 떨어뜨려 자장면은 더욱 널리 퍼졌어요.

나라 밖으로 건너가 달라진 '퓨전 음식'들

'퓨전(fusion)'은 '융합' 또는 '모은다'는 뜻으로, 퓨전 문화는 성격이 다른 문화 요소들이 만나 새롭게 만들어진 문화를 말해요. 세계가 점점 가까워지면서 음식이나 건축, 음악, 스포츠와 같은 거의 모든 분야에서 '퓨전 문화'가 생겨나고 있지요.

우리가 흔히 먹는 '짬뽕'과 '탕수육'도 자장면처럼 중국에서 우리나라에 들어와 달라진 먹을거리예요. 한때 우리나라 김치와 '원조 논쟁'을 불러일으킨 일본 '기무치'도 우리 김치와는 다른 '퓨전 음식'으로 보는 것이 옳을 듯싶어요. '기무치'는 젓갈이 없고 발효도 거의 안 시켜 일본 사람 입맛대로 만든 먹을거리니까요. 일본의 김초밥은 서양으로 건너가 '캘리포니아롤'이란 새로운 먹을거리로 태어나기도 했어요. 서양 사람들은 일본과는 달리 날 생선을 잘 먹지 못하는 데다 밥을 말아 놓은 김의 검은 빛을 싫어해 날치 알을 넣고 밥알을 겉에 드러낸 새로운 먹을거리를 만들었지요. 서양에서 들어온 햄버거에 빵 대신 밥을 아래위로 감싼 '라이스 버거' 같은 먹을거리도 퓨전 음식이라 할 수 있어요.

자장면은 종류도 가지가지

간자장 국물 없이 자장만을 볶아 면 위에 따로 부어 먹는 자장면. 자장에 들어간 채소와 고기를 씹는 맛이 좀 더 아삭해요.

삼선자장 '세 가지 좋은 재료'가 들어간 자장면. 보통 돼지고기, 닭고기, 새우, 전복, 죽순, 표고버섯, 해삼 가운데 세 가지를 넣어요.

사천자장 오른쪽 사진에 있는 자장면. 중국 사천 지방에서 내려온 방식으로 고추기름을 뿌려서 매콤한 맛이 나요.

유니자장 돼지고기, 감자, 양파 같은 재료를 덩어리가 아니라 잘게 다져서 만든 자장면이에요.

유슬자장 돼지고기를 길쭉하게 채로 썰어 넣어 만든 자장면이에요.

거친 파도보다 굳센 제주 바다의 어머니
잠녀(해녀)

'똘나믄 도새기 잡앙 잔치하곡 아덜 나믄 말질로 조롬팍 찬다.'

제주도에는 예부터 이런 말이 전해 내려오고 있어요. '딸 낳으면 돼지 잡아 잔치하고, 아들 낳으면 발길로 엉덩이 찬다.' 이런 뜻이래요. 옛날 옛적이라면 누구나 '아들'만을 좋아했을 것 같은데, 제주도에서만큼은 꼭 그렇지도 않았나 봐요. 그런데 이렇게 귀한 대접을 받고 태어난 딸들이 자라서는 어땠을까요? 그 대답 또한 제주에 전해 내려오는 옛말 가운데에서 찾아볼 수 있어요.

'여자로 나느니 쉐로 나주.'

이건 또 무슨 소리냐고요? 여자로 태어나느니 차라리 소로 태어나겠다! 정말 서릿발처럼 오싹한 소리예요. 돼지 잡아 잔치를 할 만큼 귀한 대접을 받고 태어난 제주도의 딸들이 왜 이렇게 자라서는 모진 소리를 했을까요?

> 태왁과 망사리를 구덕에 짊어지고 바닷가에 물질을 하러 나온 1960년대 잠녀 모습. 사진 앞쪽 햇빛에 얼굴을 찡그린 어린 잠녀는 지금쯤 환갑을 바라보는 할머니가 되었을 거예요.

여덟 살이면 끝난 제주 딸들의 잔치

오늘날 많은 사람들이 '관광지'로 찾는 섬 제주는 옛날 그곳에 사는 사람들한테는 그리 만만한 땅이 아니었어요. 돌이 많아 논밭을 일구기가 힘들고, 그나마 있는 흙도 가벼운 화산재에서 나온 것이라 애써 심은 씨앗이 흙과 함께 바닷바람에 날아가 버리기 일쑤였지요. 그래서 일찌감치 제주 사람들은 '바다'로 눈을 돌렸어요. 산 입에 거미줄 치지 않으려면 어떻게든 바다에서 먹을거리를 캐내야 했으니까요.

그 힘든 바다 일을 떠맡아 하던 사람이 바로 제주의 딸인 '잠녀'였어요.

해녀는 일본에서 건너온 말
예부터 제주에 사는 사람들은 바다에 나가 해산물을 따오는 여자들을 '좀녀' '좀수' '좀녜'라고 했어요. 요즘 우리가 흔히 쓰는 '해녀'는 일본에서 건너온 말이죠. 전 세계를 통틀어 이 같은 일을 직업 삼아 하는 사람들은 우리나라 제주도와 일본밖에 없어요. 그나마 일본에 있는 '해녀'들은 그 숫자가 아주 적고 솜씨도 제주도 '잠녀'에 한참 못 미친다고 해요.

잠녀의 하루

잠녀들은 보통 한 달이면 보름, 하루에 6~8시간씩 바다에 나가 일을 해요. 이렇게 바다에서 전복, 해삼, 미역, 소라, 성게, 우뭇가사리 같은 해산물을 따 올리는 일을 '물질'이라고 하지요. 솜씨 좋은 잠녀는 바닷속 20미터까지 들어가 몸을 움직이면서 2분쯤은 끄떡없이 숨을 참을 수 있어요. 그러다 물 위로 고개를 내밀면 길게 숨을 내쉬면서 '호오이' 하는 휘파람 비슷한 소리를 내요. 폐에 가득 찬 탄산가스를 내뿜고 산소를 빨리 받아들이는 호흡법인데 이를 '숨비소리'라고 해요.

옛날 제주도에서 태어난 여자아이들은 여덟 살쯤이 되면 헤엄치는 법을 배워야 했지요. 처음엔 얕은 물에서 조개를 잡거나 미역 같은 것을 뜯었어요. 그리고 점점 깊은 바다 속으로 들어가 해삼이며 전복을 척척 따서 나오는 어엿한 처녀 잠녀로 자라났어요. 추운 날에도 맨 몸으로 바닷물에 뛰어들어야 하는 물질은 어림짐작만으로도 보통 힘겨운 일이 아니었을 거예요. 게다가 잠녀들은 바다에 안 나갈 때는 농사일과 집안일도 도맡아 해야 했지요. 오죽했으면 논밭에서 죽어라 흙을 갈아엎는 소를 부러워했을까요.

남자들은 뭘 했기에?

옛날 기록을 살펴보면 처음부터 제주도의 딸들이 이렇게 힘든 바다 일을 도맡아 한 것은 아니었어요. 원래 제주 사람들은 남자든 여자든 안 가리고 바다에 뛰어들어 일을 했고, 농사 일도 마찬가지였지요.

그런데 어찌 된 일인지 15세기 말부터 17세기 초까지 제주도에서 남자들 숫자가 확 줄어 버렸어요. 그때 나라에서는 제주 사람들한테 해산물을 갖다 바치라고 했는데 그 양이 어마어마했지요. 게다가 욕심 많은 벼슬아치들이

내다 바치라는 게 하도 많아서 군역 의무까지 져야 하는 남자들은 정말 살기가 어려웠어요. 날이 갈수록 굶어 죽거나 책임을 못다 해 관아에서 맞아 죽는 남자들이 많아졌고요. 무리하게 먼 바다로 고기잡이를 나섰다가 영영 못 돌아오는 남자들도 늘어만 갔어요. 마침내 제주도 남자들은 '살려고' 바다 건너 뭍으로 도망치기 시작했어요. 도망치는 남자들이 어찌나 많았는지 조정에서는 법으로 제주를 못 떠나게 하는 '출륙 금지' 명령까지 내렸지요. 그맘때 제주도에 귀양살이를 하러 와 있던 선조의 손자 이건(李健)은 1629년에 쓴《제주 풍토기》에 제주 여자들의 삶을 이렇게 적었어요.

> 바다에 나가 물고기와 해산물을 잡는 여자들을 잠녀(潛女)라고 한다. ……
> 잠녀들은 전복을 잡아서 관가에 바치고 나머지는 팔아서 살림살이를 꾸리지만 그 삶의 어려움은 이루 말할 수 없다. 부정한 관리가 교묘히 빼앗기를 수없이 하는 까닭에 한 해 내내 애써 일을 해도 그 요구를 들어주기에 부족하다. 간교하게 날뛰는 관리의 폐단이 끝이 없으니 이들은 무엇으로 의식주의 근거를 마련하리오.

👉 1960년대 잠녀들이 물질하는 모습. 홑겹 무명옷 하나만을 입은 채 바다속에 뛰어들고 있어요.

제주 해녀 항일 운동 기념 공원
제주특별자치도 제주시 구좌읍 상도리. 잠녀들의 삶이 가장 어려워진 것은 일제 강점기 때였어요. 마침내 제주 잠녀들은 1932년부터 제주 곳곳에서 일본 관리와 경찰에 맞서 '생존권 투쟁'을 벌였지요. 우리나라 독립운동 역사에서 이처럼 여자들끼리 똘똘 뭉쳐 일제에 맞선 것은 좀처럼 보기 드문 일이에요. 이 공원은 그때 시위에 참여한 잠녀들의 2차 집결지였다고 해요. 바로 옆에는 제주 잠녀들의 삶을 한눈에 볼 수 있는 제주해녀박물관이 있어요.

　　남자들이 사라진 제주에서 집안 식구들을 먹여 살리고 나라에 진상품을 갖다 바치는 책임은 여자들 몫이 되었어요. 아이를 낳은 지 며칠 안 된 여자들까지도 살아남으려면 맨 몸으로 바다에 뛰어들어야 했지요. 제주도에 많은 '아기구덕'은 그렇게 늘 바다로 나갈 수밖에 없었던 잠녀들이 바닷가 그늘에 아이를 눕혀둘 때 쓰던 서글픈 유물이기도 해요.

고단했지만 위대한 제주 바다의 어머니

　　잠녀들은 거친 바다속에서 일을 하다 보니 온갖 위험과 질병도 안고 살아야 했어요. 바닷속 바위에 찔리고 긁히거나, 바다 생물에 해코지 당하는 것은 아주 흔한 일이었죠. 찬 물에 있다가 나와 온갖 살이 불어 터지기도 했고, 두통, 귀울림, 근육통 같은 잠수이 떠날 날이 없었어요. 더러는 커다란 전복 하나를 더 따려다가 미처 물속을 못 빠져 나와 영영 숨을 거두기도 했고요. 이렇게 열심히 일만 하는 데도 살림살이는 나아지지 않아 부산, 울릉도, 흑산도 같은 곳에 '원정'을 가기도 했어요. 나중엔 중국, 러시아, 일본까지 배를 타고 가서 물질을 했고요. 여러 날 배에서 먹고 자며 이 섬 저 섬 떠돌다

보니 물질하는 중간에 뱃전에서 아이를 낳는 일도 꽤 있었다고 해요.

　이렇게 굳세고 억척스럽게 살았던 잠녀들이 요즘은 그 숫자가 점점 줄어들고 있어요. 그나마 젊은 사람들은 거의 없고 환갑이 넘은 할머니들이 거의 다라고 하지요. 바닷물도 예전만큼 차고 깨끗하지 않아 잡히는 해산물의 양도 하루가 다르게 줄어든다고 해요. 잠녀들이 점점 줄어드는 것은 안타깝지만, 우리 역사에서 그 어떤 사람들보다 힘겹게 삶을 꾸려온 이들한테 앞으로도 쭉 그 일을 하길 바라는 것은 한편으론 너무 '구경꾼' 같은 생각이 아닌가 싶어요. 무슨 천연기념물이나 멸종 위기 생물이 아닌 우리 '어머니' 같은 사람으로 한번만 생각을 해 본다면, 이 다음 제주에 가서 잠녀를 볼 때는 아마도 조금 다른 마음이 들겠지요.

물질을 마친 잠녀
일제강점기 때 잠녀 항쟁을 이끈 사회주의 운동가 강관순이 지은 '해녀의 노래' 2절에는 이런 노랫말이 나와요. '아침 일찍 집을 떠나 황혼 되면 돌아와／ 어린 아기 젖먹이며 저녁밥 진다／ 하루 종일 해왔으나 번 것은 없어／ 살자 하니 한숨으로 잠 못 이룬다'

잠녀가 쓰는 물질 도구

물안경
옛날에는 위와 같은 '쌍눈'을 많이 썼고 요즘엔 '통눈'을 주로 써요.

잠수복
옛날에는 무명(면)으로 지은 물적삼과 물소중이를 입었는데 1970년대 들어서부터 요즘과 같은 '고무옷'을 입었어요.

테왁
수영장에서 흔히 '키판'이라고 하는 것처럼 물에 잘 떠서 몸을 걸치고 헤엄치기 좋게 만든 도구. 옛날에는 박을 파내고 구멍을 막아서 만들었는데, 요즘엔 주로 스티로폼으로 둥글게 만들어요.

망사리
해산물을 담는 그물 주머니. 물질을 하는 동안에는 테왁에 매달아 놓아요.

허리띠
물속에서 몸이 쉽게 안 떠오르게 하려고 무거운 돌이나 납덩이를 매달아요.

구덕
해산물을 넣어 등에 짊어질 수 있게 만든 바구니.

빗창
전복을 떼어낼 때 쓰는 30센티미터쯤 되는 길쭉한 쇠붙이.

정게호미
미역, 모자반, 톳 같은 해조류를 베어낼 때 쓰는 낫처럼 생긴 도구.

골갱이
물 속에서 성게나 문어를 잡을 때 쓰는 도구.

소살
물속에서 쓰는 작살과 비슷하게 생긴 기다란 창.

잠녀들은 숨을 얼마나 오래 참을까?

잠녀들은 바다 속에서 일하는 솜씨와 숨을 참는 능력에 따라 하군, 중군, 상군, 대상군으로 일컬어져요. 초보인 하군 잠녀는 30초 안팎, 대상군 잠녀는 3분 가까이 물속에서 숨을 참고 일할 수 있지요. 이와 관련해 지난 2001년 7월, 제주 서귀포 앞바다에서는 흥미로운 일이 있었어요. 세계 잠수 챔피언인 이탈리아의 지안 루카 제노니와 서귀포시 송산동의 대상군 잠녀들이 '물속에서 숨 안 쉬고 오래 버티기' 겨루기를 했지요. 그런데 결과는 너무 싱겁게 잠녀들의 패배로 끝났어요. 가장 오래 버틴 잠녀의 기록이 고작 1분 24초였지요. 평소 물질을 할 때는 3분까지도 버티던 잠녀들이 오히려 아무것도 안 하고 잠수만 하려고 하니 더 힘들었다고 해요. 잠녀들이 일하는 것처럼 겨루었다면 그 결과는 달라졌을지도 몰라요.

제주도엔 정말 여자가 많을까?

15세기 말부터 17세기 초까지 제주도 남자들은 탐관오리의 수탈을 피해 바다 건너 뭍으로 도망을 쳤어요. 이맘때 150년 동안 제주 인구가 확 줄었다고 하니, 그렇게 도망친 남자들의 숫자가 얼마나 많았는지 짐작할 수 있을 거예요. 아마도 이때부터 제주는 돌, 바람과 함께 '여자'가 많은 섬으로 사람들 입에 오르내리게 되었겠지요.

그런데 오늘날은 어떨까요? 진짜 제주도에 여자가 더 많은가 세 봤더니 실제로 많기는 했어요. 지난 2005년 전국 인구 조사 기록을 보면, 제주도에는 여자 100명에 남자가 98.8명 꼴로 여자가 더 많은 것으로 나타났지요. 하지만 100명에

물질이 끝날 무렵 해산물을 받아 옮기러 나온 잠녀의 남편들. 예부터 제주에서 남자들은 주로 배를 타고 바다에 나가 고기를 잡고 그 밖의 물질, 밭일, 집안일은 거의 다 여자들이 했어요.

1.2명이 더 많다고 해서 '여자가 더 많다.' 고 딱 잘라 말하기엔 어딘가 좀 부족한 느낌이 있어요. 그렇게 따지면 여자 100명에 남자가 98.2명인 서울이나, 남자가 96.2명뿐인 전라남도가 훨씬 여자가 많은 곳이라고 해야 할 테니까요.

아무래도 물에서든 밭에서든 억척스럽게 일 잘하는 제주도 여자들이 섬 바깥 사람들 눈에 훨씬 도드라져 보이다 보니, 실제 숫자보다 제주도 여자들을 훨씬 많다고 사람들이 느끼는 것 같아요. 제주 여자들은 독립심도 무척 강해서 한 울타리 안에 2대가 같이 살아도 서로 따로 밥을 차려 먹는다고 해요. 몸을 움직일 수 있는 힘이 남아 있는데 놀고 먹거나 남의 도움을 받으면 죄를 짓는 것과 다르지 않다고 여기는 까닭이에요.

입과 눈이 즐겁고 참살이에도 좋은 먹을거리
전주비빔밥

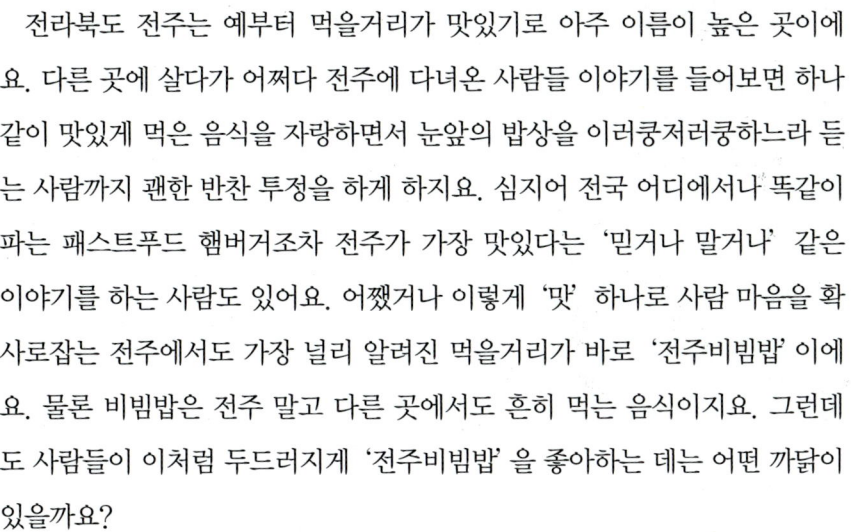

전라북도 전주는 예부터 먹을거리가 맛있기로 아주 이름이 높은 곳이에요. 다른 곳에 살다가 어쩌다 전주에 다녀온 사람들 이야기를 들어보면 하나같이 맛있게 먹은 음식을 자랑하면서 눈앞의 밥상을 이러쿵저러쿵하느라 듣는 사람까지 괜한 반찬 투정을 하게 하지요. 심지어 전국 어디에서나 똑같이 파는 패스트푸드 햄버거조차 전주가 가장 맛있다는 '믿거나 말거나' 같은 이야기를 하는 사람도 있어요. 어쨌거나 이렇게 '맛' 하나로 사람 마음을 확 사로잡는 전주에서도 가장 널리 알려진 먹을거리가 바로 '전주비빔밥'이에요. 물론 비빔밥은 전주 말고 다른 곳에서도 흔히 먹는 음식이지요. 그런데도 사람들이 이처럼 두드러지게 '전주비빔밥'을 좋아하는 데는 어떤 까닭이 있을까요?

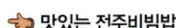 **맛있는 전주비빔밥**
전주비빔밥은 그냥 물이 아니라 쇠머리를 푹 고아낸 물로 밥을 지어요. 이러면 밥알 하나하나가 꼬들꼬들 살아 있어 밥맛도 좋고 비비기도 훨씬 편해요. 밥 뜸이 들 무렵엔 콩나물을 집어넣고 살짝 데친 다음 고추장, 간장, 참기름 같은 기본 양념을 더해요. 여기에 몇 가지 제철 나물을 넣고 녹두로 만든 청포묵이나 황포묵(단무지가 아니에요!), 소 살코기를 날로 양념한 육회, 마지막으로 맨 위 한가운데에 날달걀을 얹어요. 요즘 전주비빔밥은 비빔에 들어가는 반찬 가짓수만 서른 가지에 이르고 이것도 모자라 딸려 나오는 반찬까지 상다리가 부러질 만큼 가득한데, 이는 제철 나물 중심으로 알뜰이 먹었던 우리 조상들의 '비빔밥 정신'과는 조금 다르지 않나 싶어요.

재료는 넉넉하고, 날씨는 마침맞고, 솜씨는 뛰어났다

비빔밥은 잘 지은 밥에 고기와 나물 같은 반찬을 넣고 고추장과 참기름으로 양념을 해서 골고루 비벼 먹는 먹을거리예요. 어느 먹을거리나 그렇듯이 곳과 철에 따라 반찬과 양념, 담아 먹는 그릇이 조금씩 다르지요. 우리나라에서 비빔밥이 맛있기로 이름난 곳은 전주 말고도 여러 곳이 있어요. 경상도 진주와 안동, 북쪽의 평양과 해주 같은 곳이 바로 그래요.

그런데도 수많은 사람들이 '비빔밥' 하면 가장 먼저 떠올리는 곳은 전주예요. 전주는 예부터 산과 들과 바다에 두루 맞닿아 있어서 먹을거리 재료를 구하기가 아주 쉬운 편에 들었어요. 서쪽에는 드넓고 기름진 김제평야와 사철

싱싱한 해물이 나오는 개펄을 낀 부안 바다가 있고, 동쪽에는 산나물이 풍성한 '무진장'(무주, 진안, 장수)이 있지요. 이런 재료들을 이리저리 벌려 놓고 음식을 만들기에 크게 거리낄 게 없을 만큼 날씨가 춥지도 덥지도 않았어요. 날씨가 좋다 보니 온도와 습도가 알맞아 비빔밥의 가장 중요한 재료인 '장맛' 또한 팔도 으뜸으로 꼽힐 만큼 뛰어났지요. 게다가 전주에는 조상 대대로 음식 손맛과 상차림 솜씨가 잘 이어져 내려온 집안이 아주 많았어요. 좋은 재료가 넉넉하고, 날씨는 마침맞고, 게다가 솜씨까지 뛰어난 사람들. 이런 전주에서 맛있는 비빔밥이 나온 것은 어쩌면 아주 당연한 일일지도 몰라요.

👆 **전주비빔밥과 놋그릇**
전주비빔밥은 밥을 담는 그릇으로 꼭 놋그릇을 써요. 밥맛은 65도일 때가 가장 맛있는데, 놋그릇은 열이 빨리 안 식어서 이 온도를 오래 가게 해 주니까요. 돌솥처럼 그릇이 너무 뜨거우면 나물이 확 익어 버리고 참기름 냄새도 다 날아가 버려서 맛이 훨씬 덜하다고 해요.

우리 겨레는 언제부터 어떻게 비빔밥을 먹었을까?

비빔밥을 언제부터 먹었는지 뚜렷이 드러낸 옛 기록은 아직 알려진 것이 없어요. 다만 1800년대 말에 나온 《시의전서》라는 옛 음식 책에 비빔밥을 만드는 방법이 나와 있어요.

밥을 정성껏 짓고 고기는 재워 볶고 간납은 부쳐 썬다. 갖은 빛깔 채소를 볶아 놓고 좋은 다시마로 튀각을 튀겨서 부숴 놓는다. 밥에 모든 재료를 다 섞고 깨소금, 기름을 많이 넣어 비벼서 그릇에 담는다. 위에는 잡탕거리처럼 달걀을 부쳐서 골패짝만큼 썰어 얹는다. 완자는 고기를 곱게 다져서 잘 재워 구슬만큼 빚은 다음 밀가루를 조금 묻혀 달걀을 입혀 부쳐 얹는다. 비빔밥 상에 장국은 잡탕국으로 해서 쓴다.

• 간납 얇게 저민 고기나 생선 따위에 밀가루를 바르고 달걀을 입혀 기름에 지진 음식.

> **안동 헛제삿밥**
>
> 안동의 비빔밥은 '헛제삿밥' 이라고 해요. 예부터 안동은 양반들이 많이 사는 마을이라 글 공부 하는 선비들도 많았어요. 밤늦도록 글을 읽다 보면 배가 출출하게 마련인데, 이럴 때 많이 먹은 것이 바로 '헛제삿밥' 이에요. 옛날에는 제삿날이나 되어야 고기 반찬에 갖은 나물이 올라왔는데, 제사도 안 지내면서 이렇게 차려 먹기는 조금 낯이 뜨거운지라 마치 제사가 있는 것처럼 향도 피우고 축문도 읽으면서 음복을 하는 것처럼 비빔밥을 만들어 먹었다는 것이죠. 점잖은 얼굴에 헛기침만 할 것 같은 선비들한테도 꽤 귀여운 구석이 있었어요.

곰곰이 읽어 보면 우리가 아는 비빔밥과 아주 닮은 것 같기도 하고, 한편으로는 많이 다른 것 같기도 하고 그래요. 아마 1800년대 말이라고 해서 꼭 위에 든 보기처럼 만든 비빔밥만 있었던 것은 아닐 거예요. 우리가 먹는 음식은 같은 시대라도 사는 곳과 형편에 따라 다를 수밖에 없으니까요. 어떻게 해서 처음 비빔밥을 만들어 먹었는지 하는 궁금증을 두고서도 전문가들마다 의견이 조금씩 엇갈리는 형편이에요.

이 가운데 전주비빔밥이 처음 만들어진 까닭으로 가장 그럴 듯한 이야기는 '농사일' 과 관련이 깊어요. 집에서 논일, 밭일이 있는 곳까지 좀 더 편하고 빠르게 먹을거리를 나르려다 보니 바가지 하나에 밥과 반찬, 고추장을 담아 가서 쓱쓱 비벼 먹지 않았을까 하는 거죠.

그 다음으로는 제사를 마치고 나서 상에 차린 음식을 나눠 먹는 '음복' 에서 비빔밥이 나왔을 거라는 설이 있어요. 산신제와 같은 제사는 집에서 멀리 떨어진 곳에서 지내니까 그릇을 많이 가져갈 수가 없지요. 그래서 제사상에 올린 음식을 그릇 하나에 이것저것 집어넣고 비벼서 여럿이 나누어 먹었고,

여기서 바로 비빔밥이 나왔다는 의견이에요.

　이 밖에도 임금님이 사는 궁궐에서 먹다가 널리 백성들한테 퍼졌다는 궁중 음식설, 새해를 앞두고 묵은 해의 음식을 남김없이 치우려고 섣달 그믐날에 먹었다는 의견도 있어요.

21세기에 더 잘 맞는 참살이 먹을거리

　요즘 비빔밥은 우리나라 사람뿐 아니라 세계 사람들이 좋아하는 먹을거리로 높이 떠올랐어요. 미국 가수 마이클 잭슨이 우리나라에 왔을 때 호텔에서 먹은 비빔밥 맛에 푹 빠져 만드는 방법까지 자세히 알아갔다는 이야기는 꽤 많이 알려진 사실이죠. 1990년에는 대한항공 여객기에서 기내식으로 비빔밥을 처음 내놓았는데, 어찌나 외국 사람들이 좋아하는지 요즘도 뒷자리에 앉으면 앞에서 동이 나버려 스테이크와 빵 조각만 구경해야 하는 일이 많아요. 대한항공 비빔밥은 1998년 해마다 세계 비행기 음식 가운데 가장 훌륭한 음식에 주는 '머큐리상'을 받기도 했어요.

비빔밥은 맛이 좋을 뿐만 아니라 알록달록한 꾸밈새로 눈까지 즐겁게 하는 먹을거리예요. 육·해·공에서 총출동한 반찬이 골고루 들어가 있어 영양에도 아주 그만이지요. 나물과 고명으로 나타낸 오방색은 음양오행 사상을 담고 있으니 밥 한 그릇을 먹으면서 우주의 철학을 몸에 담는 기분도 들어요.

비빔밥은 밥 한 톨 반찬 한 점 남김없이 깨끗이 먹어 치울 수 있어서 골치 아픈 음식 쓰레기도 거의 안 나와요. 그릇도 하나만 있으면 되니까 설거지 물도 적게 들고요. 온갖 나물과 고기를 넣어야만 맛있는 것도 아니어서, 냉장고 안에서 천덕꾸러기가 된 반찬 몇 가지만 있어도 훌륭한 한 끼 밥이나 새참이 될 수 있어요. 아무리 예쁜 사람도 구석구석 보면 못난 데가 하나쯤은 있게 마련인데, 우리 비빔밥은 이리 보고 저리 보아도 도무지 흠 잡을 데가 없어요. 오늘 밤 책을 읽다 출출하면 라면 대신 비빔밥 한 그릇 쓱쓱 비벼 보는 건 어떨까요?

 대한항공 비행기 손님한테 나오는 기내식 비빔밥. 외국 사람들도 무척 좋아하는 비빔밥은 1998년 세계 비행기 음식 가운데 가장 훌륭한 먹을거리에 주는 '머큐리상'을 받기도 했어요.

음식을 뛰어넘은 한국인의 '비빔밥 정신'

우리 비빔밥은 잘 어울리는 것을 섞어 놓으면 따로 떨어져 있을 때보다 훨씬 큰 효과를 거둘 수 있다는 것을 보여줘요. 세계에 이름난 비디오 예술가 백남준은 '비빔밥 문화는 멀티미디어 시대에 안성맞춤'이라고 말한 적이 있지요. 이웃 나라 일본이 '축소지향주의' 문화로 세계를 주름잡았다면, 우리나라는 이것저것 잘 섞어 넣는 '비빔밥 문화'로 21세기를 이끌어 가야 한다고 주장하는 학자들도 꽤나 많아요. '전화기는 전화만 잘 되면 된다'는 고정관념에서 벗어나 카메라, 인터넷, 캠코더, 텔레비전 기능까지 몽땅 넣어 세계를 휩쓴 우리나라의 휴대전화가 '비빔밥 정신'이 녹아 있는 아주 좋은 본보기예요.

지난 2007년 10월 3일 노무현 대통령이 북한에 갔을 때 우리 쪽에서 마련한 '팔도 대장금 밥상'의 중심 먹을거리 또한 전주비빔밥이었어요. 서로 다른 것들이 모여 조화를 이루는 비빔밥이 남과 북의 화해를 상징하기에 가장 알맞은 음식이라는 뜻에서였어요.

우리 모두 행복할 수 있는 기술을 부탁해
정보통신(IT)

인터넷이 없다면 얼마나 심심할까? 휴대전화가 없으면 정말 답답하겠지? 이 글을 읽는 여러분 가운데에는 한번쯤 이런 생각을 해 본 사람이 있을 거예요. 인터넷과 휴대전화처럼 우리 삶을 편하고 재미있게 만들어 준 기술이 바로 '정보통신'이죠. 그런데 참 신기하죠? 지금은 없으면 도저히 못 살 것 같은 이 기술들이 우리 앞에 나온 것은 이제 겨우 10년이 조금 넘었을 뿐이에요. 그 전에는 심심하고 답답해서 정말 어떻게 살았을까요?

강원도 영월군에서 비닐하우스 농사를 짓는 우해구 씨. 토마토를 따다가 짬을 내 인터넷으로 들어온 주문을 살펴보고 있어요. 우리나라의 무선 인터넷 기술은 시속 300킬로미터로 달리는 고속 열차 안에서도 끊김 없이 잘 터질 만큼 세계 으뜸 수준에 이르고 있어요.

우리 삶을 확 바꿔 놓은 정보통신 기술

정보통신 기술이란 인터넷, 반도체, 휴대전화와 같이 정보를 찾고, 모으고, 전달하는 하드웨어나 소프트웨어 기술을 말해요. 찾아낸 정보를 보기 좋게 가다듬거나 오랫동안 보존하는 기술도 정보통신 분야에 속하지요.

우리가 '정보통신'이란 말에 익숙해진 지난 10년은 그 옛날 100년과도 맞먹을 만큼 우리 삶을 엄청나게 바꾸어 놓았어요. 외국의 어떤 학자는 인터넷을 가리켜 원시 시대 불의 발견에 버금갈 만한 일이라 했지요. 정보통신 기술이 발전하면서 전 세계는 훨씬 더 가깝고 빠르게 오갈 수 있게 됐어요. 그 놀라운 기술 발전을 이끌어 온 나라들의 맨 앞에 바로 우리나라가 있지요. 오늘날 우리나라는 온 세상이 인정하는 정보통신 강국이에요. 컴퓨터나 인터넷 보급률이 전 세계 1, 2위를 다투고 반도체나 휴대전화 같은 분야도 세계 으뜸 수준을 자랑하고 있어요. 얼마 전엔 순수 우리 기술로 개발한 '와이브로'가 국제 표준으로 정해지기도 했고요.

정보통신 기술이 우리 삶을 어떻게 바꾸어 놓았는지 보기를 한번 들어 볼 게요. 다가오는 일요일에 친구들과 동물원 탐방을 가기로 했다면 10년 전과 오늘날은 어떻게 다를까요?

	10년 전	오늘날
정보 찾기	동물원에 가 본 적 있는 사람한테 가는 길을 물어본다.	인터넷으로 위치, 요금, 교통편을 살핀다.
정보 나누기	수업이 끝난 교실이나 친구 집에 모여 준비물을 의논한다.	친구들과 인터넷 메신저로 준비물을 의논한다.
정보 알리기	수첩에 모일 장소와 시간, 준비물을 각자 적는다.	휴대전화 문자 메시지로 모일 장소와 시간, 준비물을 알려 준다.
정보 모으기	동물원에 가서 안내판에 적힌 설명을 열심히 베껴 적는다.	동물원에 가서 디지털 카메라로 사진과 동영상을 찍는다. 엠피쓰리로 사육사 아저씨의 설명도 녹음해 온다.
정보 가다듬기	공책에 연필로 동물원 탐방기를 쓴다.	컴퓨터로 사진과 동영상을 편집해 동물원 탐방기를 쓴다.
정보 보존하기	수업 시간에 공책을 들고 나가 발표한다.	휴대용 메모리에 저장해 학교에 가서 수업 시간에 발표한다.
	동물원에 늦게 오는 친구가 있으면 꼼짝없이 올 때까지 기다린다.	동물원에 늦게 오는 친구가 있으면 먼저 들어 갔다가 나중에 휴대전화로 연락해서 만난다.

와이브로
자동차나 지하철처럼 움직이는 곳에서도 집에서와 같이 쓸 수 있는 초고속 무선 인터넷 기술을 말해요. 영어로는 'Wireless Broadband Internet', 줄여서 'WiBro' 라고 하지요. 지난 2005년 미국 전자전기학회(IEEE)에 국제 표준으로 뽑혔고, 2007년 10월에는 국제전기통신연합(ITU)이 3세대 이동통신의 여섯 번째 표준 기술로 정하기도 했어요.

위에 든 보기에서 알 수 있는 것처럼, 정보통신 기술은 우리 삶을 정말 편하고 무엇이든 빨리빨리 할 수 있게 바꿔 놓았어요. 만일 제가 여러분이 태어나기 전에 이런 글을 썼다면 원고지에 손으로 꾹꾹 눌러 글씨를 쓴 다음 버스를 타고 출판사에 찾아가 원고를 넘겼을 텐데, 오늘날엔 1분에 300타 빠르기로 글씨를 쳐서 전자우편으로 부치면 뚝딱인 세상이에요.

사람이 행복해지는 기술로 발전해야

천연 자원이 부족한 우리나라에서 정보통신 기술은 정말 훌륭한 효자 상품 노릇을 했어요. 반도체와 휴대전화와 같은 수출품 덕분에 우리는 그 어렵고 힘들던 '국제통화기금(IMF) 경제 위기'를 잘 넘기기도 했고요. 무엇이든 한번 타오르면 무섭게 끓어오르는 우리만의 숨은 힘과 뚝심이 우리나라를

우리나라는 컴퓨터나 인터넷 보급률이 세계 1, 2위를 다투고 반도체나 휴대전화 같은 분야도 세계 으뜸 수준을 자랑하고 있어요.

세계 어느 나라보다 빠르게 '정보통신 강국'으로 이끌었어요. 우리한테 익숙해진 지 겨우 10년 만에 '우리 민족문화'를 상징하는 100가지에 '정보통신'이 뽑힌 까닭 또한 바로 이런 숨은 힘과 뚝심을 잘 이어 나가자는 뜻이겠지요.

그런데 참 이상하게도 세상은 이처럼 빠르고 편해졌는데, 실제 우리 삶도 그만큼 편해졌는지는 아직 물음표를 달고 싶어요. 10년 전 초등학생보다 요즘 초등학생이 더 즐겁고 재미있게 학교를 다닐까요? 10년 전 엄마 아빠보다 요즘 엄마 아빠들이 더 편하고 여유롭게 집이나 회사에서 일을 하고 있을까요? 한편으로는 10년 전엔 없던 사회 문제도 몰라보게 많이 늘어났어요. 남의 컴퓨터에서 개인 정보를 빼내 팔아먹는 사기꾼, 휴대전화 통화료가 없어서 돈을 훔치는 어린 학생, 인터넷 덧글에 상처를 받아 스스로 목숨을 끊는 연예인……. 앞으로 여러분이 자라서 해야 할 일은 정보통신이 좀 더 사람을 행복하게 하는 기술로 발전하도록 슬기롭게 가다듬는 일이 아닐까 싶어요.

茶山艸堂

지금 당장 개혁하지 않으면 나라는 망하고 만다
정약용

18세기 정조가 왕으로 있던 시절까지만 해도 조선은 참 살 만한 나라였어요. 영조 때부터 펼쳐 온 여러 좋은 정책들이 조금씩 효과를 거두었고, 실제 백성들의 삶을 중요하게 생각하는 실학 사상이 널리 퍼지면서 조선은 새로운 부흥기를 맞이하고 있었죠. 지방 구석구석까지 닿아 있던 수준 높은 행정 체계, 농업과 상업과 수공업의 고른 발전, 유럽 몇 나라를 빼고는 가장 낮았던 문맹률 같은 것을 놓고 보면 그 당시 세계 어느 나라와 견주어도 '선진국'이라 하기에 별로 부족함이 없었어요. 그러던 나라가 100년 뒤 어떻게 되었는지 알고 나면 정말 어이가 없을 만큼 말이에요.

거짓말처럼 맞아떨어진 예언

우리 역사를 공부하다 보면, 조선 후기 18세기에서 19세기로 넘어가던 때만큼 나라의 운명이 확 바뀌어 버린 적도 참 드물어요. 18세기 마지막 해인 1800년 6월은 '조선의 르네상스 시대'를 이끌던 임금 정조가 세상을 떠나고, 열한 살 어린 나이로 순조가 새로 왕위에 오른 때지요. 역사에서 흔히 말하는 '세도정치'의 싹이 나온 것이 바로 이때부터예요. 왕실의 외가 친척들이 제 잇속만 챙기며 나랏일을 마음대로 주무르는 사이, 백성들은 온갖 착취를 당하며 고통에 신음해야 했어요.

다산 정약용이 살던 시대가 바로 그 즈음이었어요. 1817년, 전남 강진에 유배되어 있던 정약용은 자신이 쓰던 책 《경세유표》 서문에 이런 말을 적었어요.

🔸 다산초당 정약용 영정
전남 강진군 도암면 만덕리. 다산초당은 정약용이 18년 동안 귀양살이를 할 때 주로 머물면서 학문을 연구하고 제자들을 가르치며 수많은 책을 쓴 곳이에요. 차나무가 많이 자라는 산(茶山)에 있는 작은 초가(草堂)라고 해서 이런 이름을 붙였어요.

정약용의 삶이 뒤바뀐 사건
정약용은 소과에 급제한 이듬해인 1784년, 고향에서 큰형수의 제사를 지내고 한강을 따라 서울로 돌아오는 배 안에서 큰형수의 동생 이벽(1754~1786)한테 천주교 교리를 처음 알게 됐어요. 성리학과 다른 눈으로도 사람과 세상의 본질을 깨칠 수 있음을 확인한 정약용은 그 뒤 몇 년 동안 남몰래 교리 강습회를 열 만큼 천주교에 깊이 빠지지요. 그러다 1791년 자신의 가르침으로 천주교 세례를 받은 외사촌 윤지충이 제사를 없앤 일로 처형을 당하자 깊이 회의에 빠져 '천주교 생각을 끊어 버렸다.'고 스스로 밝혀요. 하지만 끝내 천주교를 믿은 일이 꼬투리가 되어 1801년 전라도 강진으로 18년에 이르는 귀양살이를 떠나게 되지요.

"터럭만큼도 병이 아닌 곳이 없으니 지금 바로 고치지 않으면 나라가 망할 것이다."

그리고 거짓말처럼, 그 뒤로 100년도 안 지난 1910년 8월 29일 조선은 진짜 망하고 말았어요. 일찍이 조선 왕실이 정약용의 말에 귀를 기울였다면 나라의 운명은 바뀌었을지도 몰랐는데 말이에요.

책 읽기 좋아하던 똘똘한 개구쟁이

정약용은 1762년(영조 38년) 경기도 광주 마현리(지금의 양주군 능내리)에서 태어났어요. 어린 날 정약용은 책 읽기를 좋아하는 '똘똘한 개구쟁이'였어요. 네 살에 천자문을 읽기 시작해 일곱 살 때 처음 시를 지어 집안 어른들을 깜짝 놀라게 했지요. 그런가 하면 나이 많은 큰형수가 얼굴을 씻기려고 할 때는 장독대 뒤로 냅다 도망을 치는 장난꾸러기이기도 했어요. 아홉 살 때 어머니를 잃었지만 정약용은 어진 형수와 계모 아래에서 튼실한 청년으로 자라났어요. 그리고 열다섯 살이 되던 해에 풍산 홍씨 집안에 장가를 들어 서울로 이사를 갔어요.

이때부터 정약용은 성호 이익의 실학 사상을 만나 서양의 과학 기술과 같은 '새로운 학문'에 깊이 빠지게 됐어요. 누나의 남편인 이승훈, 큰형수의 동생 이벽, 이익의 종손 이가환, 친형인 정약전 같은 그 시대의 '생각이 트인' 사람들과 두루 어울리며 즐겁게 공부하고 토론하는 나날을 보냈지요.

정조의 개혁 정책에 힘을 보탠 젊은 시절

1789년, 스물여덟이 된 정약용은 드디어 대과에 급제해 첫 벼슬길에 나섰어요. 성균관 학생 때에도 정조의 관심을 한 몸에 받았던 정약용은 벼슬살이 첫해부터 번뜩이는 천재성을 톡톡히 드러내지요. 그맘때 정조는 억울하게 죽은 아버지 사도세자의 넋을 기리고 반대 세력인 노론 벽파를 견제하려는 뜻으로 아버지의 무덤을 경기도 수원(지금의 화성시 태안읍)으로 옮기고 해

배다리

조선 시대에 한강을 건너려면 배를 타야만 했어요. 다리를 만들어 놓으면 외적이 도성에 쉽게 쳐들어올 수 있다는 까닭에 아예 다리 놓을 생각을 하지 않았지요. 그 생각을 바꾼 사람이 정조와 정약용이에요. 1789년 정약용은 수십 척의 배를 사슬로 엮어 뚝섬을 가로지르는 다리를 만들어 사도세자의 유골을 옮기는 데 성공했어요. 이 그림은 그로부터 6년 뒤 왕실이 수원화성에 행차하고 궁궐로 돌아올 때 정약용이 노량진에 만든 배다리를 건너오는 모습이에요.

거중기

정약용이 명나라 책 《기기도설》을 참고해서 만든 오늘날의 기중기와 비슷한 건설 기구. 이 사진은 수원시 경기도박물관에 있는 복원품인데 아이들이 아주 쉽게 돌을 드는 모습이 보이죠? 정약용은 녹로(크레인), 유형거(비탈길에서도 무게 중심이 잡혀 짐이 안 흘러내리는 수레) 같은 다른 기구들도 함께 만들어 수원화성 공사에 참여한 백성들이 더욱 빠르고 안전하게 일을 마칠 수 있게 했어요.

마다 한 차례씩 능행(묘소 참배)을 계획했는데, 그러자면 수많은 사람과 말이 한강을 건너는 것이 참 큰일이었어요. 정조는 고민 끝에 정약용한테 배를 엮어서 다리를 만들어보라고 명령했지요. 정약용은 멋지게 성공해 기대에 보답했어요.

   정조는 같은 뜻으로 지금의 수원 땅에 자신의 개혁 정책을 마음껏 펼칠 새로운 도시를 짓고자 했는데 그 설계 또한 정약용한테 맡기려고 했어요. 그런데 때마침 경상도 진주 목사로 있던 정약용의 아버지가 갑자기 죽고 말았어요. 그때 조선에서는 부모님이 돌아가시면 자식이 3년 동안 묘지 옆에 움집을 짓고 산소를 돌보는 '시묘살이'를 해야 했기에 정약용은 그 일을 맡기가 어려운 형편이었죠. 하지만 정조한테 믿을 사람은 정약용뿐이었어요. 정약용은 시묘살이를 하면서도 중국의 여러 책들을 연구해 성곽의 설계도는 물론 거중기와 같은 수많은 기구들을 만들었어요. 그 결과가 바로 오늘날 '세계 문화유산'인 수원화성이에요.

   삼년상을 마친 뒤에는 경기도 암행어사가 되어 여러 고을을 돌면서 백성

4만 냥을 아낀 수원화성 공사

수원화성은 10년쯤 걸릴 것으로 생각한 공사가 겨우 2년 8개월 만에 다 끝났어요. 정약용이 만든 뛰어난 설계도와 건설 기구들이 아주 큰 몫을 했지요. 여기에 정약용과 다른 실학자들이 정조한테 건의한 '성과급' 제도가 더욱 큰 보탬이 됐어요. 그 전까지 나라 공사를 할 때에는 돈 한 푼 안 주고 백성들을 데려다 일을 시켰는데 수원화성 공사에서는 일한 만큼 품삯을 주고, 빨리 끝내면 더 많은 돈을 주었어요. 공사가 빨리 끝난 덕분에 아낀 돈 4만 냥은 백성들 이주 비용으로 더욱 넉넉히 돌아갈 수 있었지요.

❶ 다산초당
일제 강점기 때 무너져 없어진 것을 1958년 다산유적보존회에서 다시 지은 건물. '초당'이란 이름과는 달리 번드르르한 기와집으로 복원해 놓아 귀양살이 하던 정약용의 소박한 삶을 떠올리기가 좀 힘들어요.

❷ 정석
초당 뒤쪽 바위에 정약용이 손수 새겨 넣은 글씨. 귀양살이의 억울함과 외로움을 다잡으려는 굳은 마음을 느낄 수 있어요.

❸ 차조(차 부뚜막)
차를 좋아한 정약용이 솔방울을 태워 차를 달여 마시던 초당 앞 바위.

❹ 천일각
원래 아무것도 없던 초당 동쪽 산마루에 1974년에 세운 정자. 정약용은 아마 이곳에서 바다를 내다보면서 흑산도로 귀양 가 있던 둘째 형 정약전을 그리워했을 거예요.

들을 가까이 살펴보았어요. 서른여섯에는 황해도 곡산 부사가 되었는데, 그 해 겨울에 홍역을 치료하는 여러 가지 처방을 연구해 기록한 《마과회통》 12권을 완성했고요. 하지만 그 뒤 정약용은 형조참의 관직을 끝으로 10년 남짓 머물던 조정을 떠나 영영 벼슬길에 오르지 못했어요. 정조의 사랑을 한 몸에 받았던 정약용의 발목을 잡은 것은 당파싸움의 회오리바람이었어요.

위대한 업적을 낳은 기나긴 귀양살이

1800년 6월, 정조가 갑작스럽게 세상을 떠나고 나이 어린 순조가 왕위에 올랐어요. 그리고 정조의 할머니뻘(영조의 새 부인)인 정순왕후가 임금 대신 왕 노릇을 하면서 정약용의 운명도 하루아침에 뒤바뀌고 말아요. 정순왕후는 노론 벽파 세력의 중심인물로, 정조와 함께 개혁 정책을 펼친 정약용 같은 남인 시파를 눈엣가시로 생각했지요. 정조가 죽고 권력을 손에 쥔 정순왕후는 조선 땅에 간신히 뿌리 내리던 개혁의 씨앗을 송두리째 뽑아 버리려 했어요.

그 첫 단추로 삼은 일은 천주교 탄압이었어요. 젊은 날 천주교 책을 읽고

　세례까지 받은 정약용이 그 무서운 칼날을 피해갈 순 없었지요. 1801년 한 해 동안 천주교 신자가 많은 정약용의 집안은 쑥대밭이 되고 말았어요. 셋째 형 정약종, 조카 정철상, 매부 이승훈, 조카사위 황사영이 목숨을 잃었고, 둘째 형 정약전은 흑산도로, 정약용 자신은 강진으로 귀양살이를 떠났어요.

　머나먼 남쪽 땅으로 쫓겨온 정약용은 강진읍 동문 밖 낡은 주막집 뒷방에서 4년을 보내고, 보은산 고성암과 제자의 집에서 4년을 머물렀어요. 그러다 마침내 외가 친척인 윤씨들의 도움으로 강진만이 내다보이는 귤동마을 만덕산 기슭에 초막 하나를 얻을 수 있었지요. 만덕산 자락은 차나무가 많이 자라 '다산(茶山)'이라고도 일컬었어요. 그래서 정약용은 초막 이름을 '다산초당'이라 짓고 그 뒤 10년 동안 오로지 학문 연구에 매달리며 수백 권에 이르는 책을 썼어요. 그 책들 속에는 위기에 빠진 조선의 정치, 경제, 사회를 뜯어고칠 해답이 들어 있었죠. 《경세유표》《목민심서》 그리고 유배에서 풀려나 고향 집으로 돌아온 이듬해 마무리한 《흠흠신서》에 이르기까지, 흔히 1표 2서라고 하는 정약용의 대표 책들이 바로 그런 것들이에요.

다산동암
다산초당 동쪽 건물 '동암'에 후대 사람들이 정약용의 글씨를 모아 새긴 현판. 다산초당은 정약용이 제자들을 가르치거나 토론을 벌이는 '교실'로 주로 썼고, 동암은 정약용이 잠을 자거나 밥을 먹는 곳이었어요.

보정산방
'다산을 받드는 보배로운 방'이라는 뜻. 정약용을 존경하던 조선의 으뜸 명필 김정희가 쓴 글씨로 다산동암 한쪽에 걸려 있어요.

오늘날에도 밝게 빛나는 '조선의 레오나르도 다 빈치'

정조 임금이 조선의 '르네상스 시대'를 이끌었다면, 정약용은 뛰어난 천재성으로 시대를 활짝 꽃피운 '레오나르도 다 빈치'에 견줄 만해요. 안타까운 점이 있다면 정약용의 앞선 재주들이 당시 현실에서는 아주 조금밖에 쓰이지 못했다는 것이죠. 정치, 경제, 역사, 철학, 문학, 의학, 건축, 지리……. 정약용은 이 많은 학문을 자유롭게 넘나드는 엄청난 천재였으면서도 자기 자신이나 당파만의 이익을 위해 그 재주를 쓰려고 하지 않았어요. 세상 돌아가는 것은 나 몰라라 한 채 책상머리에만 코를 박고 있는 반쪽짜리 선비도 아니었지요. 벼슬길에 있을 때나 유배지에 있을 때나 정약용은 늘 백성들이 사는 형편에 관심을 기울이며 그들의 아픔을 같이 느끼려 했어요. 언젠가 지도자를 꿈꾸는 사람이 있다면 정약용이 쓴 1표 2서는 반드시 읽어 봐야 할 만큼, 정약용이 남긴 지혜는 오늘날에도 커다란 영향을 미치고 있어요.

1836년 2월 22일, 기나긴 유배살이를 마치고 고향에 돌아와 어느새 일흔다섯 할아버지가 된 정약용은 이날 아침 영원한 잠에 빠지고 말았어요. 그날은 마침 정약용과 부인 풍산 홍씨가 혼인한 지 꼭 예순 해가 되는 회혼날로 여러 친척과 자손들이 한 자리에 모인 날이었어요.

👉 **매조도**
정약용이 한창 귀양살이를 하던 1813년 딸한테 보낸 글과 그림. 부인 홍씨가 빛 바랜 헌 치마를 유배지로 보내오자 이를 찢어 그 위에 시를 적고 그림을 그렸어요. 시집 간 딸이 잘 살기를 바라는 애틋한 아버지의 마음을 담았지요. '사뿐사뿐 새가 날아/ 우리 뜰 매화에 앉았네/ 꽃 향기가 진하여/ 홀연히 찾아왔구나/ 이제 여기 머물러 지내며/ 집안 이루고 즐겁게 살아라/ 꽃이 활짝 피었으니/ 열매도 주렁주렁 맺으리'

일하지 않으면 먹지도 마라!

'왜 백성들은 죽어라 일을 해도 힘들고 가난한 삶을 면치 못할까?'

젊은 시절부터 정약용의 마음을 괴롭힌 생각은 바로 이것이었어요. 정약용은 조선에서 가장 꼬인 문제가 '땅'이라고 생각했어요. 황해도 곡산 부사를 지낼 때 쓴 《전론》이란 책에서 땅은 농사를 짓는 농사꾼들이 가져야지 몇몇 양반 지주들의 것이 아니라는 매우 '진보적인' 주장을 내놓았지요. 권력 다툼 아니면 방 안에 틀어박혀 '공자왈 맹자왈'만 일삼는 양반들한테 이렇게 쓴소리를 날리기도 했어요.

"선비는 어찌하여 제 손발을 움직이지 않으면서 남의 힘으로 땅에서 기른 것을 목구멍으로 삼키는가?"

이처럼 정약용이 쓴 책들은 주로 조선 후기 사회가 떠안고 있던 온갖 문제들을 해결하려는 데 그 참뜻을 두고 있어요. 그 가운데에서도 1표 2서는 정약용의 개혁 사상을 가장 잘 보여주는 책들이에요.

경세유표 썩어 빠진 나라를 바로 세우려면 백성들의 삶과 맞닿아 있는 행정, 관리, 토지, 조세와 같은 제도를 확 뜯어고쳐야 한다고 주장했어요. 예부터 내려온 중국의 틀에서 벗어나 우리 형편에 맞는 새로운 제도를 어떻게 만들어야 할지 낱낱이 밝혔어요.

목민심서 《경세유표》에 한창 관리 선발과 교육 방법을 쓰고 있을 무렵 정약용은 문득 '아무리 제도를 뜯어고쳐도 양반 관리들의 수탈을 바로잡지 않으면 아무 소용이 없다.'는 사실을 깨달았어요. 어릴 때 지방 수령인 아버지를 따라 이곳 저곳을 다니고 벼슬아치 때는 곡산 부사와 암행어사를 지낸 경험, 그리고 무엇보다 귀양살이를 하면서 실제 백성들의 삶을 몸으로 겪어낸 일을 바탕 삼아 지방 관리들이 백성과 나라를 위해 어떤 일을 어떻게 해야 하는지 하나하나 보기를 들어가며 설명을 했어요.

흠흠신서 《목민심서》에 밝힌 지방 관리들의 법 집행 부분이 조금 부족하다고 느낀 정약용이 귀양살이를 마치고 돌아와서 쓴 책이에요. 형조참의(오늘날 법무부 관리)를 지내기도 한 정약용은 일찍이 뛰어난 검시관(죽은 사람을 조사하는 관리)으로 이름을 떨치기도 했지요. '현장 검증'이나 '현장 보존' 같은 과학 수사의 개념과 방법을 설명하고, 억울하게 죄를 뒤집어쓰는 사람이 없게 하려면 여러 나라의 보기를 바탕으로 법과 형벌을 개혁해야 한다고 주장했어요.

여유당

경기도 남양주시 조안면 능내리에 있는 정약용이 태어난 집. 정약용은 1800년 정조가 세상을 떠난 뒤 이곳에 돌아와 서재 이름을 '여유당'이라 짓고 몸을 낮추었어요. 하지만 바로 그 이듬해 천주교 박해가 일어나 전라도 강진으로 귀양살이를 떠나야 했지요. 18년 만에 돌아온 정약용은 죽을 때까지 여유당에 머물면서 자신이 쓴 책들을 더욱 꼼꼼히 다듬었어요. 그리고 100년쯤 뒤인 1938년, 정약용을 외가로 하는 손자의 손자 김성진이 1표 2서를 비롯한 정약용의 책들을 두루 엮어 《여유당전서》를 펴냈어요.

에어컨보다 시원한 나무 그늘 사랑방
정자나무

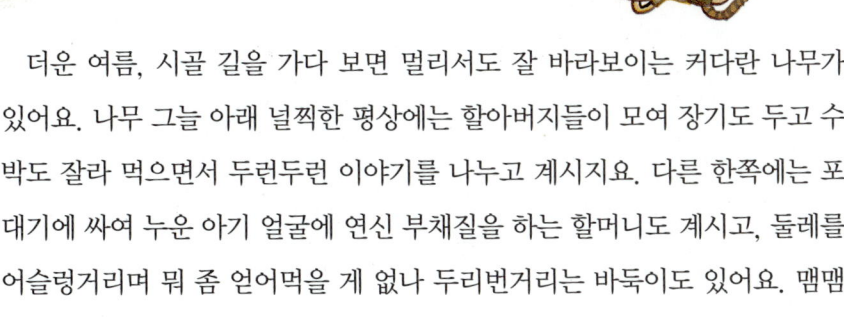

더운 여름, 시골 길을 가다 보면 멀리서도 잘 바라보이는 커다란 나무가 있어요. 나무 그늘 아래 널찍한 평상에는 할아버지들이 모여 장기도 두고 수박도 잘라 먹으면서 두런두런 이야기를 나누고 계시지요. 다른 한쪽에는 포대기에 싸여 누운 아기 얼굴에 연신 부채질을 하는 할머니도 계시고, 둘레를 어슬렁거리며 뭐 좀 얻어먹을 게 없나 두리번거리는 바둑이도 있어요. 맴맴맴 시끄럽게 우는 매미 소리, 이리 놔라 저리 놔라 훈수 두는 할아버지 목소리가 끊임없이 울려 나오지만 이곳에서는 왠지 아무한테도 소음 공해가 안 되는 듯싶어요.

👉 충남 청양군 정산면에 있는 정자나무. 맴맴맴 매미 소리, 도란도란 이야기 나누는 할머니들의 목소리가 귓가에 들려오는 것 같아요.

누구나 쉬었다 가는 넉넉한 그늘

예부터 우리나라에는 마을로 들어가는 어귀나 동네 한가운데에 큰 나무가 있었어요. 그 아래에는 정자를 짓거나 넓은 평상을 두고 누구나 앉았다 갈 수 있게 했지요. 사람들은 그곳에서 땀도 식히고, 먹을거리도 나누어 먹고, 때로는 농사일도 의논하면서 이웃과 한 식구처럼 가까이 지냈어요. 이런 나무를 가리켜 바로 '정자나무'라고 해요. 굳이 지붕을 올린 정자를 안 지어도 평상 하나만 깔면 넉넉한 그늘이 정자와 같은 구실을 해 주었던 까닭에 이런 이름이 붙지 않았나 싶어요.

정자나무 가운데 가장 많은 것은 아름드리 느티나무예요. 느티나무는 자라는 속도가 빠르고 잎이 많이 우거져 그늘도 넓게 드리우지요. 마을에 따라서는 은행나무, 버드나무, 소나무, 팽나무 같은 것을 정자나무로 삼기도 했어요.

👉 옛날만큼은 아니지만 아직도 우리나라 시골 곳곳에는 꽤 많은 정자나무들이 남아 있어요. 여러분이 자라서 어른이 되었을 때에도 이런 모습을 볼 수 있을까요?

당산제
음력 5월 5일 단옷날을 맞아 당산나무 아래에서 마을의 안녕과 풍년을 기원하는 제사를 올리고 있어요. 당산제가 끝나면 온 마을 사람들이 음식을 나누어 먹어요.

든든한 마을의 지킴이

옛날 사람들은 모든 사물에 영혼이 있다고 믿었어요. 그 가운데에서도 오래된 나무에는 신령스러운 기운이 있다고 생각했지요. 사람들은 그런 나무를 마을의 수호신으로 모시고 명절이나 정월 대보름에 제사를 지냈어요. 그 제사를 '당산제' 라고 했던 까닭에 나무 또한 '당산나무' 라고 일컬었어요.

나무는 보통 오래될수록 커다랗게 마련이어서 당산나무는 그 마을의 정자나무가 되는 일이 많았어요. 여름이면 시원한 그늘을 만들어 주고, 큰일이 닥치면 마을을 지켜준다 믿었던 그 나무를 사람들은 무척 소중히 여겼지요. 당산나무가 봄에 싹을 잘 틔우면 마을에 풍년이 든다고 온 마을 사람들이 기뻐했어요. 아이를 못 낳는 아낙네들은 나무 앞에서 정성껏 소원을 빌기도 했지요. 그래서 함부로 가지를 꺾거나 베지 않고 장난꾸러기 아이들한테도 마구 올라가지 못하게 했어요. 마을에 안 좋은 일이 생길 것을 미리 알고 우는 소리를 냈다는 당산나무, 몰래 정자나무를 베다가 하늘에서 벼락을 맞은 사람이 있다는 이야기가 동네마다 꼭 하나씩은 전해 내려와요.

그 많던 정자나무는 다 어디로 갔을까?

　마을의 사랑방이자 수호신 구실을 하던 정자나무가 지금은 옛날처럼 그리 많지 않아요. 점점 많은 곳이 도시로 바뀌면서 시멘트 건물과 아스팔트 길에 쓸쓸히 밀려나 버리고 말았지요. 1970년대 '새마을운동' 때 아주 많은 정자나무 또는 당산나무가 싹둑 잘려 나갔어요. 여기엔 '미신을 없앤다.'는 구실도 한몫을 했고요.

　오늘날 도시의 할아버지 할머니들은 어두컴컴한 경로당에 모여 그 옛날 정자나무의 추억을 더듬지만 그곳엔 시원한 바람도, 매미 소리도 들리지 않아요. 아이들은 정자나무 둘레를 뛰놀며 장난을 치는 대신 전기로 돌아가는 컴퓨터 앞에 앉아 혼자서도 한참을 재미있게 놀지요. 오늘날 우리가 잃어버린 것은 어쩌면 정자나무나 당산나무만의 넉넉한 그늘만은 아닌 것 같아요. 여러분은 그것을 뭐라고 생각하세요?

세찬 바닷바람을 다스린 제주 사람들의 지혜
제주도 돌담

제주도를 보통 '삼다도(三多島)'라고 해요. 돌 많고, 바람 많고, 여자가 많은 섬이란 뜻이지요. 드넓은 태평양과 한반도 사이에 있는 제주도는 바다와 대륙을 오가는 철바람이 1년 내내 끊임없이 불어요. 그 바람이 얼마나 모질고 세찬지 '바람이 할퀴고 간다.'는 말이 아주 딱 어울리지요. 그런데 제주도의 흙은 주로 화산재로 이루어져 있어서 무척 가벼워요. 조금만 바람이 불어도 쉽게 날릴 수밖에 없어요. 만일 이런 땅에 씨앗을 뿌린다면 어떻게 될까요? 아마 요즘 우리 같으면 씨앗이 날아가 버리지 않게 높다란 담장을 둘러 바람을 싹 막으려 했을 거예요. 하지만 제주 사람들은 그렇지 않았어요. 자연에 맞서 싸우지 않고 그 속에서 지혜롭게 사는 방법, 제주도 돌담에 바로 그 비밀이 숨어 있어요.

🍊 우도 밭담

우도는 제주도 북동쪽에 있는 섬이에요. 하늘에서 보면 섬의 생김새가 마치 소가 머리를 내민 꼴과 비슷해 그 이름이 우도(牛島)지요. 조선 숙종 때는 나라에서 쓰는 말을 기르는 목장이었는데, 그 뒤 19세기 중간쯤인 헌종 때 진사 김석린의 식구들이 살면서부터 밭을 일구었다고 해요. 이곳에 가면 제주도 어느 곳보다 그대로 잘 남아 있는 돌담을 볼 수 있어요.

거센 바람을 걸러 주는 돌로 만든 그물

제주도는 바람만 많은 게 아니라 돌도 아주 많아요. 아주 먼 옛날 화산이 폭발하면서 한라산을 만들었고, 곳곳에 '오름'이라는 낮은 봉우리가 생겨났어요. 용암이 터져 나와 굳은 덩어리는 온 산과 들을 뒤덮었지요. 이렇게 바람과 돌이 많은 제주의 자연이 오늘날 우리 눈에는 그저 아름답게 보이는 '제주도 돌담'을 태어나게 했어요. 물론 여기에는 제주 사람들의 깊은 지혜가 아주 큰 몫을 했지요.

제주도 돌담은 성벽처럼 꼼꼼히 쌓여 있지 않고 숭숭 구멍이 뚫려 있어요. 단단한 나무는 바람에 쓰러져도 부드러운 갈대는 꺾이지 않는다는 말이 있

제주도 돌담_49

❶ 산담
제주 사람들은 무덤을 '산'이라고 했어요. 무덤 둘레를 빙 둘러 친 돌담이 바로 '산담'이에요.

❷ 통시
현무암으로 담을 쌓은 제주도 돼지우리.

죠? 제주도 돌담이 바로 그런 원리예요. 돌을 쌓으면서도 바람이 빠져나갈 구멍을 조금씩 열어 두었어요. 거센 바람이 불어도 이렇게 구멍으로 조금씩 빠져나가면 돌담은 안 무너지고 제자리를 지킬 수 있지요. 그러면서도 큰 바람은 끄떡없이 막아내서 씨앗이 날아가 버리지 않게 해요. 마치 큰 고기만 잡고 작은 고기는 살려 보내는 그물과 같아요. 그래서 어떤 사람들은 제주도 돌담을 '바람 그물'이라고 말해요.

돌에서 태어나 돌로 돌아간다

제주도에서는 이런 돌담을 어디서든 볼 수 있어요. 집이든 골목이든, 밭이든 목장이든, 심지어 무덤이나 신당에도 이렇게 돌담을 쌓았어요. 쌓은 곳마다 그 이름은 조금씩 달랐어요. 밭에 있는 담은 밭담, 골목은 올렛담, 바다는 원담(갯담), 산과 무덤은 산담이라 했어요. 이런 돌담이 자꾸 쌓이고 점점 넓어져 마치 성벽처럼 위 폭이 넓은 담은 '잣벡'이라고 해요.

그래서 제주 사람들은 태어나면서 죽을 때까지 늘 돌담과 함께해요. 뭍에 사는 사람을 보통 '소나무 아래에서 태어나 소나무와 더불어 살다 소나무 그늘에서 죽는다.'고 하는데, 제주 사람들은 돌에서 태어나 돌로 돌아가지요. 돌담 집 돌 구들 위에서 태어나, 온통 돌로 이루어진 땅에서 살다가, 죽어서는 자갈밭을 판 무덤에 묻혀요. 그리고 그 무덤 또한 돌담을 두르고요. 마을

길도 산길도 들길도 밭길도, 바닷가에 가는 길도 모두 돌길이었어요. 그래서 제주 사람들은 짚신보다 더 질긴 칡넝쿨로 삼은 칡신을 많이 신었어요.

모진 자연과도 어울려 살려고 했던 마음

'담'이란 본래 도둑이 드는 것을 막으려고 쌓는 것이에요. 뭍에 있는 담은 거의 그런 쓸모로 만들어졌지요. 그런데 제주도 돌담은 이와 아주 달라요. 제주도는 예부터 거지가 없고, 도둑이 없으며, 대문이 따로 없는 '삼무도(三無島)'라고도 널리 알려져 왔지요. 그러니까 제주 사람들이 막으려고 한 것은 바람 아니면 곳곳에 놓아 기르던 말과 같은 짐승들뿐이었어요.

제주 사람들은 따로 돌을 다듬지도 않은 채 그냥 있는 그대로 하나하나 올리기만 했어요. 언뜻 허술해 보이지만 하나하나 위와 아래, 옆이 서로 물리게 쌓아 수백 년도 너끈히 버틸 수 있었어요. 아무리 세찬 바람이 불어와도 그렇게 쌓인 돌 사이만 지나면 봄날 산들바람처럼 부드러워졌어요. 모진 자연과 맞서 싸우지 않고 서로 어울려 같이 잘 살려고 했던 마음, 오늘날 우리가 제주 사람들한테 꼭 배워야 할 지혜인 듯싶어요.

제주도와 현무암

제주도에 가장 많은 돌은 화산 용암이 굳어서 생긴 현무암이에요. 주로 검은빛깔로 구멍이 숭숭 난 돌이죠. 제주도는 땅도 거의 다 이런 돌이어서 비가 많이 와도 빗물이 금세 스며들어 물을 모아 두기가 아주 힘들어요. 그래서 논 농사를 못 짓고 밭농사를 주로 지었어요.

정낭과 정주석

제주도는 예부터 거지와 도둑 그리고 대문이 없다고 '삼무도'(三無島)라고도 했어요. 땅이 워낙 거칠어 너나 할 것 없이 먹고 살기가 힘드니까 남한테 구걸을 하거나 훔칠 까닭이 없었지요. 그래서 대문 같은 것도 달 필요가 없었어요. 그 대신 집의 어귀 양쪽에 구멍 뚫린 돌(정주석)을 하나씩 세우고 그 구멍에 통나무(정낭)를 끼워 놓았어요. 통나무가 하나만 끼워져 있으면 주인이 가까운 곳에 있어 곧 돌아온다는 것을 뜻하고, 통나무가 두 개 끼워져 있으면 집에 아이들만 있거나 잠깐 밭일을 나갔다는 것을 뜻해요. 그리고 세 개가 다 끼워져 있으면 먼 곳에 일을 나가 밤늦게 또는 며칠 있어야 돌아온다는 표시고요.

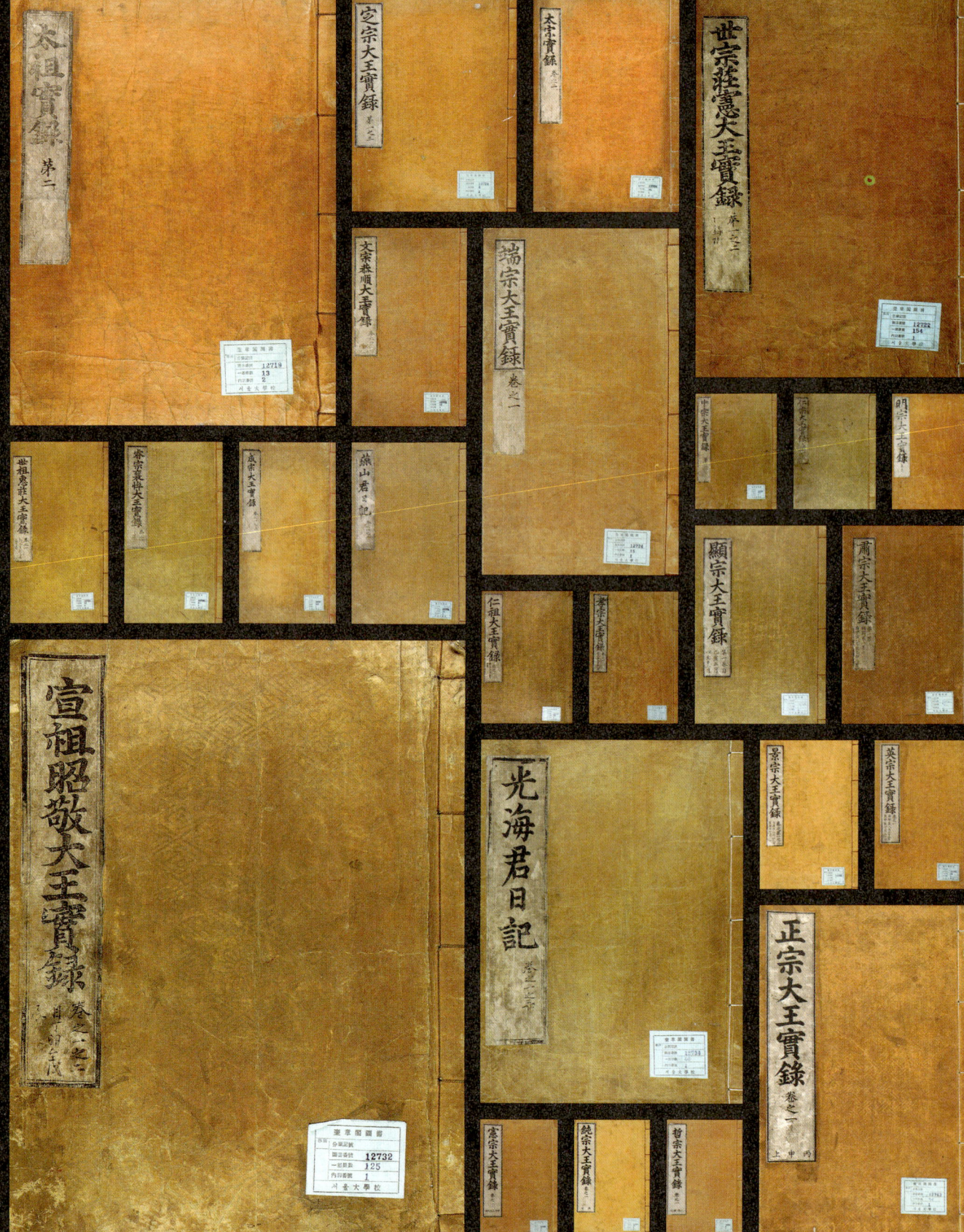

이보다 꼼꼼한 역사 기록은 세계 어느 나라에도 없었다
조선왕조실록

지난 2006년 7월 7일, 일본을 떠나 인천 국제공항에 도착한 아시아나 항공 OZ107편 짐칸에는 '특별 화물' 도장이 찍힌 컨테이너 상자 하나가 실려 있었어요. 그 속에는 제습 장치까지 꼼꼼히 갖춘 비밀스러운 나무 상자 하나가 들어 있었지요. 몇 시간 뒤 일본에서 온 또 다른 비행기 안에는 이보다 좀 더 큰 나무 상자가 비슷한 포장으로 실려 있었어요. 수많은 사람들이 손꼽아 기다려온 이 화물은 일제 강점기 때 일본이 가져간 《조선왕조실록》 47책. 상자 두 개로 나누어 따로따로 비행기에 싣고 온 까닭은 혹시 모를 사고가 나도 한꺼번에 책을 잃는 것을 막으려는 뜻이었어요.

93년 만에 돌아온 조선왕조실록

이날 돌아온 조선왕조실록은 원래 강원도 평창군 오대산에 있던 실록이에요. 일본은 1913년 이곳 사고에 있던 실록을 몽땅 빼앗아 갔다가 1923년 간토 대지진 때 거의 다 불태워먹고 1932년에 27책만을 되돌려 주었지요. 그 뒤 도쿄대 도서관에 47책이 더 있다는 것이 세상에 알려지면서 오대산 월정사 스님들을 중심으로 열심히 되찾기 운동을 펼친 끝에 드디어 93년 만에 제 나라 땅으로 돌아온 것이에요.

이때 수많은 신문과 방송에 이 일이 크게 나오면서, 얼핏 지금까지 남아 있는 조선왕조실록은 이것이 다라고 생각한 사람이 있을지도 몰라요. 하지만 우리 조상들은 이 같은 일까지 멀리 내다보고 꼼꼼히 대비를 해 두었어요. 조선 시대에 실록을 펴낼 때는 여러 벌을 찍어 전국 곳곳에 나누어 보관

조선왕조실록
조선 첫 번째 왕 태조 이성계에서 25대 철종에 이르기까지, 모두 472년에 걸쳐 일어난 일들을 1,894권 888책에 기록한 아주 긴 역사 책이에요. 26대 고종과 27대 순종 때 실록은 일제강점기 때 일본 관리들이 펴내는 바람에 엉터리 내용이 많아 보통 여기에 껴 주지 않아요.

'권'과 '책'은 어떻게 다를까?
오늘날 책은 내용에 따라 두꺼운 것도 있고 얇은 것도 있고 그래요. 그런데 옛날에는 일정한 두께를 정해 놓고 책을 만들었어요. 그러다 보니 내용이 짧으면 책 하나에 두 권이 들어가기도 했지요. 그래서 내용에 따라 나눈 책의 단위는 '권'으로, 앞뒤를 표지로 묶어 제본한 (오늘날 우리가 흔히 책의 숫자를 말할 때 쓰는) 단위를 '책'이라 따로 일컬었어요.

👉 **오대산 사고 실록 반환 기념식**
1913년 일본이 오대산 사고에서 몽땅 털어 간 조선왕조실록 가운데 47책이 2006년 7월 7일 우리나라에 돌아왔어요. 원래 오대산 사고에 있던 실록은 모두 760책쯤이었다고 하는데 1923년 간토 큰지진 때 거의 다 불타 없어졌지요.

을 했어요. 불이나 전쟁으로 혹시 한두 곳의 실록이 없어져도 나머지 실록으로 역사를 길이 전하려는 뜻에서였지요. 일본에서 돌아오는 실록을 비행기 두 대에 나누어 실은 것도 이런 조상들의 지혜에서 따온 것이었어요.

왜 광해군과 연산군만 '일기'를 썼을까?
태조, 세종, 성종과 같은 호칭은 왕이 살아 있을 때 부르던 이름이 아니에요. 왕이 죽은 뒤 종묘 사당에 신주를 모실 때 붙인 호칭(이를 '묘호'라고 함)이지요. 그런데 연산군이나 광해군처럼 신하들한테 쫓겨난 왕은 죽어서 종묘에 신주를 모시지 못했어요. 당연히 묘호도 얻지 못했고요. 그래서 이들은 왕자한테나 붙이던 호칭인 '군'(후궁이 낳은 왕자를 컫는 말, 왕비가 낳은 왕자는 '대군'이라고 했음)으로 역사 기록에 남게 됐어요. 제목 또한 실록이 아니라 보통 업무 일지와 같은 급인 '일기'가 되었고요.

이 안에 오백 년 조선의 모든 것이 담겨 있다

조선왕조실록은 조선 첫 번째 임금인 태조 이성계에서 25대 철종에 이르기까지, 모두 472년에 걸쳐 일어난 일들을 1,894권 888책에 기록한 아주 긴 역사 책이에요. 26대 고종과 27대 순종 때의 실록은 일제 강점기 때 일본 관리들이 펴내는 바람에 엉터리 내용이 많아 여기에 끼지 못했지요.

실록에는 조선에서 벌어진 일이 거의 다 들어 있다고 해도 좋을 만큼 아주 작은 일까지 연, 월, 일 차례로(이를 '편년체'라고 함) 꼼꼼히 적혀 있어요. 조정에서 주고받은 왕과 신하의 이야기는 물론 현종 때 궁궐에 귀신이 나타난 이야기, 정조가 눈이 나빠 안경을 썼다는 사실 같은 시시콜콜한 일까지 모두 알 수 있지요. 어느 해 어느 곳에 비가 얼마나 왔는지, 어느 고을의 사또가 무슨 짓을 하다 암행어사한테 혼이 났는지 같은 일도 실록에는 모두 나와 있어요. 정치, 경제, 외교, 사회, 법률, 문화, 천문, 의약, 음악, 미술, 종교, 풍습……. 조선왕조실록이 없었다면 태종 때 일본에서 선물 받은 코끼리가 있었다거나, 세종 때 제주도에 원숭이가 살았다는 것과 같은 재미난 사실도 알 수 없었을 거예요. '왕의 남자'나 '대장금' 같은 영화, 드라마의 소재도 얻을 수 없었을 테고요.

조선의 왕 누구도 볼 수 없었던 사초

조선 시대 실록은 왕이 죽은 뒤 그 다음 왕이 세운 임시 기관인 '실록청'에서 만들었어요. 가장 기본이 되는 자료는 이전 왕 때 일을 적은 사관의 기록인 사초(史草)와 조정의 업무 일지 비슷한 《승정원일기》 《비변사등록》 《일성록》이었지요. 때에 따라서는 지방 관청이나 외국 정부와 주고받은 공문서, 개인들이 펴낸 문집이나 일기, 백성들 사이에 떠도는 이야기까지 참고를 했어요.

실록을 만드는 일에는 왕도 함부로 이래라 저래라 할 수 없었어요. 사관은 왕과 신하가 만나는 자리를 졸졸 따라다니면서 그들이 주고받는 말을 기록했지요. 조정에 나와 오로지 이런 일만 하는 사관이 자그마치 여덟이나 있었어요. 사관은 때때로 왕이나 신하를 '평가'하는 말을 사초에 적기도 했어요. 왕과 신하들은 자신들이 어떻게 역사 기록에 남을 것인지 몹시 궁금해하면서도 그 기록은 절대 볼 수 없었죠. 실제로 조선 시대 임금 27명 가운데 그 어떤 왕도 자기 일을 기록한 사초는 보지 못했어요. 이렇게 모인 사초와 여러 자료들을 바탕으로 실록을 만들면 모두 세 차례에 걸쳐 꼼꼼히 내용을 검토한 뒤, 잘못된 사실을 고치거나 부족한 내용을 덧붙였어요. 여러 관료들이

세검정 차일암
서울시 종로구 신영동. 조선 시대 사관들이 이곳 개울가 바위에 차일(천막)을 쳐 놓고, 자신이 기록한 사초를 물에 씻어 내용을 지웠다고 해요. 이렇게 사초를 씻어 없애는 일을 '세초'라고 해요. 왜 그랬냐고요? 사관이 훗날의 보복을 걱정해 거짓으로 기록을 남길지도 모르니까 '비밀 보장'을 해 준 것이죠. 세초를 마치면 물에 씻은 종이는 알뜰히 말려 새 종이로 다시 만들고, 왕은 큰 잔치를 베풀었어요.

연대별로 모둠을 짜서 기록을 살펴본 까닭에 서로 자연스럽게 견제가 되다 보니 내용이 함부로 바뀌거나 어느 한편에 치우칠 수 없었어요. 오늘날 조선왕조실록이 세계의 높은 평가를 받는 까닭 가운데 하나도 이렇게 뛰어난 '공정성'과 '객관성' 덕분이에요.

몽땅 사라질 뻔한 위기를 간신히 넘기고

실록은 고려 시대에도 있었어요. 하지만 고려실록은 거란과 몽골이 쳐들어 왔을 때 모두 불타버려 지금은 흔적도 찾아볼 수 없지요. 조선에서는 이런 뼈아픈 실수를 되풀이하지 않으려고 실록을 여러 벌로 찍어 지방 곳곳에 나누어 보관했어요. 이렇게 실록을 보관하던 곳이 바로 사고(史庫)예요.

조선 초기에는 서울과 충주 두 곳에만 사고를 두었는데, 이것만으로는 미덥지 않았던 세종대왕이 경상도 성주와 전라도 전주에 사고 두 곳을 더 만들었어요. 1592년 조일전쟁이 벌어졌을 때 비로소 그 지혜가 빛이 났어요. 서울, 충주, 성주의 사고는 모두 불타 없어지고 전주 사고의 실록만 간신히 남게 됐지요. 이 일을 겪고 난 조선에서는 2년 9개월에 걸쳐 그때까지의 실록을 네 부씩 다시 펴내고, 이를 다시 전국 다섯 곳에 나누어 보관했어요. 서울의 춘추관을 빼고는 마니산(강화도), 오대산(강원도 평창), 태백산(경북 봉화), 묘향산(평안도 영변) 같은 험한 산 속에 사고를 짓고 가까이 있는 절이 실록을 지키게 했지요. 그 뒤 묘향산 사고는 청나라의 침입에 대비해 전라도 무주 적상산으로, 강화의 마니산 사고는 효종 때 건물에 불이 나 바로 옆 정족산으로 옮겼어요.

이렇게 다섯 곳에 나누어 보관한 실록 가운데 오늘날까지 모두 남아 우리가 볼 수 있는 실록은 정족산 사고본(1,707권 1,187책, 서울 규장각에 있음)과 태백산 사고본(1,707권 848책, 부산 국가기록원) 두 벌뿐이에요. 춘추관 사고본은 1624년 '이괄의 난' 때 불타버리고, 오대산 사고본은 일제 강점기 때 일본에 빼앗기며, 적상산 사고본은 1950년 한국전쟁 때 북한이 가져갔지

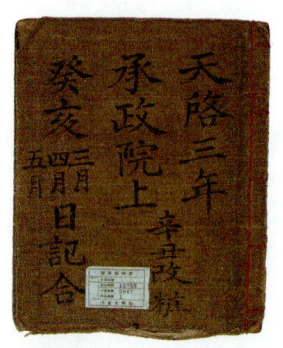

승정원 일기

오늘날 청와대 비서실과 비슷한 일을 하던 승정원에서 기록한 업무 일지. 조선왕조실록은 사관이 기록한 사초 말고도 이 같은 조정의 업무 일지가 기본 바탕이 됐어요. 조선 초기 승정원일기는 조일전쟁 때 모두 없어지고 지금은 인조 1년(1623)부터 1910년까지를 기록한 3,243책만 남아 있지요. 이것만으로도 조선왕조실록보다 다섯 배 가까이 글자 수가 많을 만큼 기록이 꼼꼼해 학자들 사이에서는 실록보다 더 보물 같은 대접을 받고 있어요. 하루도 빠짐없이 적은 날씨 기록 하나만으로도 오늘날 과학자들은 매우 귀한 자료로 삼고 있지요.

오대산 사고
강원도 평창군 진부면 동산리. 사고는 실록을 보관하는 창고예요. 조선 초기에는 이렇게 깊은 산이 아닌 평지에 사고를 만들었지요. 그러는 바람에 조일전쟁 때 실록을 모두 불태워 먹을 뻔한 조선 왕실은 그 뒤 험한 산 속 네 곳(마니산, 오대산, 태백산, 묘향산)에 사고를 새로 짓고 실록을 나누어 보관했어요.

요. 일본에 빼앗긴 오대산 사고본은 모두 788책이었는데, 이 가운데 74책만이 겨우 남아 우리나라에 돌아와 있어요.

그저 '옛날 일'만 알 수 있는 책이 아니다

조선왕조실록처럼 한 왕조의 역사를 500년 가까이 꾸준히 기록한 나라는 세계 어디에도 없어요. 오랜 역사를 지닌 중국에도 실록은 있지만 가장 긴 것이 296년 청나라 역사를 기록한 《대청역조실록》이지요. 중국이나 일본에 있는 실록이 모두 손으로 쓴 필사본인 것에 견주어 조선왕조실록은 하나하나 활자를 만들어 찍어 냈다는 것도 놀라운 점이에요.

조선왕조실록은 우리 역사뿐 아니라 중국, 일본, 만주, 몽골과 같은 아시아 다른 나라들의 역사를 연구할 때도 널리 쓰고 있어요. 그 나라 옛날 역사책에서는 찾아볼 수 없는 많은 내용이 오히려 우리 실록에 자세히 기록되어 있는 까닭이죠. 1500년부터 1750년까지 250년 동안 지구가 커다란 운석에 부딪혀 동아시아 지역이 아주 추운 시기를 보냈다는 사실 같은 것도 조선왕조실록에 있는 기록을 바탕으로 밝혀진 사실이에요. 우리만의 역사가 아닌,

조선왕조실록을 구한 선비 두 사람
1592년 조일전쟁이 벌어졌을 때 전주 사고의 실록을 구한 사람은 안의와 손홍록이란 시골 선비였어요. 왜군이 전라도 코앞까지 들이닥쳤다는 소식을 들은 두 사람은 조선 태조부터 명종까지 13대에 이르는 실록 804권을 지게에 짊어지고 내장산 깊은 곳에 숨어들지요. 둘은 번갈아 불침번을 서 가며 370일 동안이나 실록을 지킨 뒤 황해도 해주로 피난가 있던 선조를 찾아가 실록을 바쳤어요. 이 두 사람이 아니었으면 오늘날 조선왕조실록은 '반쪽짜리' 역사책이 되었을 거예요.

세계 역사의 한 부분을 또렷이 되살려 주는 자랑스러운 기록이 바로 조선왕조실록인 것이죠.

오늘날 조선왕조실록은 디지털로 되살아나 누구나 한글로 쉽게 볼 수 있어요. 찾고 싶은 내용을 빠르게 검색해 자기 분야에 필요한 자료를 자유롭게 쓸 수 있지요. 그런 뜻에서 조선왕조실록은 조선의 역사만을 알 수 있는 '딴 세상 기록'이 아니에요. '왕의 남자'처럼 옛날 사람들 이야기를 영화로 만들고 싶은 영화감독, 지구 온난화를 막으려는 기상 과학자, 사라져 버린 토종 식물을 되살리려는 식물학자 같은 사람한테도 조선왕조실록은 더없이 훌륭한 연구 자료예요. 여러분 또한 언젠가 조선왕조실록을 검색하면서 그런 꿈을 꾸게 될지도 몰라요.

'의녀 장금'이 나오는 중종실록

한동안 텔레비전 드라마로 큰 인기를 끈 '대장금'은 조선왕조실록에 나오는 몇 줄 기록을 바탕으로 지은 이야기예요. 중종실록 10년(1515년)부터 39년(1544년)까지 모두 예닐곱 곳에서 '의녀 장금' 기록을 찾아볼 수 있지요. 거의 30년 동안이나 실록에 오르내린 의녀였으니 얼마나 왕의 사랑을 듬뿍 받았을까? 짧은 역사 기록이 이 같은 상상력과 만난 덕분에 우리나라뿐 아니라 세계 60개 나라 사람들을 울리고 웃긴 '장금이'가 태어날 수 있었어요.

조선왕조실록 청문회

1. 뭐든지 자기 맘대로 하는 왕이 정말 사초를 못 봤을까?

오늘날 텔레비전 드라마에 나오는 왕들을 보면 뭐든지 자기 마음대로 다 하는 것처럼 보이지만 실제 조선 시대 왕들이 그렇지는 않았어요. 성리학과 사대부 세력을 바탕으로 나라를 세운 조선은 갈수록 신하들 입김이 점점 세져서 왕이라도 신하가 반대하는 일을 마음대로 밀어붙이기 힘들었지요. 조선 시대 왕들 가운데 자기 일을 기록한 사초를 본 사람은 하나도 없을뿐더러, 선대 왕의 실록 또한 거의 본 사람이 없어요. 그 본보기를 남긴 사람은 조선 4대 임금 세종이었어요. 뭐든지 책 읽기를 좋아한 세종은 남달리 실록을 보고 싶어 한 왕이기도 했지만 아버지 태종의 실록만은 끝내 못 보고 말았어요. 실록을 보려고 할 때마다 맹사성, 윤회, 황희와 같은 신하들이 반대를 한 까닭이죠. 왕이 자꾸 역사 기록을 보면 간섭을 하려 들고, 그러면 사관이 제대로 역사를 기록하기 힘들어질 테니 말이에요. 세종 때 일이 두고두고 본보기가 되어 그 뒤 어느 왕도 사초는커녕 실록도 볼 수 없었어요.

2. 사초를 꼬투리로 사관을 죽인 왕도 있다는데?

폭군으로 왕의 자리에서 쫓겨난 연산군 때 그런 일이 있었어요. 연산군의 아버지 성종 실록에 사초를 쓴 사관 김일손과 사림파 선비들이 반대파 정치 세력(훈구파, 개국 공신으로부터 이어진 조선의 기존 중심 세력)의 모함에 빠져 떼로 목숨을 잃은 '무오사화'(1498년)가 바로 그 사건이지요. 그때 실록청의 우두머리는 훈구파 신하인 이극돈이란 사람이었는데, 부하인 김일손이 자기가 저지른 비리를 사초에 그대로 기록하자 빼 달라고 압력을 넣었어요. 하지만 김일손이 단칼에 거절하자 나쁜 마음을 품고 사초 다른 곳에서 괜한 트집을 잡아 연산군한테 일러 바치지요. 왕한테 나라를 돌보라는 둥, 개혁을 하라는 둥 잔소리가 많은 사림파가 못마땅하던 연산군은 기다렸다는 듯이 김일손과 사림파 수십 사람을 한통속으로 묶어 죽이고 말아요.

3. 조선왕조실록은 진짜 정확하고 공정한 역사 기록일까?

알려진 사실과 가장 다른 것은 '왕이 가는 모든 곳'에 사관이 따라다녔다는 이야기예요. 왕이 사관을 따돌리고 신하와 비밀 이야기를 나누는 것이 아주 어려운 일은 아니었거든요. 펴낸 때에 따라 '승자의 기록'으로 남은 실록도 적지 않아요. 형제를 죽이고 왕이 된 태종, 조카한테 왕을 빼앗은 세조, 반정으로 광해군을 몰아낸 인조를 다룬 실록을 꼼꼼히 살펴보면 억지로 부풀리거나 줄인 내용이 꽤 많아요. 당쟁으로 지배 세력이 바뀐 다음 '수정 실록'을 펴낸 선조, 현종, 숙종, 경종 실록도 비슷한 평가를 받고 있고요.

하지만 이와 같은 역사 기록의 문제는 세계 어느 나라에서나, 심지어 오늘날에도 버젓이 벌어지고 있는 일이에요. 조선은 한때 '수정 실록'을 펴냈을 때에도 원본은 그대로 남겨둘 만큼 꼬장꼬장하게 역사를 챙긴 나라지요. 조선왕조실록은 '다른 나라 역사 책과 견주었을 때' 그 정확성과 공정성이 돋보이는 역사 기록이에요. 신하들 힘이 왕에 못지 않은 '사대부의 나라'였다는 점 또한 조선이 아시아 다른 나라들보다 공정한 역사 기록을 남길 수 있는 바탕이 되었어요.

'공자의 나라'에도 없는 우리만의 문화유산
종묘와 종묘대제

텔레비전 역사 드라마를 보면 가끔 이런 말이 나와요.
"전하, 부디 종묘사직을 생각하시옵소서!"

이 말은 무슨 뜻일까요? 여기서 '종묘사직'은 원래 따로따로인 '종묘'와 '사직'을 한꺼번에 이르는 말이에요. 종묘는 역대 왕들의 신주를 모신 왕실의 사당이고, 사직은 나라의 가장 큰 바탕이 되는 '땅과 곡식'을 다스리는 신을 뜻하죠. 그러니까 종묘사직이란 '왕실과 나라'를 뜻하는 말이에요. 임금이 뭔가 바람직하지 않은 일을 하려고 하면 신하들이 제발 그러지 말라는 뜻으로 '종묘사직을 생각하라!'고 점잖게 타이른 것이죠.

신실로 가는 왕과 제관
종묘대제에서 제주(제사를 받드는 사람)는 보통 왕이 맡았어요. 면류관을 쓴 면복 차림에 손에는 청옥으로 된 규를 들었지요. 왕은 제사를 올리기 7일 전부터 음주가무를 삼가면서 몸과 마음을 깨끗이 하고 사흘 전부터는 날마다 목욕을 했어요. 제사 하루 전에는 아예 종묘 '어숙실'에 와서 머물다가 제사가 다 끝난 뒤 궁궐로 돌아갔어요.

전쟁 통에도 챙겨간 '종묘와 사직'

중국과 우리나라에서는 예부터 왕이 나라를 열면 가장 먼저 종묘(宗廟)를 세우고 사직(社稷)을 모셨어요. 궁궐에서 바라봤을 때 왼쪽에는 종묘를, 오른쪽엔 사직을 받드는 건물을 지었지요. 그리고 조상의 은혜에 보답하고 백성들이 짓는 농사가 잘 되게 해 달라고 정성껏 제사를 지냈어요. 흔히 종묘와 사직이 조선 시대에만 있던 것으로 생각하는 사람이 많은데 중국에서는 고대 우나라 때부터, 우리나라는 삼국 시대부터 이런 제사를 지냈어요.

유교를 따른 나라인 조선 왕실이 가장 소중하게 여긴 것도 바로 종묘와 사직이었어요. 전쟁이 나면 백성은 버리고 가도 '종묘와 사직'만은 반드시 모시고 갈 만큼 귀하게 받들었으니까요. 더구나 왕실은 이 제사로 백성들한테 '효'의 본보기를 보여야 하는 만큼, 수많은 사람과 제물을 들여 엄격한 예법

종묘에서 '신'을 모시는 곳

정전
국보 227호. 조선의 왕들 가운데 공덕이 많은 열아홉 왕(태조, 태종, 세종, 세조, 성종, 중종, 선조, 인조, 효종, 현종, 숙종, 영조, 정조, 순조, 문조, 헌종, 철종, 고종, 순종)과 그 왕비들의 신주를 불천위로 모시고 제사를 지내는 곳. 헌종부터 순종까지는 자손이 5대를 넘기지 못한 까닭에 공덕과 관계 없이 이곳에 모시고 있어요. 그 앞의 왕들 가운데에도 오늘날 역사의 평가로 봤을 때는 어째서 불천위가 됐는지 궁금한 왕도 몇몇 있고요. 굳게 닫힌 정전의 문은 한 해에 단 하루, 종묘제례 때에만 열려요.

공신당
황희, 이황, 이이와 같은 조선 시대 뛰어난 신하 여든세 사람의 신주를 모신 곳. 하지만 이순신 장군이나 유성룡처럼 당시 복잡한 정치 상황에 얽혀 이곳에 신주를 못 모신 훌륭한 신하도 무척 많아요.

영녕전
보물 821호. 정전에 신주 모실 곳이 모자라자 세종 때 처음 세운 건물. 조선을 세운 태조의 아버지부터 고조할아버지까지를 이르는 조대왕(환조, 도조, 익조, 목조), 정전에 모시지 못한 다른 왕(정종, 문종, 단종, 예종, 인종, 명종, 경종), 죽은 다음 추존된 왕(덕종, 원종, 진종, 장조), 왕은 아니지만 고종의 아들인 황태자 영친왕과 그 왕비들의 신주를 모시고 제사를 지내는 곳이에요.

칠사당
운명, 집, 부뚜막과 같은 백성들의 삶과 관계 있는 일곱 가지 '잡귀신'을 모신 사당. 이런 귀신들을 잘 모셔야 백성들이 편안하게 잘 살아 왕실도 번영할 수 있다고 믿었어요.

종묘 정전 안에서 제사를 드리는 모습. 유교를 받들던 조선에서 제사는 어느 집안에서든 매우 중요한 행사였어요. 더구나 왕실의 제사인 종묘제례는 나라의 으뜸가는 커다란 행사였기에 특별히 '종묘대제'라고 하지요. 상 뒤쪽에 보이는 것이 왕과 왕비의 신주예요.

에 따라 제사를 지냈어요. 상에 올라가는 그릇 종류만 해도 예순세 가지가 된다고 하니 얼마나 애써 힘과 정성을 기울였는지 짐작할 만하지요. 조선 시대에는 사철의 첫 달인 음력 1, 4, 7, 10월과 섣달(12월)에 대제를 올렸는데, 일제 강점기 뒤로 한동안 맥이 끊어졌다가 1969년부터 조선 왕실의 후손인 전주 이씨 집안의 주관으로 다시 올리고 있어요.

종묘는 어떤 곳일까?

서울 종로구 훈정동(종로 4가)에 있는 종묘는 조선 시대 왕과 왕비, 나라에 큰 공을 세운 신하들의 신주를 모신 곳이에요. 서울 한복판이라고는 믿기 힘들 만큼 조용한 숲 속에, 축구장 두 배가 넘는 어마어마한 크기가 처음 가는 사람을 깜짝 놀라게 하죠. 해마다 5월 첫째 일요일이 되면 이곳에서 제사를 지내는데 이것을 바로 '종묘대제'라고 해요.

조선을 세운 태조 이성계는 1394년 12월 한양으로 수도를 옮기고 경복궁 자리 동쪽에 종묘를 짓도록 했어요. 이듬해 5월 첫 공사가 끝났을 때 종묘는 지금과는 달리 아주 작은 건물이었죠. 모셔야 할 신주가 그리 많지 않았던

신주
죽은 사람의 이름을 써서 모시는 작은 나무 팻말. 대개 밤나무로 만드는데 위는 둥글고 아래는 모가 난 꼴이에요. 다른 말로는 '위패'라고 하고, 종이에 쓴 것은 '지방'이라고 해요. 불교를 믿는 고려에서는 죽은 이를 화장(火葬)하고 제사 때 초상화를 모셨지요. 유교를 앞세운 조선 시대에 들어와 초상화 대신 신주를 모시고 화장도 매장으로 바뀌게 됐어요.

까닭이에요.

그러나 시간이 흐르고 세상을 떠난 임금이 점점 많아지면서 종묘의 덩치는 끊임없이 커져야 했어요. 세종 때 종묘 서쪽에 새 건물인 영녕전을 지었지만 얼마 안 가 신주 모실 자리는 또다시 모자랐지요. 그 당시 예법으로는 왕이 죽으면 5대 후손 때까지 종묘 본관인 정전에 신주를 모셨다가 그 다음 대에 영녕전으로 옮겼는데, 공덕이 많은 왕은 '불천위' 라 해서 5대가 지나도 그대로 정전에 모시게 했어요. 태종, 세종, 세조와 같은 왕들을 잇따라 불천위로 모시게 되면서 정전의 공간 부족 현상은 점점 심해졌어요. 그래서 자꾸만 건물을 크게 고쳐 짓다 보니 오늘날과 같은 어마어마한 크기가 되었어요. 죽은 이를 위한 곳이었지만 그 공간은 살아 숨쉬는 생명처럼 끊임없이 자라났다고 볼 수 있지요. 지금 남아 있는 건물은 조일전쟁(1592년) 때 불탄 것을 광해군 때부터 꾸준히 다시 세운 것들이에요.

우리만의 자랑으로 남은 종묘대제

종묘대제는 크게 조상신을 맞이하는 절차, 신이 즐기는 절차, 신을 보내고

단순미의 극치, 종묘 정전

일자로 정직하게 쭉 뻗은 종묘 정전은 한 채로 된 나무 건물로는 세계 어느 나라에서도 보기 힘든 큰 건물이에요. 아무런 장식 없는 축대와 거칠게 돌을 다듬어 뚜벅뚜벅 깔아 만든 월대(계단 위 바닥처럼 보이는 곳)가 모든 것을 초월한 듯 장중한 분위기를 내고 있지요. 정전 앞에 검은 돌(전돌)로 깐 좁은 길은 '신도'라고 해요. 사람은 밟을 수 없고 신들만이 다닐 수 있는데, 신령은 정신만 있을 뿐 몸체가 없어서 길이 넓을 필요가 없다고 생각한 것이에요.

후손들이 즐기는 절차로 나뉘어요. 그런데 제사 처음부터 끝까지 절하고 술 따르는 일만 되풀이한다면 조상신이 얼마나 따분해하겠어요? 그래서 나온 것이 바로 종묘 제례악이에요. 제사를 지내는 동안 악사들은 연주를 하고 선왕의 문무(文武)를 상징하는 춤과 공덕을 기리는 노래를 곁들이면서 제사 분위기를 한결 부드럽고 편안하게 해 줘요. 이런 것들을 통틀어 가리켜 '종묘 제례악'이라고 하는 것이지요.

조선 초기까지는 종묘제례악이 그 틀을 제대로 갖추지 못했어요. 중국에서 들여온 아악과 당악, 고려에서부터 내려온 향악이 온통 뒤섞여 있었고, 이를 연주하는 악기들도 음이 맞지 않아 제 소리를 내지 못했지요. 춤과 노래도 번번이 들쭉날쭉할 수밖에 없었고요. 조선의 네 번째 왕 세종은 이를 무척 안타깝게 생각했어요. 먼저 박연을 시켜 편경, 편종처럼 모든 음의 '기준'이 되는 악기를 새로 만들게 했어요. 그리고 연주하는 음악도 싹 다시 만들어야겠다고 마음먹었지요. 놀라운 사실은 세종이 그 일을 신하들한테 안 맡기고 자신이 손수 했다는 것이에요. 세종이 음악에 뛰어난 소질이 있긴 했지만 어째서 손수 작곡을 해야 했을까? 박연을 비롯한 신하들은 새로 만드는

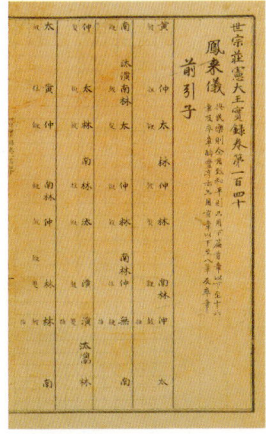

세종실록에 나오는 정간보

오늘날 연주하는 종묘제례악을 작곡한 사람은 바로 세종대왕이에요. 고취악과 향악을 바탕으로 하룻밤 사이에 막대기를 짚어 '보태평' '정대업' '발상' '봉래의' 같은 음악을 손수 만들었다는 기록이 《세종실록》에 실려 있어요.

👉 **하늘에서 바라본 종묘**
서울 한복판이라고는 믿기 힘든 우거진 숲 속에 있어요. 북악산에서 흘러 내려온 산줄기와 이어진 것처럼 보이지만 일제 강점기 때 뒤쪽 자락(빨간 점선으로 그은 곳, 오늘날의 율곡로)이 싹둑 잘려나가 버렸지요. 그래서 오늘날 종묘는 아스팔트 길에 둘러 싸인 섬처럼 도시 한가운데에 둥둥 떠 있게 됐어요.

일제가 짓밟은 사직단
종묘와 함께 나라 제사를 지내던 곳인 사직단은 일제 강점기 때 더욱 처참히 짓밟혔어요. 제단과 여러 시설이 허물어져 '공원'으로 격이 한참 떨어진 채 오늘날까지 제 모습을 못 찾고 있어요.

음악이 '순수한 아악'으로 돌아가야 한다고 주장했어요. 하지만 세종의 생각은 좀 달랐어요.

"아악은 본래 우리의 음이 아니고 중국의 것이다. 우리 조상은 살아서는 주로 향악을 들었는데 돌아가신 후에 중국 아악으로 제사를 올리는 것은 이치에 맞지 않는다."

이런 까닭으로 세종은 손수 작곡을 한 다음 '정간보'라는 악보까지 새로 만들어 꼼꼼히 음률을 기록해 두었어요. 세종의 정성은 그의 아들 세조 때 빛을 발했어요. 세조는 아버지가 만든 음악의 곡과 길이를 제례에 꼭 맞게 줄이고 가다듬어 마침내 종묘대제에 처음 선보였어요. 이것이 바로 오늘날까지 전해 내려오는 '종묘제례악'이에요.

오늘날 이 같은 제례와 음악은 '공자의 나라' 중국에서도 찾아볼 수 없는 우리만의 자랑으로 남았어요. 중국은 사회주의 정권이 들어선 뒤 이 같은 제사 의식을 모두 없애 버렸지요. 그래서 해마다 5월 첫째 일요일 종묘대제가 열리는 날이면, 아시아는 물론 세계 여러 나라 사람들이 일부러 찾아와서 이 제사를 구경해요.

음악과 춤이 어우러진 종묘제례악

① 연주와 노래

제사 앞부분에는 선대 왕의 문덕(文德)을 기리는 '보태평지악', 뒷부분에는 무공(武功)을 찬양하는 '정대업지악'을 연주해요. 정전 바로 앞(상월대)에서 노랫말이 없는 음악을 연주하는 악단은 등가(登歌)라 하고, 계단 아래 뜰(하월대)에서 노랫말 있는 음악을 연주하는 악단은 헌가(軒架)라고 하지요. 편종·편경·방향과 같은 타악기와 당피리·대금·아쟁 같은 현악기가 주로 음을 이끌어요. 여기에 장구·징·태평소·절고·진고 같은 악기들이 가락을 함께 펼쳐 그 어떤 음악에서도 느끼기 힘든 근엄한 분위기를 연출하죠.
노래를 부르는 악공은 '도창'이라고 해요. 제례 절차에 따라 보태평 11곡과 정대업 11곡을 노래해요.

② 춤

선대 왕의 문덕과 무공을 기리는 '문무(文舞)'와 '무무(武舞)'가 있어요. 여섯 줄에 맞춰 추어서 '육일무'라고도 말해요. 문무를 출 때는 '약'이라는 관악기와 꿩 깃털로 장식한 '적'을 들고, 무무에서는 나무로 만든 칼이나 창 또는 활과 화살을 들어요. 오른쪽 사진에서는 무무를 추고 있어요.

안타깝게 우리 땅을 떠난 이 세상 첫 금속활자 인쇄본
직지심체요절

1972년 5월 16일, 밤이 깊어 가는 파리. 프랑스 국립도서관에서 연구원으로 일하던 한국인 여성 박병선 박사는 어서 빨리 내일 아침 해가 떠오르길 바라며 잠자리에 누웠어요. 이튿날부터 도서관에서는 유네스코가 정한 '세계 책의 해'를 기념하는 책 전시회가 열릴 참이었지요. 그러나 박 연구원은 도무지 잠이 오질 않았어요. 5년 전, 도서관에 있는 옛날 중국 책 더미 속에 뿌연 먼지를 뒤집어 쓴 채로 있던 고려의 책 한 권. 그리고 그 책의 비밀을 파헤치려 온갖 궂은 일을 겪어 온 지난 시간이 영화 필름처럼 머릿속에 흘러갔어요. 어디론가 사라진 줄 알았던 이 세상 첫 금속활자 인쇄본 《직지심체요절 直指心體要節》이 기적처럼 다시 태어나 세상 사람들 앞에 모습을 드러내기 바로 전 날 밤이었어요.

직지, 세계 인쇄 역사를 다시 쓰다

다음 날 전시회에 나온 《직지심체요절》을 보고 온 유럽은 발칵 뒤집히다시피 했어요. 그때까지만 해도 유럽 사람들은 구텐베르크(Gutenberg 1397~1468)가 세상에서 처음 금속활자를 만들어 썼다고 알고 있었거든요. 구텐베르크가 1455년에 《42행 성서》를 펴낸 뒤 400년도 넘게 자기들이 금속활자를 처음 만들어 썼다고 자부해 왔는데, 이보다 78년이나 앞선 1377년에 동양의 작은 나라에서 벌써 금속활자로 책을 만들어 읽었다고 하니 쉽게 믿기 어려울 만도 했지요. 하지만 이들 눈앞에 있는 증거는 너무나 완벽했어요. 책 맨 끝에 '선광 7년 정사 7월(1377년 7월)에 청주 교외 흥덕사에서 금

금속활자 조판
국가중요무형문화재 101호 금속활자장 임인호 전수조교가 조판(책 내용에 따라 활자판에 활자 하나하나를 맞추어 넣는 것)을 마친 금속활자를 다듬는 모습. '직지'를 만든 고려 시대에는 활자판에 밀랍을 깔아 녹여 활자를 끼워 넣었고, 조선 시대에는 대나무 조각이나 못쓰는 종이 따위로 활자를 끼워 넣었어요.

'직지심경'이란 책은 없다
혹시 집에서 엄마 아빠한테 '직지'를 물어보면 '직지심경'을 말하냐고 되묻는 분이 꽤 있을 거예요. 하지만 '직지심경'은 잘못된 이름이에요. 맨 끝에 '경'이 들어가는 책은 불교 경전을 말하는데 '직지'는 불교 경전이 아니니까요. 옛날 국사 교과서에 이렇게 나와 있었고, 지금도 꽤 많은 책에 이렇게 틀린 이름이 나오고 있어요.

속활자로 찍은 책'이라는 사실이 딱 나와 있었으니까요. 오늘날 책에도 앞이나 뒤에 출판사 이름과 펴낸 날짜, 인쇄한 곳, 책값 따위를 밝히는 곳이 꼭 있죠? 이런 부분을 '저작권 표시'라고 하는데, 1377년 고려에서 펴낸 《직지심체요절》에도 이렇게 저작권 표시가 들어가 있던 거예요.

금속활자로 책을 찍었다는 증거는 이것 하나뿐이 아니었어요. 《직지심체요절》에는 손으로 쓰거나 목판으로 찍은 책과는 달리 마치 복사한 것처럼 모양과 굵기가 똑같은 글자가 책 곳곳에 나와요. 어떤 글자 모서리에는 금속

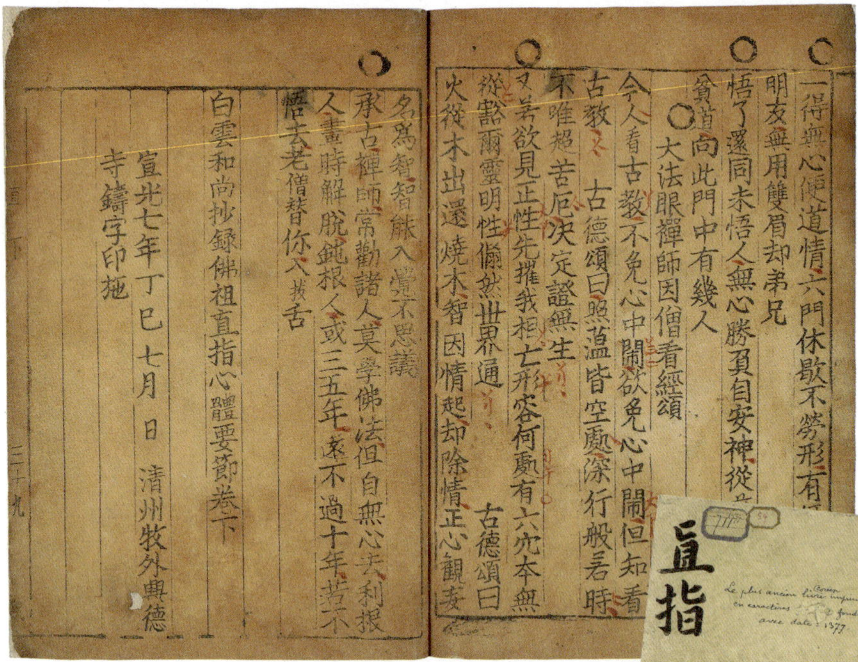

☞ '직지' 원본 맨 끝장

책 맨 끝에 '선광 7년 정사 7월(1377년 7월)에 청주 교외 흥덕사에서 금속활자로 찍은 책'이라는 사실이 나와 있어요. 나무와는 달리 금속에 먹을 묻히는 기술이 아직 모자란 데다 활자 높낮이도 고르지 않아 찍힌 글자가 진한 것도 있고 옅은 것도 있고 하지요. 직지는 금속활자로 찍은 이듬해인 1378년에 경한 스님이 돌아가신 여주 취암사에서 목판으로 다시 찍기도 했는데, 이 책은 다행히 상·하 모두 세 권씩 남아 있어 원본인 금속활자본을 연구하는 데 중요한 자료가 되고 있어요.

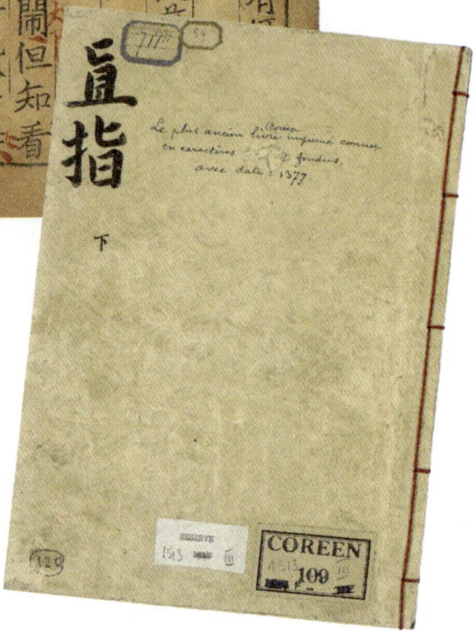

☞ '직지' 원본 하권 표지

'직지'는 경한 스님이 돌아가신 지 3년 뒤인 1377년 청주 흥덕사에서 처음 펴냈어요. 적어도 상·하 수십 권씩은 찍지 않았을까 싶은데 아쉽게도 지금 남아 있는 책은 하권 딱 하나, 그것도 우리 땅이 아닌 프랑스 국립도서관에 있지요. 책은 모두 마흔 장인데 표지는 어디론가 사라졌다가 조선 시대에 다시 만들어 붙였어요. 제목 옆에 있는 프랑스 글씨는 우리나라에서 직지를 가져간 콜랭 드 플랑시가 '금속활자로 찍은 가장 오래된 책. 1377년.'이라고 쓴 것이고, 아래 'COREEN 109'는 프랑스 국립도서관 서적 번호예요.

흔적인 '쇠똥'이 보이기도 했고요. 글줄이 들쭉날쭉 비뚤어지기도 했고, 심지어 어떤 글자는 비스듬하게 기울거나 아예 거꾸로 된 것도 있어요. 활자 하나하나를 일정한 틀에 넣었다 뺐다 하면서 책을 찍다 보니 깜빡 실수로 거꾸로 넣기도 했고, 수많은 활자를 단단히 짜 맞추는 조판 기술이 부족해 글자가 기울거나 글 줄이 들쭉날쭉해진 것이죠.

흥덕사
충북 청주시 운정동에 있는 '직지'를 찍은 절터. 1985년 이곳을 발굴 조사할 때 '서원부 흥덕사'란 글귀가 새겨진 금구 조각과 '황통 10년 흥덕사'라 새겨진 청동불발 뚜껑이 나와 이곳이 1377년 금속활자를 만들어 직지를 찍은 곳임을 알게 됐어요. 절터 옆에는 직지를 비롯한 우리나라 인쇄 역사를 한눈에 볼 수 있는 청주 고인쇄박물관이 있어요.

《직지심체요절》은 어떤 책일까?

《직지심체요절》은 고려 시대 경한 스님(1299~1374)이 정리한 선종의 가르침을 제자들이 엮어 펴낸 상·하 두 권짜리 책이에요. 우리한테는 성철 스님이 남긴 말로 널리 알려진 '산은 산이요, 물은 물이다.'는 화두를 우리나라에 처음 소개한 분이 바로 경한 스님이지요.

이 책의 본래 제목은 《백운화상초록불조직지심체요절 白雲和尙抄錄佛祖直指心體要節》인데, 아주 간단히 줄여 '직지'라고도 말해요. 본래 제목에서 '백운'은 책을 지은 경한 스님의 호를 이르고, '화상'은 스님을 높여 이르는 말이죠. 그 다음 '초록'은 어떤 것을 참고해서 정리했다는 뜻이고, '불조'는 여러 훌륭한 스님들을 말해요. '직지심체'는 이 책의 중심 주제로, 선종에서 아주 중요한 가르침인 '직지인심 견성성불(直指人心 見性成佛)'에서 온 말이에요. '참선하여 사람의 마음을 바르게 볼 때 그 마음의 본성이 곧 부처님의 마음임을 깨닫게 된다.'는 뜻이지요. 그리고 마지막 '요절'은 참선하는 데 도움이 될 마디(구절)를 얻을 수 있는 책이란 뜻이에요. 그러니까 이 책은 쉽게 말해 '백운 스님이 여러 훌륭한 다른 스님들의 말씀을 바탕으로 선종의 교리 가운데 알맹이만 쏙 뽑아 정리한 불교 참고서'인 셈이에요.

어쩌다 직지는 프랑스에 갔을까?

1377년 청주 흥덕사에서 금속활자로 찍은 '직지'는 그 뒤 500년도 넘게 어디에 어떻게 있었는지 알 수 있는 기록이 없어요. 이 책이 처음 기록에 나

타난 것은 엉뚱하게도 1900년 파리에서 열린 세계만국박람회 한국관 전시 목록에서였어요. 학자들은 이 즈음 두 차례에 걸쳐 15년 동안이나 우리나라에 프랑스 외교관으로 와 있던 콜랭 드 플랑시(Collin de Plancy)가 어디에선가 '직지'를 구해 프랑스로 보낸 것이 아닌가 보고 있어요. 중국에서 8년간 통역관으로 일했던 플랑시는 한자에도 밝아 공사관 앞에 옛날 책을 산다는 방을 써 붙일 만큼 우리 옛 책을 모으는 일에 열을 올렸지요.

플랑시는 1890년 우리나라에 들어온 또 다른 프랑스 외교관 모리스 쿠랑(Maurice Courant)한테 이렇게 수집한 책들을 보여주며 언젠가 목록을 정리해 책으로 펴낼 것을 부탁했어요. 쿠랑은 우리나라에서 한 해 반쯤 있다가 프랑스로 돌아간 뒤 여러 해에 걸쳐 그 작업에 매달렸지요. 그리고 우리 옛 책 3,821종을 기록한 《한국서지》란 책 세 권과 부록 한 권을 잇따라 펴냈어요. 바로 이 가운데 쿠랑이 마지막으로 쓴 《한국서지》 부록(1901년)에 '직지'를 금속활자 인쇄본으로 소개하고 있어요. 1896년에 나온 《한국서지》 3권까지는 이런 내용이 없는 것으로 보아, '직지'는 1896년부터 1900년 사이에 우리 땅을 떠나 프랑스에 건너간 것 같아요.

'1377년 청주 흥덕사' 그 훨씬 이전에 금속활자가 있었다

사실 고려 시대에는 '직지' 이전에도 금속활자로 찍은 책이 여럿 있었어요. 1377년에 나온 '직지'는 '지금까지 남아 있는 책 가운데 세계 처음'인 금속활자 책이란 얘기지요. 여러분도 한번 생각해 보세요. 그 옛날 지방의 작은 절에서 금속활자로 책을 찍어 낼 수준이었다면, 권력과 돈이 모여 있는 서울(중앙 정부)에서는 얼마나 더 뛰어난 금속활자 책을 많이 만들어 읽었겠어요?

기록에 남아 있는 사실로 짐작해 보면, 고려에서는 '직지'가 나오기 150

👉 **직지가 있는 프랑스 국립도서관**
19세기 말 우리 땅을 떠난 '직지'는 미술품 경매로 이름난 파리 드루오 경매장에서 1911년 골동품 수집가 앙리 베베르(Henry Vever)한테 단 돈 180프랑(오늘날 가치로 80만 원쯤)에 넘어갔다가, 뒤늦게 책의 가치를 알아본 프랑스 국립도서관의 간청에 못 이겨 베베르 자신이 죽은 뒤 도서관에 기증할 것을 약속했어요. 마침내 1943년 베베르가 세상을 떠나고, 상속자들은 베베르의 유언에 따라 '직지'를 프랑스 국립도서관에 기증했어요. '세계 최초 금속활자'의 운명 치고는 참으로 안타깝고 서글픈 이야기가 아닐 수 없어요.

년쯤 전에 벌써 금속활자로 책을 만들어 읽었어요. 1239년에 목판으로 찍은 《남명천화상송증도가》라는 책에는 그때 최씨 무신정권 우두머리인 최이가 '본래 금속활자로 찍은 책을 다시 목판에 새겨 찍었다.'는 기록을 남겼지요. 그러니까 이 책은 목판본이 나온 1239년보다 앞선 그 어느 땐가 벌써 금속활자로 찍은 '원본'이 있었다는 말이에요.

고려의 문신 이규보(1168~1241)가 쓴 글을 모아 1241년에 펴낸 《동국이상국집》을 봐도 이때쯤 고려에서는 금속활자가 널리 쓰이고 있었음을 알 수 있어요. 이 책에는 지금은 없는 《상정예문》이란 책에 이규보가 최이의 명을 받고 썼다는 글을 옮겨 실었는데, 바로 여기에 '상정예문 쉰 권이 세월이 지나면서 책장이 떨어지고 글자가 닳아 없어져 이를 주자(금속활자)로 다시 찍는다.'는 내용이 나와요. 학자들은 이렇게 금속활자로 다시 찍은 《상정예문》이 최이가 진양후(최씨 무인정권 우두머리 벼슬)에 오른 1234년에서 이규보가 세상을 떠난 1241년 사이에 나왔을 것으로 짐작하고 있지요.

개성박물관에 있는 고려 금속활자

지금까지 우리나라에서 발견된 고려 시대 금속활자는 딱 두 개예요. 국립중앙박물관에 있는 '복' 활자(아래 사진)와 북한 개성박물관에 있는 '전' 활자(위 사진)가 바로 그것이지요. 고려 시대뿐만 아니라 조선 초기 금속활자도 남아 있는 것은 아주 드물어요. 자꾸 쓰면 닳는 활자를 남겨두기보다는 새 활자의 재료로 다시 녹여 써야 했던 까닭이죠.

고려 시대 금속활자가 나온 배경

금속활자가 처음 나올 무렵인 12~13세기, 고려는 거란과 몽골의 잇따른 침입으로 나라 곳곳이 쑥대밭이 되다시피 했어요. 왕실 도서관은 물론 수많은 절이 잿더미로 바뀌어 책과 불경이 사라지고, 이웃 송나라에서 책을 수입해 오기도 쉽지 않았지요. 조금씩이라도 좋으니 하루빨리 여러 종류의 책을 다시 찍어 내야만 했어요. 그런데 기존 목판 인쇄술은 한 가지 책을 꾸준히 많이 찍는 데는 좋지만 이렇게 '여러 가지 책을 조금씩 빨리 찍는' 데는 별로 알맞지 않았어요. 나무를 구해 다듬고 일일이 글자를 새겨 단 한 종류 책만 찍고 그 판본을 하나하나 보관할 만큼 고려는 느긋한 처지가 아니었지요.

그래서 나온 것이 바로 금속활자예요. 금속으로 활자를 만들어 쓰면 한 번 책을 찍고 나서도 다시 활자를 바꿔 끼워 새로운 책을 낼 수 있었고, 많이 써서 닳아 버리면 녹여서 새 활자를 만들 수 있었지요. 다행히 고려는 1102년부터 '해동통보'라는 동전을 만들어 썼을 만큼 청동을 다루는 기술이 아주 뛰어났어요. 여기에 당시 세계에서 가장 뛰어난 종이와 먹을 만들어 낼 수 있는 기술을 지니고 있었기에 고려는 세계에서 처음 금속활자로 책을 만들어 읽을 수 있었어요.

'복' 활자

이 세상 어딘가 또 다른 '직지'가 있지는 않을까?

지난 2006년 11월 한국방송 '추적 60분'은 '100억대 문화재 대도의 옥중 고백, 나는 세계 최고 금속활자본을 훔쳤다.'는 방송을 내보냈어요. 그 내용을 간추려 보면, 어떤 이름난 도굴꾼이 '직지'보다 50년쯤 앞서 나온 금속활자 인쇄본을 경주 기림사에서 훔쳤고, 사라진 것으로 알려진 '직지' 상권 또한 서울 봉원사와 안동 광흥사에서 한 권씩 훔쳐 누군가한테 팔았다는 것이에요. 도굴꾼의 말을 얼마나 믿어야 할지는 모르지만, 실제 이들 절에서는 도굴꾼이 말한 때에 복장 유물(불상 안에 넣은 불교 문화재)을 도난 당한 사실이 있어서 여러 사람들의 관심을 불러모았지요. 고려 시대 금속활자가 나온 뒤 수많은 전쟁과 약탈이 있었던 만큼 중국이나 일본, 미국 같은 나라에 또 다른 직지가 있을 확률도 적지 않다고 해요.

'세계 처음'도 좋지만 계승 발전을 잘해야

고려에서 싹을 틔운 금속활자 기술은 조선 시대에 들어와서 그 꽃을 아주 활짝 피웠어요. 조선 태종 3년(1403)에 주자소를 세워 금속활자 수십만 개를 만들고, 세종 16년(1434)에 이르면 금속활자 만드는 확 다른 방법을 개발해 그 전보다 훨씬 질 좋은 책을 빨리 펴낼 수 있게 되었어요. 이윽고 세종 29년(1447)에는 한글 금속활자도 만들어 《석보상절》이란 책을 펴냈지요. 이때까지만 해도 서양에는 아직 금속활자로 책을 만들 수 있는 기술이 없었어요. 굳이 고려의 '직지'나 옛 기록에 남은 금속활자 책을 들먹이지 않아도, 우리 한글이 서양 알파벳보다 먼저 금속활자로 만들어진 문자라는 얘기예요.

그렇다고 우리가 자랑만 늘어놓고 있기에는 뭔가 빈 구석이 크지요. 서양의 금속활자는 온 유럽에 널리 퍼져 한 시대를 통째로 뒤바꿀 만큼 세계 역사에 커다란 영향을 미쳤지만, 우리 금속활자는 나라 안에서만 그 발전을 누리고 말았으니까요. 그나마 겨우 한 권 남은 '세계 첫 금속활자본'도 보고 싶을 때 맘대로 못 보는 남의 나라 도서관에 있고 말이에요.

그 무엇보다 안타까운 일은, 우리가 그 옛날 세계 처음으로 금속활자를 만들어 책을 읽은 겨레의 후손이 맞나 싶을 만큼 아주 책을 안 읽고 있다는 사실이에요. 몇 해 전 유엔에서 전 세계 평균 독서량 통계를 냈는데, 우리나라 사람들은 한 달 평균 0.8권을 읽는 것으로 나타나 세계에서 166번째에 들었다고 해요. 학교 다닐 때는 '공부' 잘하게 하는 책만 읽고, 졸업하고 나서는 '돈' 잘 벌게 하는 책만 읽는 것도 서글픈 일이지요. 밀랍을 녹이고 쇳물을 부어 한 자 한 자 정성스럽게 글자를 찍어내 아끼고 또 아끼며 책을 읽던 그 옛날 조상의 마음. 프랑스에 있는 '직지'를 찾아오는 일보다 우리가 먼저 해야 할 일은 그 마음을 한 줌이라도 닮아 실천하는 것이 아닐까 싶어요.

프랑스에서 직지를 찾아낸 박병선 박사

스물아홉 살 때인 1955년 프랑스로 유학을 떠나 소르본대학(지금의 파리7대학)에서 박사 학위를 마친 뒤, 여든이 넘은 지금까지 파리에 살면서 프랑스가 빼앗아 간 우리 문화재를 연구하고 있어요. 박사 과정을 밟던 1967년부터 프랑스 국립도서관에서 일했는데, 그 첫해에 우연히 중국 책 더미 속에서 '직지'를 찾아냈어요. 하지만 책 뒤쪽에 있는 설명 글 말고는 이 책이 세계 최초의 금속활자본이라는 증거는 아무것도 없었어요. 한국에 연락해 책의 비밀을 풀어 줄 사람을 찾아보았지만, 전문가는커녕 금속활자를 다룬 책 한 권 구하기도 어려운 형편이었지요. 할 수 없이 스스로 연구를 시작했어요. 3년에 걸쳐 갖가지 실험을 하면서 목판과 금속활자가 어떻게 다른지 끈질기게 파고들었어요.

박병선 박사는 프랑스 군대가 병인양요(1866) 때 빼앗아 간 외규장각 의궤 297권을 1978년 프랑스국립도서관 베르사유 별관 지하 수장고에서 처음 찾아내기도 했어요. 그 뒤 이 책들을 우리나라에 되돌리려 애쓰다가 '배신자'로 찍혀 쫓겨나다시피 도서관을 그만두고 말았지요. 우리나라는 1997년 프랑스한테 고속열차를 수입해 오면서 이 가운데 딱 한 권을 돌려받았을 뿐이에요.

왜 우리 금속활자는 서양처럼 발전하지 못했을까?

먼저 금속활자가 나온 시대 상황이 영 딴판이에요. 유럽에서 금속활자가 나온 15세기는 '중세'라는 긴 암흑기를 지나 '근대'로 접어드는 중요한 길목이죠. 그 배경에는 르네상스 운동과 종교 개혁이 있었고요. 구텐베르크는 바로 그 시대를 타고난 아주 운 좋은 사업가였어요. 때마침 날개 돋친 듯 팔려나갈 책(성서)이 있었기에 활자 인쇄술에 더 많은 투자를 할 수 있었지요. 하지만 고려와 조선은 여전히 귀족 중심 사회였어요. 책을 볼 사람이 딱 정해져 있다 보니 굳이 '더 나은 기술'을 개발할 필요가 없었어요.

종이가 다른 점도 중요한 까닭이에요. 옛날 유럽에서는 양의 가죽을 벗겨 만든 '양피지'를 주로 썼는데, 여간 센 힘으로 누르지 않으면 활자가 찍혀 나오지 않았어요. 당연히 활자 말고 또 다른 기계, 즉 '인쇄기'가 필요했지요. 이와 견주어 우리 한지는 종이가 부드러워 손으로 쓱쓱 문질러도 글자가 잘 찍혀 나왔어요. 게다가 우리 조상은 글자 수가 너무 많은 한자로 주로 책을 만들어 읽다 보니 서양만큼 금속활자 효율성이 뛰어나지도 못했고요.

금속활자와 같은 우리 옛 과학 기술을 '서양의 눈'으로 바라보면 '아주 귀한 골동품' 밖에는 안 돼요. 근대와 자본주의를 뒤늦게 받아들인 우리 역사의 형편을 먼저 돌아봐야 직지와 같은 유물의 참뜻을 제대로 바라볼 수 있어요.

구텐베르크가 《42행 성서》를 찍은 인쇄기 모형. 올리브 기름을 짜는 프레스로 만든 것으로 오늘날 인쇄기의 뿌리가 됐어요.

주인과 마음을 주고받는 신비한 우리 토박이 개
진돗개

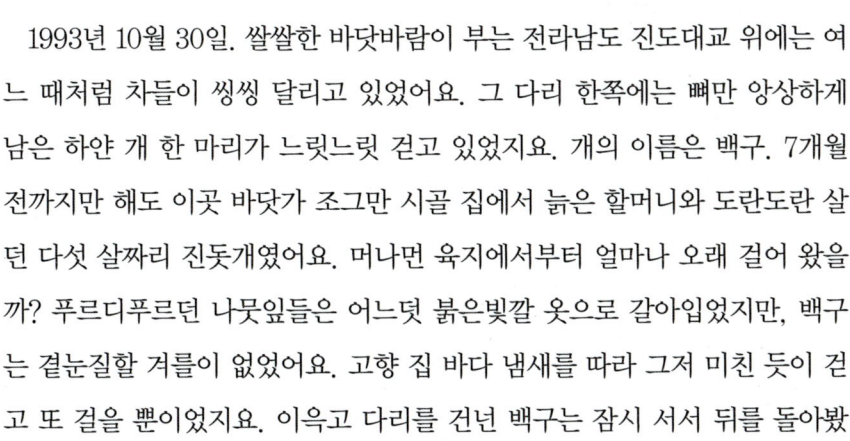

1993년 10월 30일. 쌀쌀한 바닷바람이 부는 전라남도 진도대교 위에는 여느 때처럼 차들이 씽씽 달리고 있었어요. 그 다리 한쪽에는 뼈만 앙상하게 남은 하얀 개 한 마리가 느릿느릿 걷고 있었지요. 개의 이름은 백구. 7개월 전까지만 해도 이곳 바닷가 조그만 시골 집에서 늙은 할머니와 도란도란 살던 다섯 살짜리 진돗개였어요. 머나먼 육지에서부터 얼마나 오래 걸어 왔을까? 푸르디푸르던 나뭇잎들은 어느덧 붉은빛깔 옷으로 갈아입었지만, 백구는 곁눈질할 겨를이 없었어요. 고향 집 바다 냄새를 따라 그저 미친 듯이 걷고 또 걸을 뿐이었지요. 이윽고 다리를 건넌 백구는 잠시 서서 뒤를 돌아봤어요. 그리고 코끝을 들어 바람에 실려오는 바다 냄새를 깊숙이 빨아들였어요. 백구는 다시 뒤를 돌아 힘껏 땅을 박차고 앞으로 뛰기 시작했어요.

차원이 다른 충성심

위 이야기는 여러분도 잘 아는 '돌아온 진돗개 백구' 이야기예요. 진도에서 대전으로 팔려 갔다가, 7개월 만에 300킬로미터를 내달려 주인한테 되돌아온 충성심 높은 진돗개 이야기지요. 그런데 진돗개를 키워 본 사람들은 이런 이야기가 진돗개의 충성심을 모두 보여 주는 건 아니라고 말해요. 진돗개는 그냥 주인을 졸졸 따르기만 하는 게 아니라, 주인 마음을 한발 먼저 '읽는' 능력이 있다고들 하지요.

이를테면 군견으로 많이 쓰이는 셰퍼드 같은 개도 똑똑하고 충성심은 강하지만 '훈련 받은 대로'만 움직이는 까닭에 진돗개만큼 '마음을 주고받는

꿩 사냥을 마친 진돗개
진돗개는 타고난 으뜸 사냥꾼이에요. 총에 맞아 쓰러진 동물을 물어오는 정도가 아니라 스스로 사냥감을 쫓는 수렵 본능이 아주 뛰어나요.

돌아온 백구와 박복단 할머니 동상
300킬로미터를 달려 되돌아온 백구와, 이를 어루만지는 백구 주인 박복단 할머니 동상. 고향 마을인 전남 진도군 의신면 돈지리 마을공원에 있어요.

듯한 느낌'은 들지 않는다는 거예요. 진돗개는 굳이 주인이 안 시켜도 상황을 읽고 알아서 처리해 버려 마치 '사람 같다'는 느낌을 줄 때가 많다고 하지요. 사냥을 할 때도 뒤에서 몰아야 할지, 도망가는 길을 앞질러 가서 막고 있어야 할지 스스로 척척 해낸다고 해요. 뭔가 주인한테 해가 될 것 같다 싶으면 미처 주인이 무얼 했는지도 모르는 사이에 그 일을 해결해 버리기도 하고요. 그래서 진돗개는 낯선 사람이 온다고 해서 무턱대고 짖지도 않는다고 해요. 주인한테 해를 끼칠 사람인지 아닌지 스스로 따져 본 다음 짖어야 할지 말아야 할지 마음먹는다는 것이죠.

왜 사람들이 진돗개를 좋아할까?

진돗개는 보고 듣고 느끼는 능력이 아주 뛰어나요. 가만 있을 때는 얌전하다가도 적 앞이나 사냥터에 나서면 매우 사납고 용감해져 보는 사람을 깜짝 놀라게 하죠. 또한 진돗개는 매우 깔끔해요. 수많은 개를 길러 본 사람도 진돗개만큼 아무 데나 똥오줌 안 싸는 개는 못 봤다고들 말해요. 보통 개들한테서 많이 나는 노린내도 거의 없는데, 자신을 안 드러내야 하는 추적 사냥개의 임무를 오래 맡다 보니 생겨난 특징이라고 해요.

그 무엇보다 사람들이 진돗개를 좋아하는 가장 큰 까닭은 진돗개가 '자연스러운' 개라는 점이에요. 지금 전 세계에는 개의 종류가 엄청나게 많지만, 그 조상인 늑대의 종류가 그렇게 많지는 않았지요. 사람들이 여러 가지로 교배를 하다 보니 그 필요에 따라 별별 개들이 다 태어난 것이에요. 귀를 잘라 세운 도베르만 핀

흔히 '백구'라고 하는 흰 진돗개 강아지.

👉 **진도 장터에 나온 진돗개 강아지**

진도에서 태어난 진돗개를 뭐라고 할까요? 답은 '진도' 개예요. 우스갯소리가 아니라 '법'에 그렇게 나와 있지요. 이렇게 법을 만든 까닭은 천연기념물인 진돗개를 사람들이 진도에서 마구 빼 갈까 봐 그런 것인데, 요즘엔 오히려 이 법이 더 좋은 진돗개를 나오게 하는 데 걸림돌이 된다고 해요.

셔, 꼬리를 잘라 내린 슈나우저, 다리를 짧게 한 닥스훈트 같은 개들이 바로 그렇게 태어났어요. 일찍이 용도에 따라 뛰어난 '성능'을 발휘할 개를 만드는 데 힘을 쏟다 보니 송아지만 한 개도 생겼고, 힘만 세고 뚱뚱한 개, 달리기만 엄청 잘하는 개와 같은 여러 종류가 생겨났어요. 이렇게 사람의 힘으로 어떤 특성을 도드라지게 만든 개들은 그만큼 원래 자연에서는 멀어졌다고 할 수 있어요.

하지만 진돗개는 자연 모습을 그대로 지니고 있어요. 그래서 소박하면서도 무척 아름다워요. 화려하지 않아 심심한 듯하지만 그만큼 쓸데없는 구석이 하나도 없지요. 야단스러운 빛깔을 지녀서 부질없이 눈에 띄지 않고, 몸의 어느 한 부분이 늘어지거나 하지 않아 거추장스러운 구석도 없어요. 지금은 주로 사육장이나 집에서 목에 줄을 묶어서 키우지만 이삼십 년 전까지만 해도 진도에서는 누구나 진돗개를 마음껏 놓아 키웠다고 해요. 그때 진도에서 길을 가다 보면 진돗개들이 산등성이에 쭉 늘어서서 사냥감을 몰고 가는 모습을 흔히 볼 수 있었다고 해요.

진돗개의 뿌리

송나라 개 표류설, 몽골 군견 유입설 같은 이야기가 있지만 어느 것 하나 뚜렷한 증거는 없어요. 한 가지 확실한 사실은, 진돗개는 그와 생김새가 비슷한 중국이나 일본 개들과는 달리 '북방'에 뿌리를 두고 있다는 점이죠. 진돗개의 유전자와 피에 있는 단백질을 분석해 보면 에스키모 개나 사할린(일본 홋카이도 북쪽에 있는 러시아 섬) 개와 가장 비슷하다고 해요.

되살린 삽살개와 조선 시대 삽살개 그림

삽살개는 다른 말로 '삽사리' 또는 머리 생김새가 사자와 비슷해 '사자개'라고도 했어요. 일제 강점기 때 거의 사라졌다가 1980년대에 겨우 복원에 성공했지요. 그런데 중국과 일본을 떠돌던 옛날 삽살개 그림 하나가 1995년 우리나라에 들어오고 나서 복원한 삽살개를 두고 뒷말이 아주 많이 나왔어요. 이 그림은 조선 영조 때 화가 김두량이 그린 것인데, 딱 봐도 오늘날 삽살개와는 생김새가 꽤 다르지요. 되살린 삽살개는 머리와 다리에 털이 너무 많아 본래 모습과는 거리가 멀다는 주장과, 뭍에서 흔히 살던 삽살개는 진돗개나 풍산개와 다르게 잡종이 많아 원래 여러 종류가 있었을 것이란 주장이 팽팽히 맞섰어요. 식물이든 동물이든 한번 끊어진 생명을 다시 잇는 것이 얼마나 어려운 일인지 잘 보여주는 일이에요.

우리 겨레와 어울려 살아온 토박이 개들

우리 겨레는 아주 오랜 옛날부터 개를 키우며 살았어요. 철기 시대 유적인 부산 동래 조개껍데기무덤에서는 개의 뼈가 나오기도 했지요. 중국 역사 책 《삼국지》 가운데 '위지 동이전'에는 우리 조상들이 벼슬 이름으로 마가(말), 우가(소), 저가(돼지), 구가(개) 같은 가축 이름을 썼다고 나와요. 고구려 안악 3호분 벽화 속 개는 부엌 앞에서 군침을 질질 흘리고 있고, 춤무덤 사냥 그림에서는 말 타고 활 쏘는 용사들을 따라 부지런히 사냥감을 몰고 있어요.

이렇게 우리 땅에 뿌리 내린 여러 개들 가운데 진돗개처럼 우리 겨레를 대표할 만한 다른 개로는 삽살개와 풍산개를 들 수 있어요. 삽살개는 귀신이나 액운(살)을 쫓는(삽) 개라고 해서 이런 이름이 붙었지요. 북실북실 털이 많아 일제 강점기 때 일본군이 겨울 군복을 만든다고 마구 잡아들여 거의 다 없어졌다가 1980년대에 들어와서야 겨우 복원에 성공했어요.

북한에서 '호랑이 잡는 개'로 알려진 풍산개 또한 우리 겨레가 자랑할 만한 개예요. 땅이 험하고 가파른 개마고원 안에서만 주로 살아 온 덕분에 핏줄이 다른 개와 안 섞인 채 아주 잘 이어져 내려 왔어요. 지난 2000년 6월 남북 정상회담 때 북한이 '자주'와 '통일'이란 이름으로 선물한 개 한 쌍이 바로 풍산개예요.

우리 겨레를 닮은 진돗개

개를 키우는 사람들 이야기를 들어보면 시간이 지날수록 개는 주인을 닮는다고 해요. 어느 한 나라에서 많이 키우는 개를 보면 그 나라 사람과도 아주 비슷하고요. 영국에서 많이 키우는 불독은 고집스럽고 집요한 영국 사람을 닮았고, 감정이 날카롭고 까다로운 푸들은 프랑스 사람과 비슷해요. 독일에는 똘똘하지만 무뚝뚝한 셰퍼드가 있고, 중국에는 좀처럼 자신을 드러내지 않는 차우차우가 있어요.

진돗개 또한 우리 겨레를 많이 닮았어요. 한번 맺은 인연을 소중히 여기고 아낌없이 정과 믿음을 나누지요. 그리고 언제나 묵묵히 제 할 일을 끈기 있게 해내요. 화려한 양념이 없어도 맛깔스러운 우리 산나물처럼 소박하고 담백해요. 어느 곳 하나 요란스럽거나 억지로 꾸민 구석이 없어요. 자연을 거스르지 않고 살아 온 우리 겨레의 또 다른 모습, 그것이 바로 진돗개예요.

주인을 살린 오수개 이야기

고려 때 학자 최자(1188~1260)가 쓴 《보한집》에 나오는 이야기예요. 신라 시대 전라도 임실 어느 마을에 개를 기르며 살던 농사꾼이 있었어요. 어느 날 이 농사꾼은 이웃 마을 잔칫집에 가 술을 잔뜩 마시고 취해 돌아오는 길에 산기슭에 누워 잠이 들었죠. 그런데 마침 그때 산불이 나 이 농사꾼이 잠든 산기슭도 금세 불길에 휩싸였어요. 늘 주인을 따라 다니던 개는 농사꾼을 깨우려고 마구 짖고 옷깃을 끌었지만 끝내 깨어나지 않았어요.

개는 하는 수 없이 산 밑 개울로 뛰어내려가 온 몸에 흠뻑 물을 묻혀 와 주인이 잠든 둘레 풀숲에 물을 적셨어요. 수십 수백 번을 이렇게 왔다갔다하여 간신히 불길은 사그라졌고, 그제야 농사꾼은 잠에서 깨어났어요. 하지만 힘이 쭉 빠진 개는 온 몸이 불에 그을린 채로 주인 곁에 쓰러져 죽어 있었죠.

앞뒤 사정을 알고 난 농사꾼은 개를 부여잡고 크게 울었지만 벌써 다 지난 일이었어요. 농사꾼은 그곳을 잊지 않으려고 지니고 있던 지팡이를 깊게 꽂아 두었어요. 훗날 그 지팡이가 자라 커다란 나무가 되었고, 사람들은 그 나무 이름을 따서 고을 이름을 오수(獒樹, 개 오/나무 수)라고 이름 붙였어요.

전라북도 임실군 오수면 오수리 '오수개' 동상.

까맣고 단단한 돌판에 새긴 천 년 왕조의 꿈
천상열차분야지도

여러분은 별을 보면 무슨 생각이 가장 먼저 떠오르세요? 똑같이 밤하늘에 빛나는 별을 보면서도 사람들은 저마다 다른 생각을 해요. 별을 보면서 '꿈'을 떠올리는 아이가 있는가 하면, 군대 다녀온 지 얼마 안 된 그 아이의 삼촌은 '대장님'을 생각할지 몰라요. 그 삼촌이 만나는 허영심 많은 여자친구는 '다이아몬드 반지'를 상상할 수도 있고요. 시인 윤동주가 '추억, 사랑, 쓸쓸함, 동경, 시, 어머니'를 떠올렸다면, 코페르니쿠스 같은 서양 과학자는 '하늘이 도는 것일까, 지구가 도는 것일까?'를 곰곰 생각했지요. 이렇게 똑같이 별을 보면서도 사람들은 저마다 다른 생각을 해요. 그러면 조선 시대 왕들은 어땠을까? 다른 왕은 몰라도 조선을 세운 첫 번째 임금 태조는 밤하늘을 보면서 아마 이런 생각을 했을 거예요.

'별자리가 참 헷갈리는군. 천상열차분야지도는 아직 다 안 만들었나?'

하늘을 읽는 사람만이 백성을 다스릴 수 있다

'천상열차분야지도'는 쉽게 말하면 '별자리 그림'이에요. 그림만 있는 건 아니고 해와 달과 별의 움직임을 어떻게 읽어야 할지 하나하나 풀이한 글까지 있지요. 조선이 생긴 지 3년 만인 1395년에 처음 만든 이 별자리 그림은 가로 123센티미터, 세로 211센티미터나 되는 커다란 돌(흑요석) 위에 단단히 새겨져 있어요. 아마도 태조 이성계는 이 돌판이 다 닳아 없어질 때까지 조선이란 나라가 오래 이어지길

▶ 경기도 여주 세종대왕릉(영릉)에 있는 천상열차분야지도 복원품. 오랫동안 셔터를 열어 둔 사진기 필름에 밤하늘을 빙빙 도는 별의 발자국이 빛으로 남았어요.

▶ 조선 시대에 혜성을 관측했다?
관상감 천문학자들이 날마다 적은 보고서를 모은 《성변객성등록》이란 책이에요. 이 글과 그림은 영조 34년(1759) 3월 11일부터 3일 동안 나타난 성변(혜성)의 움직임, 크기, 빛깔, 북극성과 이룬 각도를 꼼꼼히 기록한 것이죠. 조선 시대 천문학 지식으로 이쯤은 '식은 죽 먹듯' 쉬운 일이었어요.

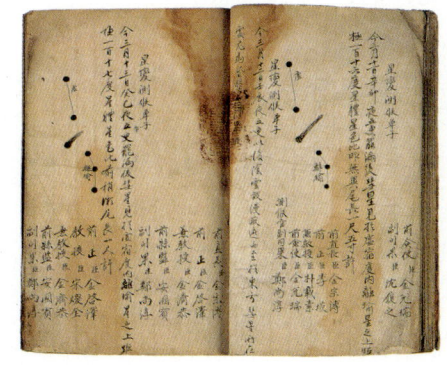

바랐겠지요. 거기에는 그만한 까닭이 있어요.

예부터 동양에서 나라를 다스리는 왕의 가장 중요한 임무는 '하늘의 뜻'을 읽는 것이었어요. 한자 '왕(王)'의 가로 3획은 하늘, 사람, 땅을 가리키고, 세로 1획은 그 세 가지를 이어주는 구실을 한다고 여겼지요. 조선은 바로 그 오랜 동양의 사상인 유교를 바탕으로 세운 나라였어요. 그때 사람들은 왕을 '하늘을 대신해서 백성을 다스리는 사람'이라 생각했지요. 왕이 제대로 왕 구실을 하려면 반드시 하늘을 볼 줄 알고, 백성들한테도 그런 사실을 널리 알려야 얼굴이 바로 섰어요. 그러니까 조선 시대 천문학은 오늘날 같은 '과학 기술'이라기보다 '정치학'에 가깝다고 할 수 있어요. 그래서 천문학을 '제왕의 학문'이라고도 했지요.

이제 막 조선을 세운 태조 이성계도 자신이 '하늘의 뜻'에 따라 새로운 나라를 세웠다는 것을 하루빨리 널리 알려야 했어요. 그래야 자신이 사사로운 욕심으로 고려에 '역성 혁명'을 한 것이 아니란 사실을 증명할 수 있었으니까요. 나라를 세운 지 겨우 3년, 할 일이 산더미처럼 쌓여 있는 가운데에서도 서둘러 별자리 그림부터 그리게 한 것은 바로 그런 까닭에서였어요.

'천상열차분야지도' 뜻은 무엇일까?

'천상열차분야지도'는 외우기도 헷갈릴 만큼 이름이 참 어려워요. 말만 들어서는 무슨 뜻인지 알기도 힘들고요. '천상열차'라고 하니까 무슨 '우주 열차'나 '은하철도 999' 같은 것이 떠오르기도 할 거예요. 물론 여기서 말하는 열차는 그 열차하고는 좀 달라요.

천상열차분야지도 각석
조선 태조 4년 1395년에 흑요석에 새긴 별자리 그림. 국립고궁박물관에 있음. 조선 시대 왕들이 정말 '닳도록' 봐서 그랬는지 지금은 거의 알아볼 수가 없어요. 돌판 뒤쪽에도 거의 같은 천문도가 새겨져 있는데, 학자들은 보통 이 사진에서 보이는 쪽('천상열차분야지도'가 아래쪽에 있는 것)을 앞면으로 보고 있어요. 이와 달리 훗날 다시 새긴 천문도는 '천상열차분야지도'란 이름이 위쪽에 있지요.

'천상'(天象)은 하늘의 형상, 즉 해와 달과 별의 모습을 뜻해요. '열차'(列次)는 이 별들을 차례대로 벌려 놓았다는 것을 말하고요. '분야'(分野)는 이를 별자리에 맞게 나누어 놓았다는 뜻이에요. 이것의 그림(之圖)이 바로 '천상열차분야지도' 예요.

천상열차분야지도에 담긴 내용은 별자리를 그린 '성도'와 이를 풀이한 글인 '도설'이에요. 한가운데 동그라미 안에 그려진 별은 모두 1,467개지요. 북극성을 중심으로 별자리를 여러 갈래로 나눈 다음 거기에 알맞은 이름을 달아 주었어요. 중국이나 일본의 옛날 별자리 그림과는 달리 별의 밝기에 따라 점 크기를 다르게 그려 넣은 것이 큰 특징이에요. 별자리 그림 아래에는 우주의 생김새를 풀이한 짧막한 글, 24절기와 시간을 계산하는 데 필요한 기준 자료, 천상열차분야지도를 새긴 목적과 만든 사람 이름이 나와 있어요. 이처럼 돌판에 하늘의 별자리를 자세히 새겨 넣은 그림은 중국의 '순우천문도'(1247년)에 이어 세계에서 두 번째로 오래된 것이에요.

🔎 **천상열차분야지도 목판본**
17세기 후반. 규장각에 있음. 별자리 그림에 말굽 모양으로 뿌옇게 보이는 곳은 은하수예요. 84쪽에 있는 천상열차분야지도 각석을 만들고 나서 300년쯤 뒤인 1687년, 숙종은 희미해진 별자리 그림을 다시 새기라고 명령해요. 아래 사진처럼 우리가 책에서 많이 보는 천상열차분야지도는 바로 이때 새로 새긴 것을 붓으로 베껴 그리거나 목판에 옮겨 새긴 다음 먹으로 찍어낸 그림이죠.

고구려 하늘에서 이어받은 '우리' 별자리

그런데 이 별자리 그림에서 가장 놀라운 점은 여기에 새겨진 별자리 그림 '원본'이 바로 고구려의 것이란 사실이에요. 천상열차분야지도 '도설'에 바로 그 이야기가 나오지요. 옛날 평양성에 돌에 새긴 별자리 그림이 있었는데, 전쟁으로 강물에 빠뜨려 잃어버린 뒤 오랫동안 찾지 못했다가, 이성계가 새 왕조를 세우자 누군가 그 전부터 지니던 탁본 하나를 바쳤다는 것이에요. 이 탁본을 바탕으로 그때 서운관에서 관측한 여러 가지 자료를 보태 새로운 별자리 그림을 만든 것이란 이야기도 밝히고 있지요.

세차운동
지구 자전축이 조금 기울어진 채 태양 둘레를 도는 일. 이 때문에 해마다 별이 보이는 위치가 조금씩 달라져요.

고구려 별자리를 다 못 고친 까닭
한마디로 '너무 급해서'가 아니었을까 싶어요. 이제 막 조선을 세운 태조는 하루라도 빨리 자신이 '하늘이 내린 사람'이란 증거를 사람들 앞에 내놓아야 했으니까요.

현대 과학자들이 세월을 거슬러 올라가 옛날 우리나라 하늘의 별자리를 그려 봤더니 이 말이 진짜였어요. 조선과 고구려 시대의 별자리는 지구가 '세차운동'을 하는 까닭에 그 모습이 서로 다른데, 천상열차분야지도 그림의 가운데 부분은 조선 초기인 1300년, 그 둘레는 고구려 초기인 서기 40년의 별자리와 놀라울 만큼 비슷했지요. 그러니까 가운데 부분은 조선 초기에 새로 관측한 기록을 바탕으로 그리고, 나머지 둘레는 고구려의 '원본' 그림을 그대로 따랐다는 말이 사실로 밝혀진 것이에요.

천문학으로 왕권의 틀을 단단히 세우다

조선 왕실이 '하늘의 뜻'을 알려고 애쓴 마음은 세종 때 더욱 또렷하게 드러났어요. 천문 관측 기구인 간의·소간의·혼천의·일성정시의·규표, 시간을 알 수 있는 해시계·물시계, 비의 양을 재는 측우기·수표 같은 발명품이 쏟아져 나왔지요. 무엇보다 가장 커다란 발전은 그때 세계에서 가장 정확

🌟 세종 때 만든 천문학 기구들

❶ 일성정시의
낮과 밤의 시간을 모두 알 수 있는 해시계 겸 별시계.
❷ 간의
하늘에 뜬 별의 각도를 재는 기구.
❸ 혼천의
별의 움직임과 위치를 두루 살피는 기구.

관천대가 있는 조선 시대 궁궐 그림

한 '달력'(역법)인 《칠정산내외편》이란 책을 펴낸 일이에요. 이로써 조선 왕실은 해와 달과 별의 움직임, 하루 시간과 한 해 열두 달의 길이, 날씨의 변화 같은 '하늘의 뜻'을 훤히 꿰뚫어 볼 수 있게 되었어요. 왕권도 이때 비로소 단단한 바탕에 올라섰고요.

 그렇다면 조선 왕실은 이 같은 뜻으로 발전시킨 천문학 지식을 실제로는 어떤 일에 많이 썼을까요? 조선 시대 천문학 발전이 '농사일에 도움이 되었다.'고 믿는 사람들이 꽤 많긴 한데, 안타깝게도 그 증거는 거의 찾아볼 수 없어요. 한번 조선 시대 농사꾼 처지에서 생각해 보세요. 어젯밤 혜성이 떨어진 사실은 농사일과는 아무 상관이 없어요. 한 해의 정확한 길이, 한여름 해가 떨어지는 시간, 어제 내린 비의 양을 안다고 해서 무슨 대책을 세울 수 있는 것도 아니고요. 왕실이 정확히 월식을 예측하면 그저 신기해하면서 '역시 우리 임금님은 하늘이 내린 분이야!'라고 생각할 뿐이지요.

 기록으로 알 수 있는 사실은 낮에 혜성이 나타나면 가뭄이 들 징조로 왕께

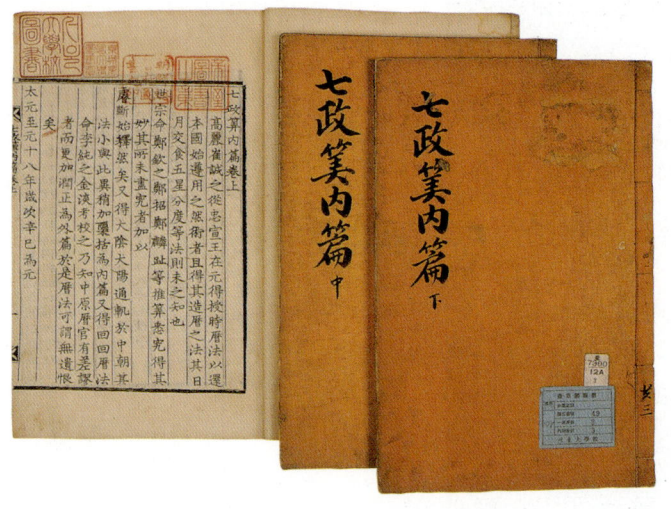

👆 《칠정산》 내편
간의나 물시계처럼 화려한 '기구'가 아니라서 조금 덜 알려진 편이지만, 많은 학자들이 조선 초기 천문학 발전의 가장 큰 결과물로 꼽는 것이 바로 《칠정산》이에요. 이 책은 크게 '내편'과 '외편'으로 나뉘어 있는데 한마디로 말하면 '달력'이죠. 나라의 일도 해, 달, 화성, 수성, 목성, 금성, 토성 일곱 별의 움직임처럼 질서 있게 돌아가야 한다는 뜻으로 '칠정'이란 이름을 붙였어요. 달력 하나 만든 일이 뭐가 그리 대단하냐고요? 그때 이만큼 정확한 달력을 만들 수 있는 나라는 세계에서 조선 하나뿐이었어요. 달력은 천문학과 수학의 으뜸 지식이 어우러져야 만들 수 있는 '우주의 비밀'이었으니까요.

아뢰었다든지, 달이 어느 별자리에 끼어들면 유배한 사람을 용서했다든지 같은 이야기들이 거의 다예요. 말하자면 주로 별을 보고 점을 치는 '점성술'에 쓰였지요. 옛 사람들은 북극성을 '옥황상제 별'이라 해서 왕이 사는 궁궐을 상징하는 별로 생각했어요. 다른 별자리에도 저마다 상징이 있어서 관청이나 감옥, 심지어 궁녀를 나타내는 별자리까지 다 있었고요.

천상열차분야지도는 이 같은 상징을 한눈에 알아보기 쉽게 나타낸 그림이기도 했어요. 천문관들은 별의 움직임이나 밝기의 변화를 꼼꼼히 살피고 예측하면서 필요할 때마다 왕한테 '점괘'를 내놓은 것이죠. 하늘의 움직임을 읽어 앞날의 자연 현상까지 훤히 꿰뚫어 보는 왕을 백성과 신하들은 감히 안 따를 수 없었어요. 그때 천문학 기술은 이를 발판으로 왕실의 기틀을 단단히 세우려는 데 그 참뜻이 있었어요.

별자리 그림에 담긴 아름다운 꿈

조선 시대 천문학 발전이 백성들과는 큰 상관이 없는 것이었다고 해서 조금 실망했나요? 그렇다고 해서 우리 조상들의 과학 기술을 뱁새 눈처럼 뜨고 깎아 내릴 것까지는 없어요. 예나 지금이나, 서양이든 동양이든 '과학 기술'이란 것은 '시대의 요구'에서 샘솟는 것이니까요.

조선 시대에는 하늘이 움직이는 것과 같은 '자연의 섭리'가 왕이 백성을 다스리고 편히 살게 하는 가장 중요한 원칙이었어요. 홍수와 같은 자연 재해가 나도 그것은 왕의 책임이었지요. 어진 왕들은 그때마다 자신의 덕 없음과 잘못을 스스로 밝히고 신하와 백성들한테 충고를 청하는 '구언(求言)'을 하기도 했어요. 그때는 아랫사람이 어떤 말을 해도 처벌을 내리지 않았고요.

이처럼 '자연의 섭리'를 원칙으로 삼아 꿈꾸던 세상은 어쩌면 오늘날과 같이 '자연과학' 따로 '인문과학' 따로인 세상보다 훨씬 더 살 만한 것이었을지도 몰라요. 공부를 막 시작하는 아이들한테 '하늘, 땅, 우주, 해, 달, 별' 같은 낱말을 가장 먼저 익히게 했다는 사실도 우연만은 아닌 것 같고요. 그렇게 깊은 뜻이 담긴 하늘의 별자리를 고구려 때부터 그릴 생각을 해 왔다니 더욱 놀라지 않을 수 없어요.

신선도 아닌데 맨 눈으로 하늘의 별을 훤히 보고 기록한 고구려의 별자리 그림. 그리고 이를 이어받아 천상열차분야지도와 같은 자신만의 하늘을 완성한 조선. 우리 조상들이 밤하늘의 별을 보고 생각한 것은 사람과 자연이 어울리는 '아름다운 세상'이 아니었나 싶어요.

도산서원 혼천의

조선 초기에서 벗어나 중기와 후기로 접어들면 천문학이 더는 '제왕의 학문'만은 아니게 돼요. 사대부 유학자라면 꼭 익혀야 할 '교양 필수'와 같은 학문이 되지요. 우리가 잘 아는 퇴계 이황 선생님도 이렇게 혼천의를 만들어 제자들과 같이 하늘의 이치를 곰곰 생각했어요. 이것은 그만큼 왕권 대신 신권이 높아진 것을 뜻하기도 해요.

우리 할머니 할아버지가 살던 소박한 보금자리
초가

만일 50년 전 우리나라 어딘가에 살던 사람이 타임머신을 타고 2008년에 와 보았다면 무얼 보고 가장 깜짝 놀랐을까? 그것은 아마도 '아파트'가 아닐까 싶어요. 아마 그 사람은 하루 종일 헤매고 다녀도 자기가 살던 집을 찾기가 힘들 거예요. 그 자리엔 태어나서 한 번도 못 본 높다란 콘크리트 건물이 우뚝 서 있겠지요. 위로 몇 층이나 올라갔는지 혹시 세어 보다가는 목이나 눈 둘 가운데 하나가 아파서 중간도 못 가 그만둬야 했을 거예요. 만일 조금 시골에 살았다면 집집마다 빨갛고 파랗게 바뀐 낯선 지붕들을 보고 '이게 뭔가' 신기해했을지도 모르고요. 그러고는 정말 궁금해했을 거예요.

'내가 살던 집들은 다 어디 갔지? 논에서 난 볏짚은 갖다가 다 어디에 썼을까?'

우리나라 사람들은 거의 다 초가에 살았다

50년 전 '그때 그 사람'이 살던 집은 대개 초가였어요. 1960년대까지만 해도 우리나라 사람들은 거의 다 흙으로 벽을 세우고 볏짚으로 지붕을 올린 집에서 먹고 자고 했지요. 해마다 가을걷이가 끝나면 집집마다 볏짚을 엮어 지붕을 새로 올리느라 온 마을이 떠들썩했어요. 그맘때라면 여러분 엄마 아빠도 아주 어릴 때라서 지붕 올리는 일은 멀리서 구경만 했겠지요. 아니면 어른들 막걸리 심부름 가서 남은 돈으로 '눈깔사탕'을 사 먹을까, '아이스케키'를 사 먹을까 즐거운 고민을 했을지도 모르고요.

오늘날 여러분 눈으로 보기에 초가는 정말 '원시인'들이나 살았을 것 같

🐾 초가 지붕 갈이
1960년대까지만 해도 가을걷이를 마치고 나면 이렇게 초가 지붕을 새로 올리는 일이 마을의 아주 큰 행사였어요.

초가집이 아니라 초가가 맞다
'초가'(草家)를 우리말로 풀이하면 '짚풀집'이라 할 수 있어요. 그런데 여기에 다시 '집'을 붙여서 '초가집'이라고 하면 '짚풀집집'이라는 우스운 말이 되고 말아요. 이런 말들은 대개 뭔가 유식해 보이려고 한자를 썼다가 왠지 느낌이 안 사니까 다시 우리말을 붙인, 그러니까 이도 저도 아닌 참 불쌍한 말이에요. '역전 앞, 고목나무, 생일날, 국화꽃, 동해 바다, 온종일' 같은 겹말이 대개 그래요.

👉 1900년대 초 서울 시내(충무로)를 찍은 사진. 오른쪽 멀리 보이는 건물이 1898년에 지은 명동성당이에요. 이때만 해도 우리나라 집 열에 아홉은 모두 이런 초가였어요.

👉 충남 아산 외암리 마을 초가
초가는 부드러운 우리나라 산등성이를 많이 닮았어요. 모난 데 없이 둥글둥글한 우리 겨레와도 아주 잘 어울리고요.

은 집으로 보일지도 몰라요. 하지만 옛날에는 웬만한 부자가 아니고서는 누구나 다 이런 집에서 살았어요. 모든 재료가 둘레에 널린 것들이다 보니 큰 돈 들이지 않고도 누구나 '초가삼간' 하나쯤은 짓고 살 수 있었지요.

우리 땅과 날씨에 딱 맞는 집

초가는 볏짚, 흙, 나무 세 가지 재료만으로 만든 집이에요. 논농사를 지을 수 없어 볏짚이 귀한 곳에서는 갈대와 같은 것을 쓰기도 했지요. 초가의 역사는 집의 역사와 같다고 해도 좋을 만큼 아주 길어요. 옛날 신석기 시대 사람들이 처음 짓고 살던 집도 초가의 하나라고 할 수 있는 움집이니까요.

겉으로 보기엔 허술하기 짝이 없는 것 같아도 초가는 살림살이가 어려운 서민들이 살기엔 썩 괜찮은 집이었어요. 속이 빈 볏짚은 그 속에 공기를 품고 있어서 여름엔 뜨거운 햇볕을 걸러 주고, 겨울에는 집 안의 따뜻한 기운이 밖으로 새어 나가는 것을 잘 막아 주었어요. 비가 오거나 눈이 녹아도 겉이 매끄러운 짚의 결을 따라 잘 흘러 내려가서 웬만해선 지붕에 물이 새지도 않았고요. 한마디로 사철 바뀌는 우리나라 날씨엔 아주 딱 맞는 집이었어요.

초가 지붕에는 여러 생물들이 곁방살이를 하기도 했어요. 굼벵이도 살고, 참새도 살고, 구렁이도 살았지요. 볏짚에 사는 지네나 모기와 같은 해충은 굼벵이와 참새가 잡아먹고, 그 참새는 다시 구렁이가 잡아 먹으면서 '작은 생태계'를 이루었어요. 흔히 '구렁이' 하면 엉큼하고 무서운 뱀으로 여기는 사람이 많을 텐데, 초가에 살던 우리 조상들은 지붕 생태계 꼭대기에 있는 구렁이를 '집 지킴이'로 보고 아주 귀하게 여겼어요. 구렁이는 사람을 절대 해치지 않고 집을 보호해 줄 뿐만 아니라, 얄밉게 곡식을 축내는 쥐나 참새도 '아무도 모르게' 잡아 먹었으니까요. 그런가 하면 초가 지붕은 작은 '마당'이기도 했어요. 뜰이 좁은 집에서는 지붕 위로 호박이나 조롱박을 키워 올리고, 가을이면 빨간 고추를 가지런히 깔아 말리기도 했어요.

짚으로 못하는 게 없었네!
우리 조상들은 논에서 벼를 거두고 난 뒤에 나오는 짚을 아주 알뜰하게 썼어요. 가마니, 멍석, 바구니, 삼태기, 신발, 빗줄, 채반과 같은 삶에 필요한 수많은 도구들을 짚으로 만들었지요. 금줄이나 터줏가리(집안의 터주로 모시는 짚단)를 만들어 '믿음'을 담기도 했어요.

초가 지붕은 없애고 마을 길은 확 넓혔지만

온 마을마다 가득하던 초가가 우리나라에서 사라진 것은 1970년대 '새마을운동'을 하면서부터예요. '초가집도 없애고 마을 길도 넓히고……' 하는 노래가 그때 우리나라에는 온 마을에 울려 퍼졌지요. 초가가 없어진 자리에는 울긋불긋 페인트를 칠한 슬레이트나 함석 지붕을 올린 '양옥'들이 대신 들어섰어요. 그리고 그 집들은 또다시 하나 둘 '아파트'로 바뀌어 왔고요.

물론 꼭 새마을운동이 없었다고 해도 오늘날 초가는 그리 많이 남아 있지 않았을 거예요. 거의 해마다 지붕을 새로 이어야 하고, 또한 불이 나면 금세 타기 쉬운 초가가 오늘날 우리 삶과는 아주 맞지 않게 되어 버렸으니까요. 우리가 어쩌다 '민속 마을'에 가서 옹기종기 모여 있는 초가를 보고 '예쁘다'고 말하면 '철없는 소리'라고 할 어른들이 있을지도 몰라요. 초가에서 느껴지는 어머니 품 같은 푸근함을 잃어버렸다는 이야기 또한 먹고 살 만한 요즘에나 할 수 있는 말인지도 모르고요. 초가가 사라지고 마을 길이 넓어진

낙안읍성 민속마을
전라남도 순천시 낙안면 동내리. 오늘날 우리는 이 같은 '민속마을'에 가야 간신히 초가를 볼 수 있어요. 낙안읍성 민속마을은 실제 사람들이 살고 있는 곳이라 그나마 '박물관 냄새'가 조금 덜 나요. 늦가을에 찾아가면 마을 사람들이 볏짚으로 지붕 가는 모습도 보고, 초가 민박에서 하룻밤 묵을 수도 있어요.

뒤로 우리는 확실히 '편하게' 살게 됐어요.

그러나 하루아침에 얻은 편안함은 오늘날 우리한테 그만한 값을 치르게 하고 있어요. 시멘트와 철골과 온갖 화학 물질로 만든 요즘 집에 사는 우리는 그 옛날 할아버지 할머니 때는 듣지도 보지도 못한 온갖 병들에 시달리고 있지요. 새마을운동으로 허겁지겁 바꿔 올린 슬레이트 지붕은 그 뒤 30년이 지난 요즘에 와서는 '조용한 살인자'라고 일컬어질 만큼 큰 골칫거리가 되고 말았어요. 우리 몸에 아주 나쁜 석면이 슬레이트 지붕마다 끝도 없이 나오고 있으니까요. 초가를 다 없애고 우리가 무언가 얻은 것이 있다면, 우리는 그만큼 분명히 무언가를 잃어버리기도 했어요. 우리 할머니 할아버지가 살던 초가는 그토록 정말 한꺼번에 깡그리 없애 치워야만 하는 것이었을까요?

오늘날 도시에 살면서 농사도 안 짓는 우리가 옛날처럼 초가를 짓고 살 수는 없어요. 하지만 초가에 담긴 할아버지 할머니들의 지혜만큼은 이어받을 수 있을 거예요. 남한테 내세우려 하기보다는 내 형편에 맞게 꾸밈없이 지은 집, 사람도 살고 곁방살이 생물도 어울려 살면서 자연에 무엇 하나 피해를 안 주는 집. 앞으로 여러분은 꼭 그런 집을 짓고 살면 참 좋겠어요.

까치구멍집

초가 지붕 양 끝에 까치가 드나들 만한 구멍을 내어 집 안에 공기가 들어오고 연기도 잘 빠져나가게 한 집을 '까치구멍집'이라고 해요. 이런 집은 지붕 아래 방이 두 줄로 들어선 '겹집'에서 주로 많이 볼 수 있어요. 방 옆에만 방이 있는 게 아니라 방 뒤에도 방이 있는 '뚱뚱한 집'이 바로 겹집이죠. 그래서 겹집은 오른쪽 사진처럼 옆에서 보이는 지붕 폭이 아주 넓고, 앞에서 보면 용마루(지붕 꼭대기) 폭이 좁아요.

샛집

논농사를 못 짓는 두메산골 사람들이 볏짚 대신 억새로 지붕을 이어 올린 집을 말해요. 질기고 부러지기 쉬운 억새는 이엉을 엮기에는 아주 힘든 재료였어요. 하지만 볏짚보다 벌레가 덜 꼬이고 잘 썩지 않아 오래 가면 30년까지도 멀쩡했지요. 이런 집들은 보통 초가보다 지붕이 우뚝해서 산골에 많이 내리는 눈과 비를 더욱 잘 흘러내리게 했어요.

새마을운동

'새벽종이 울렸네 새 아침이 밝았네. 너도나도 일어나 새마을을 가꾸세!'
여러분 엄마 아빠가 어릴 때는 아침 6시만 되면 라디오에서 이 노래가 나와 온 동네에 울려 퍼졌어요. 박정희 대통령이 노랫말을 짓고, 작곡을 공부한 둘째 딸(박근영 육영재단 이사장)이 음을 붙인 '새마을 노래'예요. 이 운동으로 가장 먼저 한 것은 농촌에서 '초가집도 없애고 마을 길도 넓히'(2절)는 일이었지요. 한마디로 겉모습을 싹 바꾸는 것이었어요. 군인 출신 대통령이 군사 작전처럼 밀어붙인 이 운동으로 우리나라의 초가는 거의 다 사라지고 말았어요. '신작로'를 내는 데 거치적거리면 아무리 큰 정자나무도 당산나무도 싹둑 잘려나가 버렸지요.

하지만 이렇게 겉모습을 싹 바꿨다고 해서 농촌 사람들이 속 알맹이까지 잘 살게 되지는 않았어요. 이렇게 바꾼 겉모습이 '진짜 발전'이라 할 수 있는지도 여전히 큰 논란이고요. 나중에 새마을운동은 박정희 대통령의 유신 독재를 뒷받침하는 홍보 수단으로 굴러 떨어지기도 했어요.

그저 '연애' 이야기였다면 이처럼 오래 사랑받아 왔을까?
춘향전

우리나라 사람 가운데 《춘향전》을 모르는 사람은 아마 하나도 없을 거예요. 여기 나오는 춘향이, 이 도령, 방자, 향단이는 이야기 속에서뿐만 아니라 실제 우리 삶에서도 늘 곁에 있는 듯 익숙한 얼굴이죠. 얼굴이 예쁘고 몸가짐이 바른 처녀한테는 지금도 '춘향이 같다'고 어른들이 그러잖아요? 훤칠하고 잘나서 가끔 얄밉기도 한 이 도령, 어수룩하면서도 능구렁이 같은 방자, 철딱서니 없어도 속은 깊고 따뜻한 향단이가 우리 곁에는 정말 많아요. 돈과 권력을 빼면 허풍과 고집밖에 남을 게 없는 '변 사또'는 지금도 하루에 몇 번씩 텔레비전 뉴스에 나오고, 말 많고 귀 얇아 치맛바람만 일으키는 '월매' 같은 아줌마도 친구들 엄마 가운데 하나씩은 꼭 있어요.

🌼 **누가 누가 춘향이랑 닮았나**
전라북도 남원에서는 해마다 오월이면 춘향제를 열어요. 광한루 뜰에서 춘향이 제사를 지낸 다음 며칠 동안 도시 곳곳에서 갖가지 행사를 치르지요. 왼쪽 사진은 광한루 앞에서 하는 '춘향 선발 대회'예요. 춘향이를 닮은 굳세고 당찬 마음가짐보다는 '예쁜 얼굴'만을 보고 뽑는 것 같아서 조금 아쉬워요.

이몽룡이 실제 살았던 사람?

그런데 이렇게 우리가 잘 아는 《춘향전》이 진짜 있었던 이야기라는 주장이 몇 해 전부터 힘을 얻고 있어요. 전라북도 남원에는 춘향전에 나오는 광한루와 오작교가 있는데, 이곳 한쪽에는 조선 선조 때를 즈음해서 남원에서 5년간 부사(사또)를 지낸 성안의란 사람의 비석이 있어요. 성안의한테는 똘똘하기로 소문난 아들이 하나 있었죠. 그 아들은 나중에 훌륭한 암행어사가 되었어요. 암행어사라면 혹시 그 아들이 이몽룡? 예, 맞아요! 요즘 학자들이 춘향이의 낭군이었던 이몽룡의 실제 본보기로 짚고 있는 사람이 바로 그 아들인 성이성(1595~1664)이에요.

성이성은 열세 살이 되던 해인 1607년에 아버지를 따라 남원에 갔어요. 그

춘향사당과 춘향 영정
전북 남원시 광한루 뜰 뒤편에 있음. '열녀춘향사'란 현판이 걸린 사당 안에는 '친일인사 명단'에 이름을 올린 화가 김은호가 그린 춘향 영정이 걸려 있어요. 그런데 이와 똑같은 얼굴로 그린 그림이 제목만 '논개'로 바뀌어 얼마 전까지 진주성 촉석루에도 걸려 있었어요. 더 어이없는 사실은 이 얼굴이 김은호가 자기 부인을 보고 그린 그림이란 점이고요. 진주성 논개 그림은 지난 2008년 5월에 다른 화가의 그림으로 바꿔 달았어요.

리고 열여덟 살 때 광주 목사로 승진한 아버지를 따라 남원을 떠났지요. 요즘 이맘때 나이라면 학원이다 과외다 해서 죽어라 공부하기에 바쁘지만, 옛날에는 연애도 하고 혼인도 할 수 있는 어엿한 '총각' 대접을 받았어요. 《춘향전》에 나오는 춘향이와 이 도령도 모두 열여섯 살, 그러니까 바로 그 '이팔청춘' 나이였고요.

그 뒤 성이성은 과거에 급제해 모두 네 차례에 걸쳐 암행어사로 전국을 돌아다녔어요. 그 가운데 1647년 전라도 지방을 다니면서 쓴 《호남암행록》에 아주 재미있는 기록이 나와요. 성이성이 암행어사가 되어 남원에 간 것은 모두 두 차례인데, 두 번째 갔을 때 광한루에서 늙은 기생 여진을 만나 얘기를 나누었다는 대목이 바로 그것이에요. 성이성은 눈이 펑펑 쏟아지던 날 무슨 까닭에서인지 굳이 광한루에 올라 늙은 기생을 만나 한참 이야기를 나누고, 그 기생이 돌아간 뒤에는 '소년 시절 일을 생각하며 밤늦도록 잠들지 못했다.'고 말했어요. 또 성이성의 4대손인 성섭이 쓴 《교와문고》에는 '우리 고조할아버지의 일'이라며 기록해 놓은 암행어사 남원 출두 대목이 아주 자세히 나와 있어요.

우리 고조가 암행어사로 호남에 갔을 때 한 곳에 이르니, 호남 열두 읍 수령들이 크게 잔치를 베풀고 있었다. 한낮에 암행어사가 걸인 차림으로 음식을 청하니, 관리들이 말하기를 "당신이 시를 지을 줄 안다면 하루 종일 이 자리에서 술과 음식을 마음껏 먹어도 좋지만, 그렇지 못하면 속히 돌아감만 못하리라."
그러자 암행어사는 곧 종이 한 장을 달라 하여 다음과 같이 시를 써 주었다.
'금동이의 좋은 술은 천 사람의 피요, 소반 위 기름진 안주는 만백성의 기름이라, 촛농이 떨어질 때 백성 눈물 떨어지고, 노랫소리 높은 곳에 백성들의 원망 또한 높더라.'

❶ 광한루

전북 남원시 천거동. 15세기 초에 처음 지었다가 조일전쟁 때 불탄 것을 1626년에 다시 지었음. '이팔청춘' 이몽룡은 어느 단옷날 이곳에 올라 그네를 타는 춘향이를 처음 보고 사랑에 빠졌어요. 이몽룡은 요즘 말로 하면 타고난 '선수'였던 것 같아요. 방자를 시켜 춘향이를 불러와 성씨와 나이만 묻고는 그 자리에서 바로 평생 같이 살자며 화끈한 '프러포즈'를 했지요. 앞에 있는 돌다리가 두 사람이 정답게 같이 건넜을 오작교예요.

❷ 남원 부사 성안의 비석

성안의는 학자들이 이몽룡으로 짐작하는 성이성의 아버지예요. 성안의가 남원 부사를 지낸 5년간 성이성도 아버지와 함께 남원에 살았지요. 이맘때를 앞뒤로 다른 남원 부사들은 거의 다 몇 달도 못 버티고 파직돼 쫓겨났는데, 남달리 5년이나 남원 부사를 지내고 이렇게 비석까지 남은 것을 보면 성안의가 고을을 매우 잘 다스린 듯싶어요.

이렇게 쓰기를 마치고 내놓으니 여러 관리들이 돌려가며 보고는 놀랄 즈음, 서리들이 암행어사를 외치며 달려들어 갔다. 관리들은 재빨리 모두 흩어졌다. 그날 파출시킨 자가 여섯이나 되었다.

어때요? 《춘향전》을 읽거나 판소리로 들어본 사람이라면 무릎을 탁 칠 만큼 춘향전에 나오는 것과 똑같은 시와 장면이죠?

영화로 만들어진 것만 열네 번

《춘향전》은 그동안 판소리를 바탕으로 쓰인 소설이라고만 알려져 왔어요. 다른 판소리 이야기가 그렇듯이 누가 언제 처음 지었는지 확실히 알 수 없지만, 1754년(영조 30)에 판소리를 한시로 옮긴 '만화본 춘향가'가 있는 것으로 보아 적어도 영조 때, 아니면 그 아버지인 숙종(춘향전의 시대 배경이기도 한) 때 처음 만들어진 것으로 짐작하는 학자들이 많았지요.

그런데 예부터 남원 고을에는 우리가 아는 춘향이와는 또 다른 여러 가지 춘향 설화가 전해 내려오고 있었어요. 여기에 성이성이 남긴 기록을 같이 살펴보면 《춘향전》은 성이성 이야기를 뼈대로 누군가 춘향 설화를 살로 붙여

춘향전 창극과 영화 포스터
우리나라에서 춘향전만큼 여러 장르로 오랫동안 만들어진 이야기는 없을 거예요. 그런데 정작 그 모든 이야기의 바탕이 되는 소설 《춘향전》을 처음부터 끝까지 읽어본 사람은 얼마나 될지 모르겠어요. 실제 읽어 보면 깜짝 놀랄 만큼 재미있고 멋진 표현들이 많아 쉽게 손을 뗄 수가 없지요. 이와 비슷한 맛을 가장 많이 느낄 수 있는 것은 아무래도 판소리가 아닐까 싶고요.

춘향 묘
전북 남원시 주천면 호경리. 지리산 육모정 골짜기 언덕에 있어요. 1962년에 춘향 묘지석이 나와 1993년 무덤을 다시 썼지요. 비석에는 '만고열녀성춘향지묘'라고 새겨져 있어요. 물론 이 무덤에 묻힌 사람이 진짜 우리가 아는 춘향인지는 아무도 몰라요.

각색하듯 지어낸 이야기란 사실을 알 수 있지요. 처음엔 소리판을 떠돌며 입으로만 전해졌으니 시간이 흐를수록 그 이야기가 조금씩 달라졌을 거예요.

이렇게 삼사백 년 가까이 《춘향전》은 소설, 창극, 연극, 영화, 드라마, 오페라처럼 수많은 장르로 거듭해 태어나면서 정말 많은 사람들을 웃고 울려 왔어요. 무성 영화 시대인 1923년부터 지금까지 영화로 만들어진 것만도 자그마치 열네 편에 이른다고 하니, 우리나라 사람들이 얼마나 《춘향전》을 좋아하는지 잘 알 수 있지요. 이 도령과 춘향이의 사랑 이야기만 담고 있었다면 《춘향전》은 이토록 오랫동안 사람들의 사랑을 받기 힘들었을지도 몰라요. 변학도와 같은 못된 관리들한테 시달리던 서민들은 《춘향전》 같은 이야기로 막힌 가슴을 뻥 뚫어 내기도 했어요. 남녀의 사랑이 있고 썩은 관리들이 모두 없어지지 않는 한 《춘향전》은 앞으로도 오랫동안 우리 겨레를 대표하는 이야기로 남을 거예요.

성춘향, 김춘향, 안춘향

우리가 아는 《춘향전》의 춘향이는 일찍이 기생 노릇을 그만두고 성 참판 댁에 첩으로 들어간 월매의 딸이에요. 그런데 영조 30년에 나온 '만화본 춘향가'에는 춘향이가 기생으로 나와요. 심지어 이 도령을 먼저 유혹해 자기 집으로 데려가기도 하지요. 옛날 우리나라 남녀간의 사랑 이야기는 원래 이렇게 '화끈한' 것이 많았어요.

그 뒤 춘향전은 판본에 따라 춘향이 성이 김씨인 것도 있고 안씨인 것도 있어요. 그러다가 19세기 말에 이르러 신재효가 판소리 춘향가를 정리하면서 춘향이를 '성 참판의 딸'로 새롭게 바꾸었어요. 아마 성이성의 성을 따서 성춘향으로 하지 않았을까 짐작하고 있지요. 춘향이 신분이 기생에서 양반집 서녀로 한층 '고상하게' 올라간 것은 양반들 입맛에 맞추려는 뜻이 있었다고 해요. 양반이 어찌 한낱 기생과 놀아날 수 있겠냐며 '듣는 양반'들 불만이 적지 않았다나 어쨌다나요.

또 다른 춘향 설화

남원에 가서 예쁜 춘향이를 만나러 왔다고 하면 그곳 사람들은 '원래 향단이가 더 예쁘다.'는 말을 곧잘 해요. 남원에는 《춘향전》과는 아주 다른 '못생긴 춘향이' 이야기가 지금도 전해 내려오지요.

퇴기 월매의 딸 춘향은 얼굴이 아주 못생겨서 서른이 넘도록 청혼하는 사람이 하나도 없었는데, 어느 날 냇가에서 빨래를 하다가 이 도령을 보고 한눈에 반하고 말아요. 보다 못한 월매가 방자를 꾀어 이 도령을 광한루로 나오게 한 뒤 예쁜 향단이를 보내 이 도령을 술에 취하게 했어요. 그러고는 춘향이와 함께 잠자리에 들게 했지요. 이튿날 깨어난 이 도령은 어쩔 수 없이 정표를 주지만 아버지 부사를 따라 서울로 간 뒤 연락을 뚝 끊고 말아요. 기다림에 지친 춘향은 이룰 수 없는 사랑에 괴로워하다가 그만 목을 메 세상을 떠나 버리지요. 사람들은 불쌍한 춘향을 이 도령이 떠난 고개에다 장사 지내 주었는데, 그 고개가 바로 지금 남원에 있는 '박석고개'라고 해요.

중요한 것은 '세계 처음'이 아니다
측우기

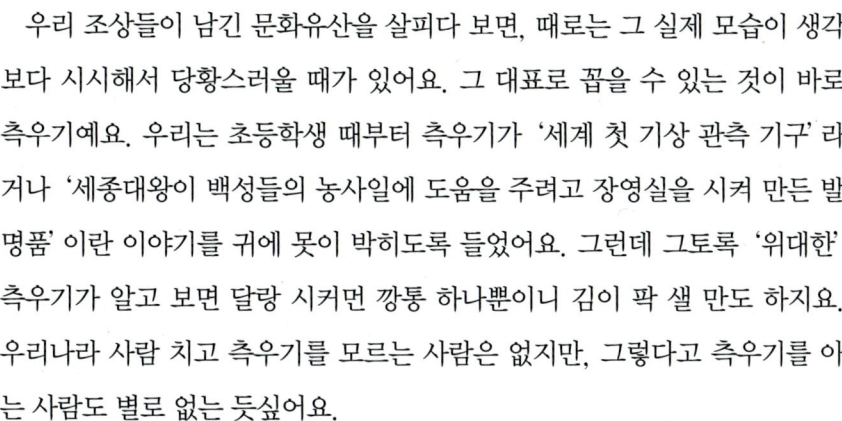

우리 조상들이 남긴 문화유산을 살피다 보면, 때로는 그 실제 모습이 생각보다 시시해서 당황스러울 때가 있어요. 그 대표로 꼽을 수 있는 것이 바로 측우기예요. 우리는 초등학생 때부터 측우기가 '세계 첫 기상 관측 기구'라거나 '세종대왕이 백성들의 농사일에 도움을 주려고 장영실을 시켜 만든 발명품'이란 이야기를 귀에 못이 박히도록 들었어요. 그런데 그토록 '위대한' 측우기가 알고 보면 달랑 시커먼 깡통 하나뿐이니 김이 팍 샐 만도 하지요. 우리나라 사람 치고 측우기를 모르는 사람은 없지만, 그렇다고 측우기를 아는 사람도 별로 없는 듯싶어요.

측우기 복원품과 측우대
국립 서울과학관에 있음. 측우기 받침돌인 측우대는 조선 순조 11년(1811)에 만들어 경남 통영에 두었던 것이에요. 측우기는 헌종 3년(1837)에 만든 '금영 측우기'를 본떠 되살려 만든 것이고요.

측우기는 장영실이 만들었다?

측우기를 둘러싼 이야기들 가운데에는 잘못되거나 확인되지 않은 사실이 꽤 많아요. 우리는 보통 측우기를 장영실이 만들었다고 알고 있지만 역사 기록 어디에서도 이 같은 이야기는 찾아볼 수 없어요. 한 가지 확실히 알 수 있는 것은, 하늘에서 내리는 비를 깡통처럼 생긴 쇠 그릇에 담아 양을 재야겠다는 생각을 처음 밝힌 사람은 세종의 아들 문종이었다는 사실이죠. 조선왕조실록 세종 23년(1441) 4월 29일 기록을 보면 측우기를 만든 까닭을 밝힌 단 하나뿐인 기록이 나와요.

> 근년 이래로 세자가 가뭄을 근심하여 비가 올 때마다 젖어 들어간 푼수를 땅을 파고 보았다. 그러나 적확하게 비가 온 푼수를 알지 못하였으므로, 구리를 부어 그릇을 만들고는 궁중에 두어 빗물이 고인 푼수를 실험하였는데……

세종 때 만든 측우대
경기도 여주 세종대왕릉(영릉)에 있는 복원품. 진품은 서울 기상청에 있음. 세종 때 처음 만든 측우기는 모두 사라졌지만 측우대는 다행히 하나가 남아 있어요. 우리가 많이 본 아래 '선화당 측우대'와는 생김새가 많이 다르죠?

이처럼 측우기를 처음 생각해 낸 사람은 세종의 맏아들로 훗날 문종이 되는 세자였어요. 쇠를 다루고 복잡한 장치 만드는 재주가 뛰어났던 장영실이 이러한 '그릇'을 만드는 데 참여는 했을 수 있지만, 믿을 만한 그 어떤 기록에도 이런 사실은 나오지 않아요.

정말 농사일에 도움을 주려고 만들었을까?

세종 때 어떤 까닭으로 측우기를 만들었는지 또한 곰곰 생각해 봐야 할 문제예요. 우리가 흔히 아는 것처럼 '농사일에 도움을 주려고' 만든 것이 아닐 수도 있다는 얘기지요. 오랫동안 빗물의 양을 잰 기록이 나중에 가서 농사를 짓는 데 도움이 됐을지는 몰라도, 이것은 결과를 놓고 훗날 사람들이 갖다 붙인 '해석'일 뿐이에요. 그때 농사의 가장 큰 적은 '가뭄' 아니면 '홍수'였는데, 비의 양을 잰다고 해서 이런 자연 현상을 막을 수는 없었지요. '측우기

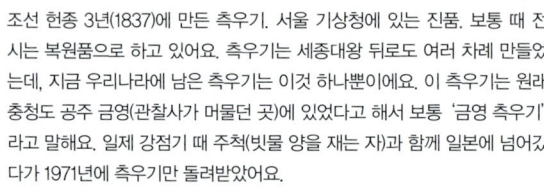

측우기

조선 헌종 3년(1837)에 만든 측우기. 서울 기상청에 있는 진품. 보통 때 전시는 복원품으로 하고 있어요. 측우기는 세종대왕 뒤로도 여러 차례 만들었는데, 지금 우리나라에 남은 측우기는 이것 하나뿐이에요. 이 측우기는 원래 충청도 공주 금영(관찰사가 머물던 곳)에 있었다고 해서 보통 '금영 측우기'라고 말해요. 일제 강점기 때 주척(빗물 양을 재는 자)과 함께 일본에 넘어갔다가 1971년에 측우기만 돌려받았어요.

측우대

측우기 받침돌인 측우대는 지금 우리나라에 다섯 개가 남아 있어요. 이 측우대는 조선 영조 46년(1770) 대구 선화당에 두었던 것으로 위 '금영 측우기'와는 원래 제짝이 아니었죠. 보통 책이나 백과사전에는 '乾隆庚寅五月(건륭 경인년 오월)'이란 제작 연대가 새겨진 뒷면이 많이 나와요. 이 사진은 앞면으로, 군데군데 파인 곳은 1950년 한국전쟁 때 생긴 총알 자국이에요.

측우기는 3단으로 나뉜다!
금영 측우기는 세종 때 처음 만든 것보다 크기가 조금 작아요. 깊이 31.4, 안지름 14센티미터로 되어 있지요. 가장 큰 특징은 몸통 마디가 서로 떨어지는 '3단 구조'라는 점이에요. 비가 조금 와서 아랫부분에만 고였을 때 위쪽을 들어내고 주척을 넣으면 눈금을 바로 읽기가 훨씬 쉬웠겠지요?

로 비의 양을 쟀더니 어느 지역이 남달리 가물어 그곳에 저수지를 만들었다.'와 같은 기록은 더더구나 찾아볼 수 없어요.

어떤 학자들은 여기에서 한 걸음 더 나아가, 비의 양을 잰 기록을 보고 농사가 잘 안 될 것 같은 지역에 세금을 줄여 주는 정책을 폈을 거라고도 말해요. 하지만 이것 또한 역사 기록에는 단 한 줄도 나와 있지 않아요. 농사 결과는 수확이 끝난 뒤 양을 따져 보면 정확히 알 수 있는데, 굳이 '비의 양'을 잣대로 삼을 필요가 있었을까요?

측우기를 만든 진짜 까닭

벼농사를 주로 짓던 조선 시대, 왕실은 하늘에서 내리는 비에 온 마음을 곤두세울 수밖에 없었어요. 가뭄이 들거나 홍수가 나서 농사를 망치면 그때 사람들은 임금의 덕이 모자라서 그랬다고 믿는 까닭이었죠. 그래서 왕의 가장 중요한 임무는 '하늘의 뜻'을 읽는 것이었어요.

세종 때 측우기를 만든 진짜 까닭은 바로 이런 시대 배경에서 찾아야 해요. 측우기를 만들기 한 해 전인 1440년은 온 나라에 모진 가뭄이 들어 왕실이 아주 큰 어려움에 빠진 해였어요. 세종대왕은 반찬을 줄이고, 술을 끊고, 죄수를 놓아 주고, 진상도 못하게 했어요. 한창 모내기를 해야 할 4월 22일부터 5월 15일까지 기우제만 아홉 번을 지낼 만큼 비는 내리지 않았지요. 어질기 그지없던 세종의 마음도 아마 바짝바짝 타고 있었을 거예요. 그대로 가만히 있으면 '왕권'이 흔들릴 수도 있는 심각한 상황이었지요. 아버지를 닮아 남달리 똘똘하던 세자는 뭔가 좋은 방법이 없을까 고민을 했어요. 그리고 1441년 4월, 마침내 머릿속에 '반짝 생각'이 떠올랐어요.

이런 생각에 가장 기뻐한 사람은 당연히 세종이었을 거예요. 비의 양을 잰다는 것은 그 많고 적음을 따지는 것도 중요하지만 '왕실이 이렇게 하늘의 마

👆 **카이스트에 있는 장영실 동상**
동상 손에 든 것은 측우기에 고인 빗물을 재는 '주척'이에요. 똑같은 동상이 국립 서울과학관과 분당 공학한림원에도 있지요. 그런데 이 동상은 사실과 다른 점이 너무 많아서 '엉터리 동상'이란 얘기가 자꾸 나오고 있어요. 측우기는 장영실이 아닌 세종의 아들 문종이 만들었다는 점, 장영실은 15세기 사람인데 '건륭 경인년'(1770년)에 만든 대구 선화당 측우대가 옆에 있는 점, 그나마 그 측우대를 앞뒤 거꾸로 놓은 점이 사실과 안 맞는다는 것이죠. '금속 기술 장인' 장영실이 조선 시대 모든 과학자를 대표할 수 있는 사람인지도 물음표를 달 만하고요.

❶ 수표
서울 세종대왕 기념관에 있음. 조선 후기 청계천에 세웠던 것을 옮겨다 놓았음. 하천의 물 높이를 재는 수표가 처음 나온 것도 세종 때 일이에요. 측우기와 함께 왕의 중요한 임무인 '물을 다스리는' 일에 쓰였지요. 처음엔 나무로 만들었다가 나중에 이처럼 눈금을 새긴 돌기둥으로 모습이 바뀌었어요. 옛날 수표교에서 바라보던 쪽을 앞으로 해서 찍었어요.

❷ 수표교
원래 이름은 '마전교'였는데 세종 23년(1441) 다리 서쪽에 수표를 세우면서 '수표교'로 이름이 바뀌었어요. 물의 저항을 덜 받으라고 다리 받침을 마름모꼴로 했지요. 1959년 청계천을 덮는 공사 때 지금 자리인 장충단공원으로 옮겨 왔는데, 2003년 청계천을 복원할 때 그만 제자리로 못 돌아가고 그대로 남아있어요. 옆에 있던 짝인 왼쪽 사진의 수표와는 1973년에 벌써 헤어졌고요.

음을 읽고 있다.'는 것을 알리는 데 매우 좋은 '홍보 수단'이기도 했으니까요. 마침내 이듬해 5월 전국의 주요 지방 관청에 측우기가 처음 세워졌어요.

250년 가까이 이어 온 가장 긴 빗물 기록

지방마다 측우기로 비의 양을 재는 제도는 조일전쟁 뒤 한동안 없어졌다가 영조 46년(1770)에 되살아났어요. 이때 측우기를 되살린 계기 또한 '가뭄'이었어요. 그때 생각으로 가뭄 끝에 하늘에서 내린 비는 '왕이 정성껏 올린 기우제에 하늘이 감동한 결과'였지요. 정조는 비의 양을 손수 살피는 것이 '하늘의 뜻에 보답'하고 '더 큰 정성을 표현하는 길'이라 생각했어요.

우리나라의 빗물 기록은 바로 이때부터 지금까지 꾸준히 이어 내려오고 있어요. 이렇게 250년 가까이 이어 온 빗물 기록이야말로 세계 어느 나라에도 없는 우리 측우기만의 자랑스러운 점이에요. 그 기록이 오늘날 기후 변화 연구에도 아주 큰 자료가 되고 있다고 하니 '하늘의 뜻'을 살피려 한 우리 조상들의 마음이 후손들한테 아주 잘 이어진 셈이죠. 크지도 화려하지도 않아 때로는 시시해 보이기까지 하는 시커먼 청동 그릇. 바쁘고 복잡하게 돌아가는 오늘날 우리가 찾아야 할 또 다른 하늘의 이치 또한 어쩌면 이 같은 단순한 무엇에 담겨 있는 것은 아닐까요?

왜 우리는 지금까지 측우기 '뒷모습'만 봤을까?

정확히 얘기하면 측우기가 아니라 측우대 뒷모습이에요. 조선 영조 뒤로 만든 측우대는 보통 앞에는 그냥 '측우대'라고만 새기고 만든 해와 달은 뒷면에 밝혔지요. 측우기 앞뒤가 뒤바뀐 것은 일제 강점기 때 그 뿌리를 찾을 수 있어요.

측우기를 처음 제대로 연구한 사람은 일제 강점기 때 우리나라에서 기상 관측소장으로 일하던 '와다 유지'라는 일본 사람이에요. 우연인지는 몰라도, 측우기와 함께 '실제 모습이 시시한 유물' 가운데 대표로 들 수 있는 첨성대 또한 그가 처음 연구를 시작했지요. 와다 유지는 '이제는 자신들의 것'이 된 이 놀라운 조선의 발명품을 다른 나라에도 널리 알리려 애썼는데, 그때 프랑스 기상학회에 보낸 논문에 실었던 사진이 바로 오늘날 우리가 아는 것과 같은 '측우대가 거꾸로 놓인' 사진이에요.

보통 우리 눈에 익숙한 측우대 '뒷면' 사진.

와다 유지가 측우대를 거꾸로 놓고 사진을 찍은 까닭은 달리 나쁜 뜻에서는 아니었던 것 같아요. 측우대 앞에는 오로지 '측우기'라고만 새겨져 있으니까 '乾隆庚寅五月'(건륭 경인년 오월, 즉 1770년 5월)이란 제작 연대를 잘 드러내려고 일부러 뒷면을 찍은 것이지요. 일본이 물러간 뒤로도 별 생각 없이 이를 따라 복제품을 만들고 사진을 찍다 보니 오늘날까지 우리 눈에 익숙한 측우기는 이와 같은 모습이 되었어요.

제 나라 사람도 모르는 과학자 이름이 우리나라 책에?

우리나라에서 측우기를 설명하는 책이라면 거의 빠짐없이 나오는 이탈리아 과학자 이름이 있어요. 측우기보다 198년 늦은 1639년에 '우량계'를 발명한 '카스텔리(Benedetto Castelli)'라는 사람이죠. 이 이름이 널리 알려진 까닭 또한 일제 강점기 와다 유지의 논문에 그 뿌리가 있어요. 와다 유지가 '조선의 측우기는 이탈리아의 카스텔리가 만든 우량계보다 200년이 빠르다.'고 말한 뒤부터 오늘날까지, 우리나라 사람들은 '측우기'하면 '세계 처음'이란 말을 가장 먼저 떠올리지요.

그런데 재미있는 사실은, 이탈리아에 가서 이 사람 이름을 말하면 아는 사람이 거의 없다는 거예요. 왜 제 나라 사람도 모르는 과학자 이름이 우리나라에서 더 이름을 떨치게 되었을까요? 그것은 아마도 그 어떤 나라보다 '세계 일등'에 매달리는 우리만의 경쟁심 탓일 거예요. 땅덩어리도 조그만 나라에서 일제 강점기와 한국전쟁을 거치며 오랫동안 힘들게 살아 오다 보니, 무엇이든 자랑할 거리가 생기면 신이 나서 목소리부터 높이게 되었겠지요. 어찌 보면 이런 생각은 '열등감'과 크게 다르지 않아요. 알게 모르게 책과 교과서에 널리 퍼져 있는 이런 생각에서 벗어나야 우리는 우리 문화유산을 제대로 볼 수 있어요.

다 같이 탈 쓰고 신명 나게 탈을 잡아 보세!
탈춤

여러분은 '탈' 하면 가장 먼저 무엇이 떠오르나요? 가만히 생각해 보면 어려서 재미있게 보았던 만화 또는 영화의 중심인물들은 대개 탈을 쓰고 나왔어요. 배트맨, 스파이더맨, 원더우먼이 모두 그래요. 얼굴에 무얼 안 써서 그렇지 슈퍼맨도 탈을 쓴 것과 마찬가지로 '변신'을 했지요. 한창 레슬링 경기를 즐겨 보던 때는 '타이거마스크'와 같은 사람을 더욱 좋아했어요. 이들은 탈만 쓰면 평소엔 없던 힘도 불끈불끈 솟아오른다는 점이 닮았지요. 여러분도 학교에서 연극을 하거나 미술 시간에 만들기를 할 때 한 번쯤은 탈을 만들어 써 본 적이 있을 거예요. 그러면 왠지 누군가 앞에 불쑥 나타나 깜짝 놀라게 해 주고 싶은 마음도 들었겠지요. 탈을 쓰면 평소엔 못하던 일도 나서서 할 수 있는 '용기'가 생기는 것 같아요.

🍌 **하회별신굿 탈놀이 이매탈**
하회탈과 탈춤은 우리나라에서 가장 오래된 것으로 고려 시대까지 그 뿌리를 거슬러 올라갈 수 있어요. 안동 하회마을에서 별신굿을 할 때 신을 즐겁게 하려는 뜻으로 이 같은 탈놀이를 벌였지요. 사람들은 보통 아래턱이 없는 '미완성 탈' 이매(바보)가 나오는 마당에서 가장 크게 웃어요.

'탈'은 무슨 뜻일까?

우리 탈춤을 이야기하면서 가장 먼저 알고 넘어가야 할 것은 '탈'이란 낱말이에요. 여기서 탈은 무슨 뜻일까? 1970년대까지 학자들은 탈춤을 '가면극'이라고 했대요. '가면'을 풀이하면 '가짜 얼굴'이란 뜻이죠. 영어로는 '마스크(mask)'라고 할 수 있는데, 이것도 가짜 얼굴이나 얼굴 가리개를 뜻해요. 그러니까 가면이나 마스크는 뭔가 뒷맛이 구린 사람들이 자기 정체를 가릴 때 주로 쓰던 것이에요.

그런데 우리말 '탈'에는 이보다 훨씬 넓은 뜻이 담겨 있어요. '아는 것이 탈이다.'거나 '왜 멀쩡한 사람 탈을 잡고 그래?'와 같은 말을 한번 생각해

국보 121호 하회탈 양반

보세요. 여기서 탈은 '흠'이나 '트집'을 뜻해요. 그러니까 탈춤은 '뭔가 트집을 잡으려고 추는 춤'이라 볼 수 있어요. 무얼 그렇게 트집 잡았냐고요? 우리 탈춤에 밥 먹듯 등장하는 단골손님, 바로 백성들을 등쳐먹는 양반이나 아녀자를 희롱하는 파계승이 그런 '탈'이었지요. 힘없는 서민들은 아무리 못된 양반한테도 대놓고 싫은 소리를 할 수 없었어요. 바로 그때 써먹는 것이 얼굴 앞에 걸치는 탈이었어요. 그러면 없던 힘과 용기도 불끈불끈 솟아오르게 해 주었으니까요.

삼국 시대부터 즐기던 탈놀이

탈춤이란 말 그대로 얼굴에 탈을 쓰고 추는 춤이에요. 그렇지만 춤만 추지는 않아요. 연주에 맞춰 노래도 하고, 재미있는 이야기도 연극처럼 곁들이면서 구경꾼들과 한바탕 신 나게 어울리지요. 원래 '탈춤'은 황해도 지방에서

❶ **강령탈춤**
황해도 강령에서 즐기는 탈놀이. 봉산탈춤과 함께 황해도를 대표하는 탈놀이예요.

❷ **통영오광대**
경남 통영에 전해 내려오는 탈놀이. '오광대'는 주로 낙동강을 중심으로 경상도 서쪽 편에서 하는 탈놀이를 이르는 말이에요.

즐겨 하던 탈놀이만을 가리키던 말이었어요. 다른 지방에서는 '산대놀이' '들놀음' '오광대' '별신굿' '관노놀이' '사자놀음' 처럼 다르게 일컬었지요. 오늘날에도 하나하나 가리킬 때는 그렇게 말하지만, '탈을 쓰고 탈(트집)을 잡아 노는' 모든 놀이판을 묶어서 말할 때는 그냥 보통 '탈춤'이라고 해요.

언제부터 우리나라에 이런 탈춤이 있었는지는 확실하지 않아요. 아마도 먼 옛날, 곡식을 심거나 거둔 뒤 하늘에 고마워하는 제사를 지낼 때 노래하고 춤추던 놀이에서 탈춤이 나왔겠지요. 역사에서 찾을 수 있는 가장 오래된 기록은 신라 최치원의 《향악잡영》이란 책인데, 바로 여기에 그때 즐기던 탈놀이를 시로 읊고 있어요. 오늘날까지 남아 있는 '처용무'라는 탈놀이 또한 신라 때부터 전해 내려오는 것으로 알려져 있고요.

처용무
고려와 조선 시대 주로 궁중 잔치에서 나쁜 귀신을 쫓아내려는 뜻으로 즐겨하던 탈춤. 《삼국유사》에 그 뿌리 이야기가 나오고 조선 성종 때 펴낸 《악학궤범》에는 탈 그림이 있어요. 사진에 보이는 것처럼 예부터 그 얼굴은 서역 사람의 모습으로 전해져 내려왔어요.

탈춤이 오늘날과 같은 모습으로 틀을 갖춘 것은 조선 시대에 들어와서였어요. 옛날에는 한 해의 첫 달인 정월이나 씨 뿌리는 철이 되면 농사가 잘 되게 해 달라고 마을굿을 했는데, 그 속에 탈춤이 들어 있었지요. 이때 탈춤은 '귀신을 쫓는다.'는 뜻이었다고 해요. 마을굿의 하나로 탈춤을 추었던 까닭에 이름도 '별신굿'이라 했지요. 우리에게 잘 알려진 '하회탈별신굿놀이'나 강릉단오굿에서 하는 '관노가면놀이' 같은 것이 바로 그런 탈춤이에요.

나라에서 큰 행사가 있을 때 광대들한테 추게 했던 것이 널리 백성들한테 퍼진 탈춤도 있어요. 바로 '산대놀이'와 같은 탈춤이지요. 조선 시대 초기에는 '산대도감'이란 관청을 두어 광대를 관리하고 외국에서 사신이 오거나 궁중 행사를 치를 때면 공연을 펼치게 했어요.

그런데 조선 후기, 정조 임금 때에 들어서서 산대도감이 아주 문을 닫고 말아요. 백성들이 먹고 살기도 어려운데 궁중에서 놀이판이나 벌여서 되겠느냐는 생각 때문이었지요. 졸지에 궁궐에 속해 있던 광대들은 '실직자' 신세가 되고 말았어요. 이런 광대들은 오늘날로 치면 '연예인'이라 할 수 있는

❶ 양주별산대놀이
'산대놀이'는 서울과 경기도 쪽에 전해 내려오는 탈놀이예요. 양주와 송파는 18세기 금난전권(조선 시대 큰 상인이 작은 난전 상인을 몰아내던 권리)에 맞서는 상인들이 한데 모이는 곳이었지요. 이들이 손님을 끌려고 벌인 놀이판에서 산대놀이가 나왔다고 해요.

❷ 북청사자놀이
사자가 없는 우리나라에서 어떻게 '사자놀이'가 나왔을까? 사자 춤은 '북청사자놀이'뿐만 아니라 가산오광대나 봉산탈춤 같은 다른 탈놀이에도 곧잘 나오는 춤이에요. 이 같은 사자 춤은 티벳 쪽에서 처음 추었어요. 삼국 시대에 서역 문물과 함께 우리나라에 들어온 뒤 사자는 귀신을 쫓고 복을 가져다 주는 신비스러운 동물로 사람들 머릿속에 뿌리 내렸다고 해요.

데, 이들이 궁궐을 나와 할 수 있는 일은 서로 짝을 뭉쳐 '기획사'를 차리는 것이었어요. 이들은 전국 곳곳으로 퍼져 나가 그 지방에 어울리는 새로운 놀이판을 만들기 시작했어요. 그러면서 그곳에 원래 있던 놀이와 만나 새로운 탈춤이 쏟아져 나왔지요. 양주별산대놀이·송파산대놀이, 봉산탈춤·강령탈춤·은율탈춤, 수영들놀이·동래들놀이, 가산오광대·통영오광대·고성오광대와 같은 탈춤이 바로 그런 것들이에요.

욕심 많고 멍청한 양반을 조롱하다

조선 후기 시대는 백성들이 살기 참 어려운 때였어요. 오늘날 신문에 많이 나오는 말인 '사회 양극화'가 하늘을 찔렀지요. 나라 살림을 꾸리는 관리들은 백성들의 피를 쥐어 짜고, 상공업을 해서 벼락부자가 된 사람들까지 너도 나도 양반이 되어 서민들을 등쳐먹기에 바빴어요. 힘없는 백성들이 이 사람들한테 대들 수 있는 방법은 '탈'을 쓰고 그들의 '탈을 잡는' 것뿐이 없었어요. 돈밖에 모르는 양반, 책 한 줄 제대로 못 읽는 멍청한 양반, 부인을 두고 젊은 여자를 유혹하는 양반……. 말로는 '부처님'을 내세우면서도 술과 기생에 푹 빠져 사는 파계승도 빼놓을 수 없는 비웃음거리였어요.

탈춤에서 이런 사람을 조롱하는 구실은 주로 '말뚝이'가 맡아서 해요. 가산오광대에서는 말뚝이가 '예끼놈, 돼지 새끼들' 하면서 양반의 얼굴을 채찍으로 후려치거나, '두우두우' 하면서 돼지새끼 모는 시늉을 해요.

여자를 밝히는 파계승한테는 늦도록 장가 못 간 '취발이'가 주로 나섰어요. 봉산탈춤에서 취발이는 젊은 여자를 데려가는 늙은 파계승을 흠씬 두들겨 패 멀리 쫓아 버리지요. 굳이 이런 조롱꾼이 아니더라도 양반끼리 서로 다투면서 자신들이 얼마나 멍청하고 쓸데 없는 체면 놀음에 빠져 있는지 드러내기도 했어요.

양반을 조롱하는 말뚝이
이 탈은 동래들놀이 말뚝이예요. 보통 어느 탈춤에서나 생김새가 가장 웃기고 큼직한 탈이 바로 말뚝이죠. 양반이 거들먹거리는 말투를 능청스럽게 따라 하면서 오히려 그들을 골려 먹어요. 눈, 코, 귀가 다른 탈보다 커다란 까닭은 양반의 비리를 잘 보고 들으라는 뜻이라고 해요.

양반 여보게 선비, 통성명이나 하세.
선비 그러시게나.
양반 나는 사대부 집안의 자손일세.
선비 그까짓 것, 사대부? 나는 팔대부 집안의 자손일세.
양반 우리 할아버지는 문하시중을 지내셨네.
양반 문하시중? 우리 할아버지는 문상시대(門上侍大)일세!
양반 문상시대라니, 그건 또 뭔가?
선비 문하보다 문상이 높고, 시중보다 시대가 크지 않은가?

• **문하시중** 고려 시대 벼슬, 오늘날의 국무총리.

하회별신굿 탈놀이에 나오는 거드름 떠는 양반과 억지부리는 선비 이야기예요. 양반을 조롱하는 말뚝이와 취발이 그리고 이렇게 덜 떨어진 양반들이 주고받는 이야기와 몸짓은 꽉 막힌 서민들 가슴을 시원한 웃음으로 쓸어 내려주는 단비와도 같았지요. 보통 학자들이 탈춤을 '해학과 풍자의 문화'라고 어렵게 말하는데, 바로 이런 점을 두고 하는 소리예요.

탈춤_113

👆 **탈춤판에선 누구나 덩실덩실**
하회별신굿 탈놀이에서 이매와 함께 덩실덩실 춤을 추는 외국 사람들. 탈춤 놀이판은 관객이 구경만 하는 '닫힌 공연'이 아니라 이렇게 누구나 함께 즐길 수 있는 '열린 마당'이에요.

나도 탈 한번 잡아 볼까?

탈춤을 알려면 책 한 권을 읽는 것보다 실제 가서 눈으로 보고 즐기는 것이 더욱 좋아요. 하지만 탈춤을 보러 일부러 어딜 찾아가라고 한다면 선뜻 내키는 사람은 그리 많지 않을 거예요. 옛날 것이니까 그저 재미없고 지루하겠다 싶겠지요.

그럴 때는 앞서 말한 '탈'의 뜻을 잘 한번 생각해 보세요. 옛날 사람들은 탈을 쓰고 자신을 괴롭히는 사람의 탈(트집)을 잡으면서 짜증을 한방에 날렸어요. 내가 만일 탈을 쓴다면 누구를 탈 잡을까? 공부 좀 잘한다고 볼 때마다 잘난 척하는 친구? 만날 학원 가라고 잔소리만 늘어놓는 엄마? 마음속으로 그 잘난 친구 얼굴엔 어떻게 생긴 탈을 만들어 씌울지, 나는 어떤 탈을 써야 엄마 몰래 마음껏 하고 싶은 걸 할 수 있을지 한 번쯤 상상해 보는 거예요. 그렇게 상상 속에서라도 솔직한 이야기를 주고받다 보면 뭔가 생각지도 못한 해결 방법이 나올지도 모르지요. 아니면 마음 한쪽이라도 시원해지든가요. 식구들끼리 익살스러운 탈을 만들어 쓰고 서로 처지를 바꿔 '탈놀이'를 해 본다면 그보다 더 좋은 대화는 없을 것 같아요. 그러다 보면 탈춤이 옛날 사람들만 즐기던 놀이에서 우리도 즐길 수 있는 놀이로 한 걸음쯤은 성큼 튀어나올 거예요.

우리나라 탈놀이, 어디에 어떤 탈이 있을까?

● 북청사자놀이(사자)

● 은율탈춤(새맥시)　　● 봉산탈춤(말뚝이)

● 강령탈춤(소무)

● 강릉 관노가면극(소매각시)

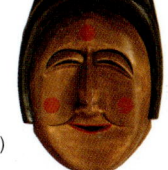
● 하회별신굿 탈놀이(부네)

● 양주별산대놀이(말뚝이)　● 송파산대놀이(샌님)

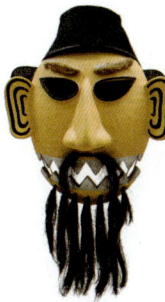 
● 수영들놀음(수양반)　● 동래들놀음(원양반)

● 가산오광대(중앙황제장군)　● 고성오광대(비비)　● 통영오광대(말뚝이)

떳떳이 뿌리를 밝히고 다시 한 번 세계로 하이킥을 뻗어라
태권도

우리 겨레는 언제 처음 태권도를 시작했을까? 언젠가 초등학교 6학년 조카와 텔레비전에서 태껸을 배우는 오락 프로그램을 보다가 이런 말을 주고받은 적이 있어요.

"삼국 시대 아닌가? 태껸이랑 태권도랑 원래 다 같은 거잖아."
"그래? 그럼 지금 하는 태껸이 태권도랑 비슷해 보여?"
"에이, 그거야 시간이 오래 지났으니 달라진 거지."
"그럼 옛날에 같았다는 건 어떻게 알아?"
"아, 몰라. 내가 무슨 태권도 회장도 아니고……."

대답할 말이 없었는지 아니면 자꾸 캐묻는 말이 귀찮았는지, 조카 녀석은 그렇게 말꼬리를 흐리고 말았어요. 이 글을 쓰면서 저는 진짜 '회장님' 생각이 궁금해서 태권도협회 누리집에 들어가 봤어요.

🌿 2004년 그리스 아테네 올림픽 남자 태권도 80킬로그램급 결승전에서 우리나라 문대성 선수가 그리스의 니콜라이디스 선수를 왼발 뒤후려차기로 쓰러뜨리는 모습이에요. 태권도는 지난 2000년 시드니 올림픽 때부터 정식 종목이 되었는데 우리나라 선수들의 실력이 워낙 뛰어난 탓(?)에 나라마다 나올 수 있는 체급을 4개까지로 못박아 두고 있지요. 세계 156개 나라에 있는 태권도 선수들 가운데 우리나라 말고는 대만, 터키, 미국이 아주 잘하는 편에 들어요.

태권도는 4천 년 전에 처음 나왔다?

대한태권도협회 누리집에서는 '태권도의 기원'을 아래와 같이 소개하고 있어요.

> 오늘날 세계적 스포츠로 성장한 우리의 태권도 경기는 전통 민속 무예인 태껸을 그 자랑스러운 뿌리로 하고 있다. 태껸은 고대 부족사회의 제천경기에서부터 싹터 상무적 전통이 강했던 고구려에 이르러 크게 성행하기 시작하여 고려와 조선시대를 거쳐 2천여 년의 긴 역사를 따라 면면히 발전해 왔다.

👆 대쾌도

태껸 몸짓이 나오는 조선 시대 그림. 이 그림 한가운데에 있는 태껸꾼을 오른쪽에 있는 태권도 사진과 견주어 보세요. 두 팔을 벌리고 굼실굼실 춤을 추는 듯한 이 몸짓에서 오른쪽 사진과 같은 딱 부러진 품새가 나올 수 있었을까요?

한마디로 태권도는 태껸에서 나왔다는 얘기예요. 2천 년 전이라면 고구려가 생긴 지도 겨우 몇십 년밖에 안 됐을 때인데, 그때 벌써 태권도 뿌리인 태껸이 있었다는 말이지요. 굼실굼실 춤을 추는 듯한 태껸과 쭉쭉 곧게 뻗어 나가는 태권도의 몸짓 어디가 닮았다는 건지, 아쉽게도 이곳 누리집에는 그런 설명이 한 줄도 안 나와 있었어요.

태권도를 배우는 다른 나라 사람들이 우리나라에 오면 '성지 순례'를 하듯 꼭 다녀간다는 국기원이 만든 누리집은 태권도의 시작을 좀 더 화끈하게 올려 잡고 있어요. '태권도는 원래 야생 동물의 공격에 맞서려는 보호 수단으로 시작했으며 그 기원은 자그마치 4천 년 전으로 거슬러 올라가는 것으로 되어 있다.'고 말이에요. '4천년 전으로 거슬러 올라간다.'고 콕 집어서 말 안 하고 왜 '거슬러 올라가는 것으로 되어 있다.'며 슬쩍 넘어갔을까요? 한편으로 생각해 보니 이런 주장은 태권도가 아니라 그 어떤 무예에 갖다 붙여도 다 말이 될 것만 같았어요.

옛 기록에서는 찾아볼 수 없는 태권도

우리가 옛날 역사를 정확히 알려면 기록이나 유물 같은 '증거'가 있어야 해요. 더욱 중요한 것은 그 증거를 제대로 볼 수 있는 '바른 눈'이 있어야 하고요. 남아 있는 기록이 힘 있는 사람 입맛대로만 쓰인 것은 아닌지, 장님이 코끼리 다리만 만지고 기둥이라고 하는 것처럼 엉뚱한 유물을 훗날 주장에 억지로 갖다 붙이진 않았는지 잘 살펴야 하지요. 2천 년 전이든 4천 년 전이든, 태권도가 오래전부터 우리 겨레가 해 온 무예라고 주장하는 사람들이 내세우는 증거가 바로 그래요.

먼저 태권도의 뿌리라고 하는 태껸을 다룬 기록 가운데 지금까지 남아 있

는 것은 조선 말기 그림 두 장과 외국 선교사가 찍은 사진 한 장, 그리고 1925년에 나온 《해동죽지》란 책의 '놀이' 편에 소개된 것이 다예요. 그토록 오래 전해 내려온 문화라고는 믿기 힘들 만큼 남아 있는 기록이 없다는 것이죠. 흔히 태껸과 같은 것으로 사람들이 많이 알고 있는 '수박희'는 그래도 고려 시대부터 기록이 좀 남아 있는 편인데, 이것은 분명 태껸 같은 놀이와는 다른 '무예'의 하나였어요.

그나마 몇몇 기록이 있는 태껸보다 더 옛 기록을 찾기 힘든 것이 바로 태권도예요. 아니, 찾기 힘든 게 아니라 아예 찾을 수가 없어요. 정말 태껸에서 갈라져 나왔다면 누가, 언제, 왜 지금처럼 다른 이름과 몸짓으로 떨어져 발전해 왔는지 글 한 줄이라도 있어야 할 텐데 전혀 그렇지가 않아요. 왜 그럴까요? 뜻밖에도 정답은 아주 쉬워요. 한마디로 우리가 생각하는 '그 옛날'에는 태권도가 없었으니까요.

👆 **태권도 품새와 발차기**
품새는 태권도에서 공격과 방어에 필요한 기술을 쭉 이어서 정해 둔 기본 동작을 말해요. 태극 1장부터 8장까지가 있고, 유단자가 되면 1~9단까지 정해진 품새를 익히죠. 태권도의 가장 큰 특징은 오른쪽 사진처럼 쭉쭉 뻗어나가는 발차기 기술이 아주 많다는 점이에요.

👆 **이단옆차기**
보는 것만으로도 입이 떡 벌어지는 태권도의 가장 멋들어진 기술이에요. 이렇게 공중에 몸을 띄우면 방어를 하기가 몹시 어려운 탓에 실제 겨루기에서는 잘 볼 수 없는 기술이죠.

1955년, 태권도가 태어나다

일제 강점기가 지나고 난 뒤에는 태껸 또한 거의 사라지다시피 했어요. 마치 무협지에 있는 이야기처럼 딱 한 사람(송덕기, 1893~1987)만이 그 기술을 간직하고 있다가 1970년대에 들어와서야 하나 둘 몸짓을 되살려 오늘에 이르렀지요. 해방 뒤 우리나라에서 배울 수 있는 무술이라고는 오로지 일본 유학생들이 배우고 와서 전하기 시작한 가라테(당수도, 공수도라고도 했음)뿐이었어요.

1954년 어느 날, 일본 유학을 다녀와 군인으로 일하며 '오도관'이란 가라테 도장을 꾸리던 최홍희 장군이 이승만 대통령 앞에서 당수도 시범을 보이고 있었어요. 막 격파 시범이 끝나자 이 대통령이 말했어요.

"저건 태껸이야. 앞으로 전 군에 가르쳐야 해."

명령이나 다름없는 대통령의 말 한마디에 최홍희는 차마 이것이 태껸이 아니라 일본 가라테라고는 말을 못하고 뭔가 다른 이름을 지어야겠다고 머리를 끙끙 싸맸지요. 태껸과 말맛이 비슷하면서도 새로운 이름, 내용은 일본 가라테지만 군인들한테 가르칠 때 '우리 것'이라고 내세울 수 있는 그럴 듯한 포장, 그렇게 해서 생각해 낸 것이 바로 '태권도'였어요. 최홍희는 곧바로 이름난 가라테 도장의 사범들을 불러 '명칭제정위원회'를 꾸렸어요. 그러고는 만장일치로 공수도나 당수도 대신 '태권도'란 이름을 쓰기로 발표해 버렸어요. 물론 그때 그 자리에 태껸을 익힌 사람은 아무도 없었지요. 1955년, 태권도는 그렇게 가라테 사범들이 붙여 준 이름표를 매달고 세상에 그 첫 모습을 드러냈어요.

우리 태권도를 떳떳하고 멋지게 키우는 길

오늘날 태권도가 우리나라를 대표하는 '상징'인 것은 누구나 인정하는 사실이에요. 지금이야 올림픽이다 월드컵이다 큰 행사를 치르면서 세계 사람들이 우리를 많이 알지만, 그 전까지만 해도 우리나라를 세계에 알린 가장 큰 효자는 단연 태권도였지요. 지금도 중동이나 남미, 아프리카 같은 곳에는 '한국은 몰라도 태권도는 안다.'는 말이 있으니까요. 다른 나라 사람이라도 태권도를 배울 때는 모든 품새와 몸짓을 우리말로 하지요. 그래서 올림픽에서도 영어와 프랑스어(펜싱), 일본어(유도) 말고는 우리 한글만을 공식 언어로 쓰고 있고요.

그런데 이렇게 자랑스러운 태권도를 우리가 더 멋지고 떳떳한 모습으로 키워 가려면 우리가 먼저 태권도 역사의 진실을 솔직히 인정해야 해요. 만일 일본 사람들이 김치를 '기무치'라고 하면서 원래부터 일본 먹을거리였다고 주장한다면 우리는 어떤 반응을 보일까요? 반드시 오래된 것, 원래 우리가 만들어 낸 것만이 자랑스럽고 온전한 우리 문화라고는 말할 수 없어요. 더구나 태권도는 처음 생긴 지 50년 가까운 시간이 흐르면서 그 모습이 많이 달라졌어요. 발차기와 같은 여러 가지 새로운 기술을 덧붙이고, 운동 경기에

최홍희와 북한 태권도

1955년 '태권도'란 이름을 처음 지어 영국 브리태니커 백과사전에 '태권도 창시자'로 이름이 올라 있어요. 국군태권도시범단 단장을 맡아 세계 여러 나라를 다니며 태권도 시범을 이끌다가 1966년에 국제태권도연맹(ITF)을 만들었지요. 박정희 대통령의 3선 개헌을 반대하다 신변위협을 느끼고 1972년 캐나다로 망명한 뒤로는 주로 공산주의 나라에 태권도를 알리는 데 힘을 쏟았어요. 1982년부터 북한에 태권도를 알리기 시작해 2002년 평양에서 눈을 감은 뒤 우리의 국립묘지와 비슷한 '애국 열사릉'에 묻혔어요.

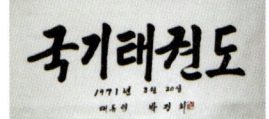

'국기 태권도' 붓글씨

언제부턴가 우리는 태권도를 우리나라의 국기(國技, 예부터 나라에서 가장 즐겨 하던 운동이나 기예)라 하고 있어요. 이 말은 1971년 박정희 대통령이 '국기 태권도'란 붓글씨를 대한태권도협회 김운용 회장한테 써 준 뒤 전국 태권도 도장마다 액자로 만들어 걸게 해 널리 퍼졌지요. 이듬해 그 이름을 딴 '국기원'이 문을 열고, 다시 한 해 뒤 세계태권도연맹이 생겨나면서 수많은 학자들이 '태권도 역사 만들기' 작업에 참여했어요.

알맞게 하나하나 규칙을 다듬어 왔어요. 처음엔 이름표만 달고 태어났지만 우리 품에서 50년 넘게 자라면서 이제는 진짜 '우리 것'이 되었지요.

옛날의 부끄러운 일을 숨기려고만 한다면 우리는 언제든 그보다 더 부끄러운 짓을 또다시 저지를 수 있어요. 태권도가 세계로 널리 뻗은 지금까지도 제 뿌리를 떳떳이 못 밝히고 자꾸 '눈 가리고 아웅'만 한다면 그것이야말로 우리 태권도를 죽이는 일이 될 거예요. 누가 뭐라고 해도 태권도는 우리 품 안에서 50년 넘게 자란 '대한민국의 효자'라고 할 수 있으니까요.

태권도를 배우면 싸움도 잘할까?

'태권도가 셀까? 소림사 권법이 셀까?' '마징가랑 태권브이가 싸우면 누가 이기지?'

우리 아빠 또래들이 어릴 때는 이런 이야기로 참 많이도 티격태격 목소리를 높였어요. 그런데 요즘은 이와 비슷한 궁금증을 풀어 주는 경기가 실제 열리고 있어요. '케이원' 같은 이종격투기 대회가 바로 그런 것들이죠. 그런데 이런 대회에 나서는 태권도 선수들 성적이 영 신통치가 않다고 해요. 그래서 한쪽에서는 '태권도는 실제 싸움엔 알맞지 않은 무술이다.'는 주장까지 나오고 있다고 하지요. 정말 그럴까요?

먼저 이런 격투기 대회에 나오는 이름난 선수들은 흔히 말하는 '싸움꾼'이 아니에요. 여러 무술을 두루 익히고 이 대회 규칙에 알맞게 꾸준히 연습한 '선수'일 뿐이죠. 이런 선수와 태권도만 익힌 사람이 격투기 규칙으로 맞붙었을 때 태권도 선수가 지는 것은 당연한 일일 수도 있어요. 무엇보다도 태권도 선수들은 머리에 호구를 쓰고 겨루는 것에 익숙해 다른 격투기 선수보다 '맞는 연습'이 훨씬 덜 되어 있지요. 태권도 경기에서는 주먹으로 얼굴 때리는 것도 못하게 하다 보니 다른 선수들처럼 여러 가지 주먹 공격을 하기도 아주 불리하고요. 링으로 둘러싸인 좁은 격투기 경기장에서는 태권도처럼 발차기를 많이 하는 것이 바짝 붙어 주먹을 쓰는 것보다 불리하다고 해요. 그냥 뻥 뚫린 곳에서 말 그대로 아무 규칙도 없는 '싸움'을 한다면 어느 무술이 가장 뛰어나다고 해야 할지, 그 정답을 아는 사람은 아무도 없어요.

이 그림이 정말 태권도 몸짓?

우리 겨레가 오랜 옛날부터 태권도를 해 왔다고 주장하는 사람들이 그 증거로 꼭 들고 나오는 유물이 두 가지가 있는데, 하나는 고구려 춤무덤 벽화이고 다른 하나는 신라 금강역사상 조각이에요. 고구려 춤무덤 벽화에 맨손으로 겨루기를 하는 두 젊은이가 그려져 있는데 이것이 오늘날 태권도 몸짓과 비슷하다거나, 신라 석굴암과 분황사 석탑에 새겨진 금강역사상이 태권도의 '상단 막기'와 비슷한 몸짓을 보인다는 얘기지요.

정말 그런지 먼저 위에 있는 고구려 춤무덤 그림을 한번 보세요. 두 젊은이가 한쪽 다리를 잔뜩 구부린 채 서로 맞서고 있어요. 자세히 보니 두 손은 활짝 펴고 있네요. 그리고 한 손은 악수라도 할 것처럼 쭉 내밀어 허공을 휘휘 젓는 듯하고요. 아무리 봐도 발기술로 상대를 쓰러뜨리는 태껸도 아니고, 주먹 쥔 팔을 쭉쭉 내지르는 태권도랑은 더더욱 거리가 멀어 보여요. 굳이 비슷한 것을 찾자면 고려 시대 이후 여러 기록에 나오는 수박희(손으로 쳐서 상대방을 넘어뜨리는 겨루기)가 가장 가까운 듯해요. 이런 그림이 태권도 몸짓과 비슷하다면 쿵푸나 무에타이, 권투와 같은 것들도 다 원래 우리 것이었다고 주장해도 괜찮을 거예요.

아래에 있는 사진은 신라 분황사 석탑에 새겨진 금강역사상이에요. 이것이 태권도 몸짓과 같다는 주장은 어이가 없다 못해 웃음이 나올 만하지요. 이런 금강역사상은 불교를 받든 중국이나 일본에서도 얼마든지 찾을 수 있는 유물인데, 만일 이것이 태권도의 몸짓을 나타낸 것이라면 그 옛날 중국이나 일본에도 태권도가 있었다고 주장해야 앞뒤가 맞을 테니까요.

그때 그 자리, 누구를 위하여 깃발은 펄럭였을까
태극기

태극기는 우리나라 대한민국을 상징하는 깃발이에요. 우리 땅 우리 하늘에서 태극기가 휘날린 지 올해는 꼭 126년이 되는 해지요. 그동안 우리 역사의 중요한 길목에는 늘 태극기가 펄럭이고 있었어요. 옛날 사진 속 태극기에 얽힌 이야기만 따라 들어가 보아도 우리 엄마 아빠, 할머니 할아버지가 살아온 시대가 한눈에 들어오는 느낌이 들어요. 태극기가 휘날리는 역사 속 풍경을 바라보면서, 앞으로 우리가 만들어 가야 할 또 다른 풍경을 마음속에 한 번 그려 보세요.

1882년 8월, 일본 고베 니시무라 여관

태극기가 처음 하늘에 걸린 곳은 우리나라가 아닌 일본이었어요. 그때는 이름도 태극기가 아닌 '조선 국기'였지요.

1882년 6월 조선에서는 일본식 군대 개편과 민비 세력에 반발하는 '임오군란'이 일어났어요. 이때 일본 공사관이 불타면서 몇몇 사람이 죽거나 다쳤지요. 일본은 이를 트집 삼아 조선과 '제물포조약'을 맺으며 '조선 대관이 국서를 가지고 일본 땅에 와서 사죄할 것'을 요구했어요. 고종은 박영효를 특명전권대사 겸 수신사로 뽑아 모두 열여덟 사람을 일본에 보내기로 했어요. 군란을 겪고 가진 돈이 바닥 난 조선 정부는 이들의 뱃삯조차 대 줄 형편이 안 돼 일본 공사한테 빚을 얻어야 했지요. 수신사 일행은 영국 선장이 운전하는 일본 배 메이지마루호를 얻어 타고 쓸쓸한 사죄 길에 나섰어요.

👉 서울 강북구 수유동 국립 4·19 묘지에 유치원 어린이들이 손수 그린 태극기를 꽂고 있어요.

🌼 **박영효가 일본에서 내건 깃발**
박영효는 1882년 9월 23일부터 12월 27일까지 일본에 머물면서 태극기를 만들고 사용한 내력을 《사화기략》이란 일지에 꼼꼼히 기록했어요. 그해 11월 일본 외교부 관리인 요시다는 박영효가 내건 깃발을 영국 공사관에 자세히 알려 주었는데, 그 기록을 지난 2007년 8월 영국 국립문서보관소에서 처음 찾아냈지요. 이 사진은 그때 찾은 기록을 바탕으로 복원한 태극기를 2008년 2월 독립기념관에서 발표하는 모습이에요.

국기를 처음 만든 계기

1875년 9월 일본 군함 운요호가 강화도 앞바다에 불쑥 나타났어요. 조선 수군은 당연히 포를 쏘면서 막으려 했지요. 한바탕 전투를 벌이고 간 일본은 이 사건의 책임을 조선에 떠넘기려고 황당한 소리를 했어요. '우리는 조선 해안을 관측하려고 갔을 뿐이다. 운요호엔 일본 국기가 걸려 있었는데, 침략할 뜻이었다면 왜 국기를 달았겠는가?' 하지만 그때 우리나라에서는 그 누구도 '국기'가 무엇인지 몰랐기에 어리둥절할 수밖에 없었다고 해요.

🍀 사진기 앞에서 활짝 웃는 이봉창

이봉창은 가난한 집안에서 태어나 일본인 가게 점원과 철공소 노동자로 일하며 스스로 독립의 필요성을 깨치고 김구 선생을 찾아갔어요.

1882년 9월 28일, 마침내 일본 숙소에 도착한 이들은 고종의 명을 받아 배 위에서 그린 깃발 하나를 지붕 위에 내걸었어요. 일본 하늘에서 처음 나부끼는 국기를 바라보던 조선 수신사들 마음속에는 어떤 바람이 불고 있었을까요?

1931년 12월, 중국 상하이 이름 모를 사진관

1931년 12월 13일, 상하이 임시정부 주석인 백범 김구와 서른한 살 청년 이봉창은 '마지막 술잔'을 서로 부딪쳤어요. 그날 막 '한인애국단'에 가입한 이봉창을 바라보는 김구의 눈에는 미안함인지 슬픔인지 모를 그림자가 짙게 드리워 있었지요. 그때 이봉창은 말했어요.

"선생님, 제 나이 이제 서른하나입니다. 앞으로 이만큼을 더 산다 해도 지금보다 더 나은 재미가 없을 겁니다. 인생의 목적이 쾌락이라면 저는 지난 서른한 해년 동안 그런 것을 모두 맛보았습니다. 이제부터 영원한 쾌락을 위해 목숨을 바칠 것입니다."

그러면서 이봉창은 기쁘고 좋은 날이니 사진을 찍고 싶다고 말했어요. 사진관에 간 이봉창은 두 손에 든 폭탄이 마치 생일 선물이라도 되는 것처럼 활짝 웃으며 태극기 앞에 몸을 세웠지요. 목에는 목숨을 바쳐 거사를 치르기로 한다는 서약서를 걸고 있었어요.

이윽고 한 달 뒤인 1932년 1월 8일, 이봉창은 일본 도쿄 요요기 연병장에서 나오는 일왕 히로히토가 탄 마차에 그 수류탄을 힘껏 던졌어요. 하지만 안타깝게도 거사는 실패하고 말았어요. 일왕은 멀쩡히 살아 있었고, 이봉창은 그 자리에서 붙잡힌 뒤 열 달 만에 '영원한 쾌락의 나라'로 떠나갔어요.

1945년 8월 16일, 해방 다음 날 서울 거리

1945년 8월 15일 낮 12시. 경성방송국 라디오 전파에 실린 일본 천황의 목소리는 가냘프게 떨리고 있었어요. 잡음 소리가 심한 데다 라디오 있는 집도 아주 드물어서 사람들은 무슨 일이 일어났는지 금세 알아차리지 못했지요. 이튿날인 8월 16일, 그제야 사람들은 집 밖으로 뛰쳐나왔어요. 꿈에도 그리던 해방! 어제 그 방송은 바로 일본 천황의 항복 선언이었어요. 흰 무명 천에 밥 사발을 엎어 그린 태극기, 일장기를 떼어 파란 물감을 덧칠한 태극기, 저마다 어디선가 만들어 들고 나온 태극기 물결에 온 나라가 휩싸였어요.

그런데 어찌 된 일인지, 서울 중앙청에는 해방이 되고 나서도 한 달 가까이 일장기가 걸려 있었어요. 일본 군인들도 거의 그대로 머물러 있어서 사람들 마음을 조마조마하게 했지요. 이윽고 1945년 9월 9일, 서울에는 연합국 대장인 미군이 들어왔어요. 그리고 중앙청 앞에 걸린 일장기를 내리고 그곳에 성조기를 올렸어요. 삼팔선 북쪽은 벌써부터 소련이 들어와 있었지요. 해방 하루 늦게야 서울 하늘에 휘날린 태극기는 아직 우리 땅에서 마음껏 주인 노릇을 할 수 없었어요.

👆 **꿈에도 그리던 해방!**
1945년 해방을 맞아 태극기를 들고 집 밖으로 뛰쳐나온 사람들. 깃발을 자세히 보면 급하게 쓱쓱 그린 것을 알 수 있어요. 어떤 것은 일장기에 덧칠한 흔적이 뚜렷이 보이기도 하고요.

4·19 혁명에서부터 87년 6월 항쟁까지, 피에 얼룩진 태극기

1948년, 끝내 남과 북은 따로 정권을 세웠어요. 그 전까지만 해도 태극기를 같이 쓰던 북한은 '공화국 국기'(인공기)를 새로 만들었지요. 이때부터 태극기는 남쪽만의 깃발이 되고 말았어요.

그 뒤 남한에 들어선 정권은 겉으로는 '민주주의'를 내세우면서도, 실제로는 독재를 휘두르는 일이 많았어요. 오늘날 우리한테는 너무도 당연한 '대

아! 나의 조국
1987년 6월 항쟁 때 한국일보 고명진 기자가 부산 문현동에서 찍은 사진. 자욱한 최루탄 연기 속에서 웃통을 벗은 채 뛰어나오는 이 청년의 사진은 1999년 에이피(AP) 통신사가 뽑은 '20세기 100대 사진'에 들기도 했어요.

통령을 국민 스스로 뽑는 일' 하나만 해도 20년쯤 전까지는 상상하기 힘든 일이었지요. 독재자들은 하나같이 태극기 아래에서 '국가와 민족'을 위해 일하겠다고 엄숙히 맹세했지만, 시간이 지날수록 이를 믿는 사람은 없어졌어요. 이승만, 박정희, 전두환은 자신들의 권력을 지키려고 국민한테 총부리 겨누는 일마저도 서슴지 않았지요. 그럴 때마다 이름 모를 수많은 사람들이 피를 흘리고 거리에 쓰러져 죽어 갔어요. 피에 물든 태극기가 죽은 이의 관을 휘감았고요. 1960년 4·19 혁명, 1979년 부산·마산 항쟁, 1980년 광주 항쟁, 1987년 6월 항쟁······. '민주주의는 피를 먹고 자란다.'는 말을 증명이라도 하듯, 우리나라 민주주의는 태극기에 물든 피가 진해질수록 조금씩 발전을 거듭해 오늘에 이르렀어요.

> 🚩 **월드컵 태극기 차림새**
>
> 2002년 월드컵 축구 대회를 계기로 태극기는 우리 곁에 부쩍 가까이 다가왔어요. 그 이전처럼 '피에 얼룩진' 모습도, 높은 깃대에 매달린 '근엄한' 얼굴도 아니었지요.

2002년 월드컵, 저 높은 깃대에서 내려온 '친구 같은' 태극기

"짝짜악짝 짝짝, 대에한민국!"

이제 여러분도 잘 아는 이야기, 우리 모두 정말 신 나고 즐거웠던 태극기 이야기를 해 볼게요. 2002년 6월, 우리나라를 온통 붉게 물들인 월드컵 축구 대회! 서울 시청 앞, 광화문 광장, 그리고 전국 곳곳에서 아마 여러분도 목청껏 '대한민국!'을 외치며 태극기를 흔들었을 거예요.

그런데 이때 정말 놀라운 일이 벌어졌어요. 사람들이 태극기를 흔들기만 한 게 아니라 머리에 뒤집어 쓰고, 허리에 치마처럼 두르고, 얼굴에 알록달록 그림으로 그려 넣었어요. 이게 뭐가 놀라운 일이냐고요?

그 전까지만 해도 태극기는 장롱에 고이 모셔 두었다가 국경일에나 한번 밖에 내거는 '귀하신 몸'이었거든요. 여러분 엄마 아빠가 중·고등학교에 다닐 때만 해도 오후 여섯 시가 되면 운동장에서 하던 놀이도 딱 멈추고 애국가 반주에 맞추어 높다란 깃대에서 내려오는 태극기를 우러러 바라보아야 했어요. 웃거나 떠들지도 못하고, 아주 점잖은 얼굴로 그 짧은 시간이 흘러가기를 기다렸지요. 어쩌다 대통령이라도 마을에 오는 날이면 학교 수업도

우리는 꼭 국기에 '맹세'를 해야 할까?

'나는 자랑스러운 태극기 앞에 자유롭고 정의로운 대한민국의 무궁한 발전을 위하여 충성을 다할 것을 굳게 다짐합니다.' 지난 2007년 7월에 새로 바뀐 '국기에 대한 맹세' 예요. 1968년 처음 나온 맹세보다 조금 나아지긴 했지만 왠지 '무조건 국가에 복종하라!'는 느낌은 여전하지요. 오늘날 국기 앞에 이런 '맹세'를 바치는 나라는 우리나라와 미국 그리고 중국 말고는 거의 없다고 해요. 옛날에 이런 맹세는 주로 히틀러, 무솔리니 같은 파시즘(전체주의) 독재 국가에서나 많이 하던 것이니까요. 일제 강점기 때는 '황국신민서사'라는 것이 있기도 했고요.

태극기_129

👉 이것이 정말 태극기의 뿌리?

경주 감은사 기단에 있는 '태극 무늬와 비슷한' 조각. '태극'은 지금으로부터 3천 년 전쯤 중국 주나라 책인 《주역》을 바탕으로 훗날 유학자들이 개념을 연구해 널리 퍼뜨린 말이에요. 우리나라에는 송나라 유학자 주돈이(1017~1073)가 정리한 '태극도'가 널리 알려졌지요. 그런데 감은사는 주돈이가 살던 때보다 훨씬 앞선 682년에 지은 절이에요. 많은 사람들이 이를 증거로 '태극 무늬가 원래 우리나라에 있던 것'이라고 주장하고 있어요. 하지만 신라 시대 이런 문양은 오로지 감은사 기단에만 있고, 그때는 아직 태극이 음양을 나눈 개념이 아니었으므로 '우연의 일치'일 뿐이란 주장이 만만치 않아요.

안 하고 길에 나가 열심히 태극기를 흔들기도 했어요. 그런데 이렇게 엄숙하고 신성한 태극기를 제멋대로 쓰고, 두르고, 얼굴에 그리다니! 한 번도 안 겪어 본 이 낯선 모습에 어떤 사람들은 '충격'이란 말을 쓰기도 했어요.

하지만 틀림없는 사실 하나는 이 모든 것들이 옛날처럼 '누가 시켜서' 한 일이 아니라 우리 모두 '스스로' 그렇게 했다는 점이에요. 이때 태극기는 민주주의를 지키려다 피에 얼룩진 '심각한' 태극기도 아니고, 애국심을 강요하며 저 높은 깃대에서 나부끼던 '근엄한' 태극기도 아니었어요. 나와 함께 뛰노는 태극기, 즐겁게 어울리는 친구 같은 태극기가 이때 처음 우리 앞에 나타난 것이지요. 한바탕 잔치가 끝나고 난 뒤 우리는 우리 자신을 이렇게 뒤돌아볼 수 있었어요.

'아, 우리는 확실히 옛날보다 자유로운 세상에 살고 있구나!'

태극기 그림은 무엇을 뜻할까?

흰 바탕 평화를 상징.

건(乾 하늘 건) 하늘, 동쪽, 봄을 뜻함. 오행의 '금'을 상징.

이(離 떠날 리) 해와 불, 남쪽, 가을을 뜻함. 오행의 '화'를 상징.

파랑과 빨강 음(파랑)과 양(빨강)의 조화, 곧 '우주 만물의 이치'를 뜻함.

감(坎 구덩이 감) 달과 물, 북쪽, 겨울을 뜻함. 오행의 '수'를 상징.

곤(坤 땅 곤) 땅, 서쪽, 여름을 뜻함. 오행의 '토'를 상징.

중국과 미국 사이에서 갈팡질팡하는 가운데 태어난 '조선 국기'

'우리나라의 첫 태극기는 무엇인가?' 하는 문제는 학자들 사이에서 오랫동안 아주 큰 논란 거리였어요. 심지어 태극기가 중국 책인《주역》을 바탕으로 한 '고태극도'란 그림에서 나온 것이니 아예 뿌리부터 잘못되었다고 주장하는 사람도 있지요. 태극기가 태어난 과정을 꼼꼼히 간추려 보았으니, 여러분이 한번 판단해 보세요.

1875 '운요호 사건'이 일어난 뒤 조선 왕실에서 '국기'의 필요성을 처음 느낌.

1880.12 청나라에 사신을 보내 국기 제정 문제를 의논함.

1882.3 청나라가 '조미통상조약'을 주선해 준다는 구실로 마건충을 사신으로 보냄. 조선 역관 이응준이 조약식 때 내걸 국기를 만들어 마건충한테 보여줌.

1882.4 마건충은 이응준이 보여준 국기 그림이 일본 국기와 비슷하다고 탓하며, 중국 깃발과 비슷한 '흰 바탕에 붉은 용이 있는 그림' 또는 '태극 문양과 팔괘가 있는 고태극도'를 조선 국기로 제안함. 한편 미국은 조선을 마음껏 주무르겠다는 속셈으로 '조선은 독립국이므로 청나라와 다른 국기를 만들어야 한다.'고 주장함.

1882.5 조미수호통상조약 체결. 실제 국기가 걸렸는지, 그랬다면 어떤 국기가 걸렸는지 뚜렷한 기록이 없음.

1882.9 '제물포조약'에 따라 일본으로 가는 배 안에서 박영효와 영국인 선장 제임스가 국기 그림을 의논함. 제임스는 박영효가 보여준 태극 무늬와 팔괘 그림(마건충이 제안한 국기)이 너무 복잡해 알아보기 힘들다며 괘를 넷으로 줄일 것을 제안함. 박영효는 이 의견대로 국기를 만들어 일본 숙소에 내걸고 고종한테 사실을 알림.

1883.3.6 고종 황제가 '조선 국기'를 정식 공포. 정확한 규격, 괘의 위치, 빛깔 따위를 밝히지 않아 그 뒤 저마다 다른 태극기가 나오게 됨.

1919.3.1 3·1 독립만세 운동을 준비하던 사람들이 '조선 국기'라고 하면 일본 경찰들이 쉽게 알아차릴 수 있을 것 같다고 생각해 '태극기'란 말을 처음 씀.

1949.10.15 대한민국 정부가 오늘날과 같은 태극기를 발표.

1882.7 미국 해군이 펴낸 '해상 국가들의 깃발'이란 책에 실린 그림. 학자들은 이 그림이 그해 5월 조미수호통상조약 때 쓰려고 이응준이 만들었다는 국기와 같은 것이 아닐까 짐작하고 있어요.

1882.10 일본 '시사신보'에 실린 박영효의 태극기. 우리도 잘못 그리기 쉬운 '괘'를 일본 기자가 엉터리로 옮겨 그려 놓았어요.

1882.11 박영효가 일본에 머물던 당시 일본 외교부 관리 요시다가 영국 공사관에 보내 준 태극기. 제국주의 침략에 한창이던 영국이 조선 국기에 관심을 보이자 알려 준 것으로, 박영효가 쓴《사화기략》내용과도 맞아떨어지는 그림이에요.

1883.3.18 청나라 문서 '통상장정성안휘편'에 실린 '대청속국 고려국기'. 이 그림에만 태극 음양의 머리 안에 흰 점이 찍힌 점, 조선을 청나라 속국으로 표현한 이름으로 보아 고종이 반포한 조선 국기와 같은 것인지 의심스러워요.

1884 미국 스미스소니언 박물관 연구원 쥬이가 우리나라에서 가져간 태극기. 실물로 남아 있는 태극기 가운데 가장 오래된 것으로 지금도 미국 스미스소니언 국립박물관에 있어요.

동아시아 성리학을 완성한 위대한 사상가
퇴계 이황

가만 생각해 보면 날마다 만나는 사람이라고 해서 꼭 그 사람을 잘 아는 것만은 아닌 것 같아요. 아무리 같은 반을 오래 해도 한 학기에 한두 마디 나눌까 말까 하는 친구는 기껏해야 이름 석 자 아니면 목소리밖에 아는 게 없지요. 그 친구가 무슨 책을 재미있게 읽었는지, 요즘 고민거리는 무엇인지, 나중에 커서는 무얼 하고 싶은지 같은 '진짜 모습'은 알기가 힘들어요. 역사 위인 가운데에서도 그런 사람은 많이 있어요. 우리가 거의 날마다 주머니에서 또는 지갑 속에서 만나는 퇴계 이황은 더욱 그래요. 비록 실제는 아니지만 날마다 얼굴을 보면서도 우리는 이황이 '왜' 그토록 위대한 분인지 잘 몰라요. 오죽하면 역사와 문화에 밝기로 이름난 어떤 학자조차도 이런 말을 한 적이 있지요.

"솔직히 말해서 우리가 퇴계, 퇴계 하지만 실제 알고 있는 것이 무엇이 있는가? 생각하니 한심하고 부끄럽고 억울하기도 하다. 정확히 알고 있는 것은 지금 우리가 쓰는 1천 원짜리 돈에 그 얼굴이 나온다는 것뿐이다."

> **도산서원**
> 경북 안동시 도산면. 이곳은 원래 이황이 작은 '서당'을 짓고 학문을 닦으며 제자를 가르치던 곳이에요. 이황이 죽고 4년이 지난 1576년에 제자들이 뜻을 모아 서당 둘레에 건물을 늘려 지으면서 '서원'이 됐지요. 건물을 다 짓기 한 해 전에 그때 왕이었던 선조가 '도산서원(陶山書院)'이란 편액을 내렸어요.

지금도 헷갈리는 주리론과 주기론

옛날 엄마 아빠들이 학교 다닐 때는 뭐든지 주로 '외워서' 시험을 봐야 했어요. 그때마다 아주 헷갈리던 것이 바로 퇴계 이황의 '주리론'과 율곡 이이의 '주기론'이었지요. 앵무새처럼 '이황은 주리론에 이기이원론, 이이는 주기론에 이기일원론……'을 읊어 댔지만 그 안에 담긴 생각을 이해하기는커녕 넷 가운데 하나를 고르는 문제에서도 번번이 틀리기 일쑤였어요.

👉 도산서원에서 이황이 살아 있을 때 지은 건물은 이렇게 두 채예요.

❶ 농운정사
제자들이 머물던 기숙사 같은 곳인데, 공부를 열심히 하라고 건물 모양을 '공(工)' 자로 한 점이 무척 재미있어요. 동쪽 방은 나이 든 제자들, 서쪽 방은 젊은 제자들로 방을 나누어 또래끼리 즐겁게 지낼 수 있게 마음 썼지요. 이황은 서당에 찾아오는 아이, 노비, 관리 할 것 없이 모두 방 밖에 나가 맞이할 만큼 아주 겸손하고 예의 바른 분이었어요.

❷ 도산서당
이황이 설계까지 손수 한 도산서당은 이 조그만 건물을 다 세우는 데 4년이나 걸렸어요. 형편이 어려워서 조금씩만 짓다 보니 그랬다고 해요.

오늘 이 짧은 글에서 퇴계 이황이 어떤 분인지 말하는 것은 그래서 참 어려운 일이에요. 온 삶을 바쳐 그 사상을 연구한 학자들조차 '이황은 이런 분이다.' 라고 쉽게 말 못하는 것을 생각하면 그나마 마음이 좀 편해진다고 할까요? '주리론'이나 '이기이원론'은 잠깐 접어 놓고, 먼저 그분의 삶을 살펴보는 것으로 이야기를 열어 볼게요.

책 속에서 삶과 우주를 찾아 헤매다

퇴계 이황은 1501년 경북 안동시 도산면에서 7남1녀 가운데 막내로 태어났어요. 양반집이었지만 살림살이가 넉넉지 못했고, 태어난 지 일곱 달 만에 아버지가 세상을 떠나 홀어머니 밑에서 자라야 했어요. 어머니는 농사일과 누에치기로 8남매를 키우느라 갖은 고생을 하면서도 '아비 없는 집 자식' 소리 듣지 않게 하려고 엄히 자식들을 가르쳤지요.

보통 위인들이 그런 것처럼, 이황도 어릴 때부터 책 읽기를 무척 좋아했어요. 젊은 날 이황이 요즘 말로 가장 크게 '필 꽂힌' 책은 유교 경전 가운데 하

시사단

퇴계 이황은 죽은 뒤에도 많은 선비들과 왕한테 '스승' 대접을 받았어요. 이황이 죽은 지 200년도 더 지나서 왕이 된 정조는 1792년에 도산서원에서 '특별 과거 시험'(별시)을 치르게 했어요. 이황의 높은 학문을 받들라는 뜻으로 서울에서만 보던 과거 시험을 모처럼 지방에서 치르게 한 것이죠. 그때 몰려든 선비들이 자그마치 7천이 넘어 서원 앞에 있는 소나무 밭에서 시험을 봤다고 해요. 시사단은 그때 일을 기념해서 세운 비석과 건물이에요. 옛날에는 이곳이 다 소나무 밭이었는데, 1976년 안동댐이 생기고 나서 이렇게 물 위로 단을 높여 세웠어요.

나인《주역》이었어요. 스무 살 때 이황은 이 책에 담긴 원리를 깨쳐 삶과 우주의 원리를 풀어 보겠다는 어마어마한 결심을 세웠지요. 잠도 안 자고 밥도 거른 채 날마다 책 읽기에만 매달렸어요. 하지만 그렇게 해서 얻은 것은 평생 채소만 먹어야 할 만큼 끈질기게 따라다닌 배앓이 병. 게다가 스물셋에는 서울로 올라가 과거를 공부했는데, 연거푸 세 번이나 시험에 떨어지고 스스로 크게 실망했어요.

마음이 어지럽던 청년 이황의 마음을 다잡아 준 것 또한 다름 아닌 '책'이었어요. 과거에 떨어진 이황은 우연히 중국 성현들의 말씀을 모아 놓은《심경》이란 책을 읽고 뭔가 크게 깨치고, 마침내 스물일곱부터 서른넷까지 과거 시험에 모두 합격해 외교문서를 다루는 승문원 관리가 되었어요. 그 뒤로 10년 동안 이황은 여러 벼슬을 지냈어요. 그러면서도 마음속 한구석에는 스무 살 나이에 품었던 '삶과 우주의 원리'를 밝히려는 꿈을 놓지 않았어요.

마흔세 살 때부터 이황은 오로지 관직을 그만둘 기회만 엿보았어요. 어떤 학자가 연구한 기록을 보면, 그때부터 이황이 왕에게 '사표'를 쓴 것만 일흔

과거 합격은 하늘의 별 따기

이황이 살던 조선 시대 선비들은 '문과'라고 하는 다섯 단계나 되는 시험에 잇따라 합격해야 벼슬길에 나아갈 수 있었어요. 문과는 '소과'와 '대과'로 나누어지는데, 소과에서 두 단계 시험에 합격하면 '생원' 또는 '진사'라고 해서 성균관에 들어갈 수 있는 자격을 주었어요. 그러고 또다시 초시·복시·전시 세 단계 시험을 모두 거치면 비로소 대과에 합격해 벼슬아치가 되었어요. 시험은 '식년시'라고 해서 보통 3년에 한 번씩 보고, 나라에 기쁜 일이 생기면 위 시사단 이야기에서처럼 '별시'라는 특별 시험을 치르기도 했어요. 과거에 모두 급제하면 아무리 빨라도 서른 살이 넘거나, 심지어 환갑이 넘기도 했어요.

도산서당 현판
이황은 사람이 하는 공부를 크게 둘로 나눠서 봤어요. 하나는 '마음으로 깨닫고 몸소 실천하려고' 하는 공부(위기지학 爲己之學), 또 하나는 그저 밥벌이나 이름을 얻으려고 하는 공부(위인지학 爲人之學)예요. 여러분은 어떤 공부를 하고 싶나요?

사단과 칠정
사단은 사람이 타고난 착한 마음(어질고, 의롭고, 예의 바르고, 지혜로운 본성), 칠정은 불쑥불쑥 나타나는 감정(기쁨, 노여움, 슬픔, 즐거움, 사랑, 미움, 욕심)이에요. 성리학에서 사단은 '인의예지(仁義禮智)', 칠정은 '희로애락오욕(喜怒哀樂惡慾)'이라고 말해요.

아홉번이 된다고 하지요. 명종과 뒤를 이은 선조가 온갖 벼슬을 내렸지만 이황은 갖은 핑계를 대며 조정에 나가지 않으려고 애를 썼어요. 이황의 관심은 오로지 학문 연구에만 있었으니까요. 그렇게 왕과 밀고 당기기를 거듭하면서 어느덧 이황은 쉰 살이 되어 고향에 내려와 '한서암'이란 글방을 만들어 성리학 연구에 매달렸어요. 7년 뒤에는 우리가 잘 아는 '도산서당'을 짓기 시작해 4년 뒤 건물을 다 세웠는데, 이때 전국에서 구름처럼 많은 제자들이 몰려들었어요. 서애 유성용, 학봉 김성일 같은 사람이 바로 그런 제자들이죠. 물론 이맘때까지도 이황은 '벼슬 받고 사표 쓰기'를 계속해야 했어요.

제자와 벌인 8년간의 논쟁

퇴계 이황의 학문과 사람 됨됨이를 보려면 꼭 알아야 할 두 가지가 있어요. 그 첫 번째는 제자인 고봉 기대승(1527~1572)과 벌인 '사단칠정 논쟁'이에요. '주리론'과 '주기론'도 헷갈리는 우리가 이 논쟁의 내용이 무엇인지 알기는 무척 힘들지만, 그래도 한번 쉽게 풀어서 말해 볼게요.

이황과 같은 성리학자들은 '사람의 마음'을 아는 것이 세상을 다스리는 바탕이라 생각했어요. 예나 지금이나 사람이 살면서 겪는 문제들은 대개 '마음'을 다스리지 못해 일어나는 것이니까요. 유교에서는 사람의 마음을 '본성'과 '감정'으로 나누어 생각했지요. 그 본성이 바로 '사단'이고 감정이 '칠정'이에요. 이황과 기대승이 벌인 논쟁은 사단과 칠정이 어떤 원리로 사람한테서 드러나느냐 하는 문제였지요. 두 사람은 1559년부터 자그마치 8년에 걸쳐, 오로지 편지로만 뜨거운 토론을 펼쳤어요. 이 기나긴 논쟁 끝에 이황은 처음 자기 주장을 고치고 한 단계 더 높은 이론을 세울 수 있었어요.

오늘날 학자들은 이 사건을 '우리나라 학문 논쟁의 으뜸 봉우리'로 꼽고 있어요. 그 논쟁의 결과도 결과지만, 우리가 더 배워야 할 것은 이 논쟁에 임한 이황의 태도예요. 논쟁을 하다 보면 어떻게든 자기 주장을 설득하려고 별 말을 다하게 마련인데, 이황은 환갑이 가까운 나이에 스물여섯 살이나 어린 제자와 그런 논쟁을 시작했으면서도 한결같이 차분하고 깍듯한 예의를 잃지 않았어요. 그러면서도 받아들일 건 깨끗이 받아들이는 '뒤끝 없는' 모습을 보였지요. 더구나 이 논쟁을 시작할 때 이황은 오늘날로 치면 서울대학교 총장인 성균관 대사성이었고, 기대승은 막 과거 시험에 합격한 신출내기였어요. 이런 자세는 자존심 세기로 소문난 학자들한테서는 정말 보기 드문 모습이에요. 그래서 훗날 사람들은 이황을 '위대한' 학자라 하는 것이지요.

아픈 부인을 감싼 어진 마음씨

두 번째로 알아야 할 일은 이황과 부인 권씨 이야기예요. 이황은 스물한 살에 혼인을 했는데 겨우 5년 만에 부인이 둘째를 낳다가 세상을 떠나고 말아요. 그리고 3년 뒤 재혼을 하면서 맞이한 부인이 바로 권씨지요. 두 번째 부인 권씨는 정신병이 있는 사람이었어요. 할아버지, 아버지, 숙부가 정치 싸움에 휘말려 차례로 잡혀가 죽고 난 뒤 정신을 놓아버린 까닭이었어요. 그런데 이황은 혼인 전에도 이 같은 사실을 모두 알고 있었어요. 일찍이 이황의 사람됨을 알아본 장인 권질이 간절히 딸자식을 부탁하자 혼인을 승낙한 거지요.

권씨 부인은 정신이 맑지 못해 곧잘 남편을 곤경에 빠뜨렸어요. 하루는 이황이 이웃 어른이 돌아가신 집에 문상을 가려다 도포자락이 헤진 것을 보고 꿰매어 달라고 했더니 흰 도포에 빨간 헝겊을 대서 기워 왔어요. 이황은 말없이 그 옷을 받아 입고 문상을 갔어요. 예법에 밝기로 소문난 이황이 그런 옷을 입고 오자 사람들은 깜짝 놀랐지요. 그런데도 이황은 그저 빙그레 웃기만 했어요. 부인이 마음 다칠 만한 말은 아예 입 밖에 꺼내지도 않은 것이죠. 이황은 집에서도 그런 부인을 배려해 늘 깍듯이 존댓말을 하고, 서울로 벼슬살이 하러 갈 때도 꼭 부인을 같이 데려갔어요.

《성학십도》 가운데 '태극도'
《성학십도》는 예순여덟 살 할아버지 이황이 열여섯 살 어린 나이로 왕이 된 선조를 위해 바친 '성리학 핵심 참고서'예요. 우주의 원리와 사람의 근본을 간단한 그림과 글로 '족집게 선생님' 처럼 풀이했지요. 이 책에서 맨 처음에 나오는 그림이 태극도예요.

저 매화나무에 물 주어라

이황의 학문과 사상이 꽃핀 것은 쉰 살이 넘어서부터였어요. 《천명도설》 《천명도설후서》 《사단칠정논변》 《주자서절요》 《자성록》 같은 책들을 잇따라 펴냈지요. 환갑이 넘어설 무렵 이황은 전국의 모든 선비들뿐만 아니라 임금도 간절히 배움을 청해 올 만큼 학문이 더욱 드높아졌어요. 도산서당에서 수많은 제자들을 가르치면서, 열여섯 살 어린 나이로 왕이 된 선조를 위해서는 《성학십도》라는 '성리학 핵심 참고서'를 지어 바치기도 했어요.

1570년 11월 9일, 일흔 살 할아버지가 된 이황은 종갓집 제사에 갔다가 감기에 걸려 자리에 눕고 말아요. 이황은 강의를 그만두고 다른 사람한테서 빌려온 책들도 모두 돌려보내게 했어요. 그리고 12월 4일, 조카한테 유서를 받아 적게 했지요. 유서 내용은 나라에서 내려주는 국장으로 장례를 치르지 말 것, 비석은 작게 세워 '퇴도만은진성이공지묘'(退陶晚隱眞城李公之墓 도산으로 물러나 늘그막을 지낸 진성 이씨의 무덤)라고만 쓰고 뒷면에 자신이 지은 글 하나만 간단히 새길 것, 이렇게 두 가지였어요.

12월 8일 저녁 무렵, 이황은 자리에서 일어나 반듯이 앉은 자세로 마침내 영원히 눈을 감고 말았어요. 그날 이황이 마지막으로 한 말은 '저 매화나무에 물 주어라.'는 말이었어요.

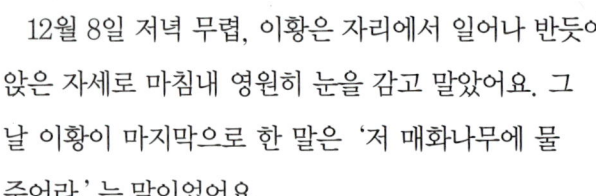

매화를 사랑한 이황
이황은 감성이 풍부한 시인이기도 했어요. 도산의 아름다운 풍경을 한글로 노래한 '도산십이곡'을 비롯해 아주 많은 시를 남겼지요. 그 가운데에는 매화를 노래한 글이 아주 많아요. 이황이 단양 군수를 지낼 때 두향이란 기생이 선생을 무척 흠모해서 매화를 선물한 일이 있는데, 죽기 전에 물 주라고 한 매화가 바로 그 매화일 거란 얘기도 있어요.

퇴계 이황과 율곡 이이, 누가 더 위대한가?

　이황과 함께 조선 시대를 대표하는 성리학자로는 율곡 이이가 있어요. 두 사람은 묘하게도 오늘날 '돈'에 얼굴이 나오는 점도 비슷하지요. 둘 가운데 '누가 더 훌륭하냐'를 따지는 건 '엄마가 좋은지 아빠가 좋은지'를 가리는 것만큼 어렵고 쓸모 없는 일이에요. 이 세상에 진리는 있어도 정답은 없는 것처럼 말이에요. 훗날 사람들이 이황과 이이를 훌륭한 학자라고 말하는 것은 두 사람 다 성리학 사상의 뼈대가 되는 '이(理)'와 '기(氣)'를 아주 깊이 헤아렸기 때문이에요. 다만 그 생각이 조금 달랐을 뿐이죠.
　성리학에는 세상 모든 것을 '이'와 '기'로 나눠서 봐요. 사람을 보기로 들면 마음은 '이', 몸은 '기'예요. 다 그런 건 아니지만 '이'는 주로 눈에 안 보이는 것이고 '기'는 생김새나 바탕이 겉으로 드러나죠. 아주 간단하게 얘기하면 이황은 '이'를 중요하게 생각하고(주리론 主理論), 이이는 '기'를 더 중요하게(주기론 主氣論) 봤어요. 이황, 이이보다 오히려 우리가 학교에서 많이 배우는 서양 철학자로 견주어 얘기하면, 주리론은 '이데아'(이상 세계)를 꿈꿨던 플라톤의 생각과 비슷하고, 주기론은 '현실'을 중요하게 생각한 아리스토텔레스의 철학과 닮았지요. 이 얘기를 더 이어가자면 책 한 권에 다 실어도 모자랄 거예요.

이황이 스스로 쓴 묘비 글

　도산서원에서 퇴계 종택으로 가는 길 산 중턱에는 소박하기 그지없는 이황 선생님 무덤이 있어요. 묘비에는 담담하고도 겸손하게 자신의 삶을 드러낸 글이 새겨 있지요. 여러분도 한번 읽어 보면서 이황 선생님을 떠올려 보세요.

태어나서는 몹시도 어리석고, 자라서는 병도 많아
중년에 어쩌다가 학문을 즐겼는데, 늙어서는 어이하여 벼슬을 받았던가.
학문은 구할수록 멀어지고, 벼슬은 마다 해도 자꾸만 내려왔네.
세상에 나아가서는 실패가 많았고, 물러나서는 곧게 몸을 감추니
나라 은혜 부끄럽고, 성현 말씀 두렵구나.
산은 높고 또 높으며, 물은 흐르고 또 흐르는데
관복을 벗고 돌아와 지내니, 온갖 비방도 다 벗어 버렸네.
내 품은 마음 여기서 막히나니, 누가 내 뜻 더 보아 줄까?
옛사람 떠올려 보니, 참으로 내 마음 알아 주셨네.
죽은 뒤 세상을 어찌 알리오, 오늘 일도 모르거늘
근심 속에 즐거움 있고, 즐거움 속에 근심이 있었네.
조화 따라 이제 돌아가니, 더 바랄 것이 무엇이랴.

뻔히 다 아는 이야기가 왜 이리 재미있을까
판소리

"여보시게, 소리 한 자락 해 보시오!"

혹시 누군가 여러분한테 이렇게 말한다면 어떻게 할까요?

'웬 소리? 소리를 지르라고? 고함을 치란 얘긴가?'

물론 그런 말이 아니죠. 나이 지긋한 어르신들이 누군가 딴 사람한테 노래를 청할 때 흔히 하는 말씀이에요. 여기서 말하는 소리가 바로 판소리의 그 '소리' 죠. 왜 '노래' 라고 안 하고 '소리' 라고 했을까요?

소리꾼과 고수, 둘이서 사람 마음을 들었다 놨다

판소리에서 소리꾼은 '노래' 만 하는 사람이 아니에요. 목청껏 노래를 부르다 갑자기 새 소리를 내기도 하고, 땅바닥에 주저앉아 터진 물꼬처럼 마냥 흐느껴 울다가, 언제 그랬냐는 듯 툭 털고 일어나 능글능글 너스레를 떨고는, 구경꾼들 웃음보가 크게 터지는 사이 참새처럼 물을 홀짝 마시기도 해요. 쉽게 이야기하면 가수 겸 배우에 개그맨까지! 오로지 혼자서 소리와 몸짓만으로 앞에 있는 사람 마음을 들었다 놨다 하지요.

그래서 예전엔 소리꾼을 광대 또는 소리 광대라고 했어요. 솜씨 좋은 소리꾼이 마을에 오는 날이면 한겨울 눈이 펑펑 내리는 날에도 구경꾼들이 넋을 잃고 자리에 앉아 밤새도록 자리를 뜰 줄 몰랐다고 해요.

그렇다고 판소리에 소리꾼만 있는 것은 아니에요. 소리꾼의 노래와 이야기에 척척 장단을 맞춰 북을 치는 '고수' 가 있지요. 이렇게 판소리는 소리꾼과 고수, 둘이서 해요.

보성 득음폭포와 득음정
'서편제의 고향' 으로 이름난 전라남도 보성에 있어요. 소리꾼이 오랫동안 목청을 갈고 닦아서 아주 뛰어난 경지에 이른 것을 '득음(得音)' 이라고 하죠. 음(소리)을 얻었다, 소리의 경지를 깨달았다는 뜻이에요. 득음을 하려면 목에서 피가 몇 번씩 나와야 할 만큼 아주 힘든 과정을 거쳐야 했다고 해요.

판소리 듣기 전에 알아두면 좋은 말
창 판소리에서 '노래' 부분.
아니리 판소리에서 노래(창)가 아닌 말로 하는 이야기.
발림(너름새) 소리꾼의 몸짓 연기. 부채를 '소품' 처럼 쓰기도 해요.
추임새 소리판에서 고수나 구경꾼이 흥을 돋우려고 내지르는 감탄사 또는 몸짓.

👉 일 고수 이 명창

'첫째가 고수, 둘째가 명창'이란 뜻. 판소리에서 음악 반주는 물론 연출, 단역 배우, 효과 담당까지 모두 해내는 고수가 그만큼 중요하다는 말이에요. 고수는 이 사진에서처럼 소리꾼한테 쉴참을 만들어 주는 구실도 하지요.

소리꾼과 부채

소리꾼을 보면 그렇게 긴 이야기를 혼자 이끌어 가면서도, 손에 든 '소품'이라고는 오로지 부채 하나뿐이에요. 그런데 이 부채가 손오공 여의주처럼 아주 신통해요. 어떤 때는 심봉사의 지팡이가 되었다가, 또 다른 때는 박을 타는 흥부의 톱이 되기도 해요. 그런가 하면 그냥 더워서 땀을 식히느라 부채질도 하고요. 부채 하나로 분위기를 확확 바꾸는 소리꾼의 재주가 그저 놀라울 뿐이에요.

고수는 그저 북만 두드리는 게 아니라 '얼씨구' '그렇지' 같은 추임새로 분위기도 띄우고 때로는 소리꾼의 상대역도 맡아요. 군인과 말들이 뛰어다니는 전쟁 이야기가 나올 때는 북을 '두리둥 두리둥' 울리고, 춘향이가 매를 맞는 대목에서는 북통 가운데를 세게 쳐서 매맞는 것과 같은 소리를 내요. 감정에 푹 빠져 자칫 흐름을 놓칠 수 있는 소리꾼을 당겼다 놓았다 하는 '지휘자' 구실도 하고요. 그러니까 요즘 드라마로 치면 연출, 효과 담당, 단역 출연, 음악 반주와 같은 일을 한꺼번에 다 한다는 말이에요. 그래서 옛말에는 '일 고수 이 명창'이란 얘기가 있어요. 고수가 첫째요, 명창은 둘째라! 판소리에서 고수의 구실이 그만큼 중요하다는 얘기예요.

구경꾼도 참여하는 '쌍방향' 어울림

판소리는 글자 그대로 '판에서 하는 소리'예요. 돗자리 하나만 깔면 산이든 들이든 안방이든 그곳이 바로 판, 오늘날로 치면 극장이나 문화회관이 되지요. 이렇게 판을 펼치는 사람은 소리꾼과 고수지만, 그 판과 소리를 채우는 사람은 바로 구경꾼이에요. 판소리는 구경꾼이 몸소 참여할 수 있고, 한편으로는 꼭 그래야만 소리꾼이 소리를 할 수 있어요. 구경꾼이 무얼 해야 하냐고요?

서양의 공연 형식인 연극이나 오페라 또는 뮤지컬을 보러 갔다고 생각해 보세요. 구경꾼이 할 일은 가만히 숨 죽여 앉아 있다가 공연이 다 끝나고 열심히 박수를 치는 게 다예요. 이렇게 서양의 공연은 보통 '엿보기'와 같은 것이라, 있는 듯 없는 듯 자리를 지켜야 좋은 구경꾼 소리를 들어요.

하지만 판소리는 아주 딴판이에요. 가만히 있는 구경꾼한테는 버럭 호통을 치는 소리꾼도 다 있어요. 판소리에서는 언제든 구경꾼이 소리판에 끼어들 수 있지요. '얼쑤' '좋다' '그렇지' 하는 추임새가 그 대표로 들 수 있는 방법이에요. 여기에 소리꾼과 호흡을 맞출 만한 '듣는 귀'가 조금 더 트인다면 소리꾼이 하는 말을 받아치는 '상대역'도 될 수 있어요. 뛰어난 소리꾼을 보통 '명창'이라고 하는데, 판소리에서는 이렇게 잘 듣고 제대로 참여할 수 있는 구경꾼도 '귀명창'이라고 해서 깍듯이 대접을 해 줘요. 구닥다리인 줄 알았던 우리 판소리가 요즘 같은 인터넷 시대에 어울리는 '쌍방향 커뮤니케이션'을 하고 있었다니, 정말 들으면 들을수록 놀라운 이야기지요?

👆 **안숙선 명창**
판소리계의 '프리마돈나'로 일컬어지는 안숙선 명창. 영화 〈서편제〉에서 득음한 송화의 소리를 대신한 소리꾼이기도 해요. 서양에서는 우리 판소리를 자신들의 오페라에 견주어 '1인 오페라'라고 말하기도 했어요. 소리 한 바탕을 모두 마치려면 짧아도 네댓 시간, 길면 열 시간 가까이 걸리는데, 이런 공연은 세계 어느 나라에서도 찾아볼 수 없지요. 서양 사람들은 자그마한 소리꾼이 혼자서 이렇게 오랜 시간 꼿꼿이 목청을 세우는 모습에 깜짝 놀라 입을 다물지 못해요.

우리 것이라 듣나? 좋으니까 듣지!

아마 여러분 가운데 한 자리에 앉아 30분 넘게 판소리를 들어본 사람은 그리 많지 않을 거예요. 어쩌다 텔레비전에서 판소리가 나오면 재빨리 리모컨부터 챙겨 드는 사람이 훨씬 많겠지요. 그런데 한 번이라도 실제 판소리를

판소리 대회에 나온 어린이 소리꾼

본 사람들은 꼭 이런 말을 해요.

"아니, 뻔히 다 아는 이야기가 어떻게 이렇게 재미있지?"

진짜 그래요. 춘향가든 심청가든, 흥부가든 수궁가든 사실은 거의 다 알고 있는 얘기죠. 그런데도 정말 시간이 어떻게 흘러가는지 까맣게 몰라요. 오죽 하면 아예 이야기를 못 알아듣는 서양 사람들도 서너 시간씩 판소리 공연을 본다고 하잖아요.

판소리는 꼭 '우리 것이라 소중한 것'은 아니에요. 그 오랜 세월 동안 우리 조상들이 즐겨 왔고, 아무 것도 모르는 서양 사람들조차 몇 시간씩 앉아서 넋을 읽고 바라볼 만큼 판소리에는 뭔가 커다란 재미가 있어요. 그런 느낌을 여러분한테 널리 전하지 못하는 것이 무척 안타까울 뿐이에요.

서편제와 동편제

우리나라에서 가장 소리가 발달한 곳은 전라도 지방이에요. 이곳에 흐르는 섬진강을 기준으로 서쪽인 보성·화순·광주 쪽에서 내려온 소리를 서편제, 동쪽인 남원·순창·구례 쪽에서 내려온 소리를 동편제라 말해요.

서편제는 구불구불한 서해 바닷가처럼 기교를 많이 부려 정교하고 감칠맛이 있어요. 구슬픈 소리를 잘해 '심청가' 같은 소리에 잘 어울리죠. 동편제는 별다른 꾸밈 없이 쭉쭉 내지르는 씩씩한 느낌이에요. 영웅호걸의 엎치락뒤치락 이야기를 그린 '적벽가'를 동편제 명창들이 아주 잘하죠. 하지만 이렇게 판소리를 나눈 일이 아주 오래된 것도 아니고, 실제로는 거의 나누기도 힘들 만큼 서로 주고받는 것이 많아 그다지 중요하지는 않다고 해요.

동편제 창시자인 송흥록 생가. 전라남도 남원시 운봉면에 있음.

판소리 다섯 바탕과 신재효

지금 우리가 들을 수 있는 판소리는 사실 그리 많지 않아요. '춘향가' '심청가' '흥부가' '수궁가' '적벽가' 이렇게 모두 다섯 바탕이 다예요. 옛날에는 모두 열두 바탕이 있었다고 하는데, 20세기에 넘어올 무렵 맥이 다 끊어진 것이죠. 그나마 오늘날 다섯 바탕이 남아 이어진 것은 조선 말 판소리를 정리하는 데 온 몸을 바친 신재효(1812~1884) 덕분이에요.

신재효는 중인 출신이지만 벼슬 길에도 오르고 돈도 많이 모았는데, 나중에 이 돈으로 요즘으로 치면 '판소리 기획사'를 차렸어요. 팔도에서 뽑은 재능 있는 소리꾼을 모아 먹이고 재우며 피나는 연습을 시켰지요. 어지럽게 떠돌던 판소리를 체계 있는 기록으로 남겼을 뿐만 아니라 음률과 이야기를 새롭게 고치기도 했어요. 그런데 이런 신재효의 활동은 주로 양반들 입맛에 맞게 하려고 한 것이라 한편으로는 오히려 본래 판소리의 모습을 뒤틀리게 바꿔 놓은 것 아니냐는 비판을 하는 사람도 있어요.

756년 동안 이어져 내려온 부처님의 자비
팔만대장경

　1231년 12월 고려의 겨울은 그 어느 해보다 추웠어요. 그해 여름 압록강을 건너 쳐들어온 몽골의 군사들이 어느새 수도 개경까지 밀고 내려왔어요. 그때 고려는 최씨 무인정권 손에 놀아나는 작은 나라였어요. 온 세상을 벌벌 떨게 하며 세계 정복을 꿈꾸던 몽골의 상대가 될 수 없었지요. 이듬해 1월, 최씨 정권은 싸워 볼 생각도 못한 채 간신히 평화 조약을 맺고 어디론가 내뺄 궁리만 했어요. 마침내 6월이 되자 서울을 강화도로 옮기고 문을 꽁꽁 걸어 잠갔어요. 같이 못 간 백성들은 뿔뿔이 흩어져 깊은 산으로 도망쳐야 했지요. 몽골은 그렇게 1254년까지 모두 일곱 번이나 고려에 쳐들어왔어요.

불타버린 대장경을 다시 만들다

　육지에 남겨진 고려 백성들은 아무런 보호도 받지 못한 채 몽골 군대의 말발굽에 처참히 짓밟히고 말았어요. 자칫 나라가 아주 망할 수도 있는 커다란 위기였지요. 어려움에 빠진 것은 백성들만이 아니었어요. 1011년부터 1087년까지 76년이나 걸려 만든 고려의 가장 큰 보물, 바로 대장경(초조대장경) 목판이 거의 다 불타 없어진 것이에요.

　강화도에 도망가 있던 최씨 정권은 불타버린 대장경을 다시 새기기로 했어요. 알려진 이야기로는 '부처님의 힘을 빌어 몽골 군대를 물리치려고' 그랬다지요. 대장경을 다시 새기는 작업은 1236년부터 1251년까지 16년 동안 이어졌어요. 이것이 바로 오늘날 해인사에 남아 있는 고려대장경, 흔히 말하는 '팔만대장경'이에요.

팔만대장경
팔만대장경은 정확히 8만 1,258장이에요. 글자 수는 5천2백만 자가 조금 넘는데, 이는 500년 가까이 기록한《조선왕조실록》의 글자 수와 맞먹지요. 한자에 아주 밝은 사람도 하루 8시간씩 꼬박 30년을 읽어야 간신히 다 읽을 수 있는 양이라고 해요. 경판을 가로로 눕혀 쌓으면 거의 백두산 높이가 되고, 차에 실으면 2.5톤 트럭 100대에 가득 찰 만큼 부피도 어마어마해요.

초조대장경
고려 현종 때 만들었던 대장경. 고려에서 처음 만든 대장경이라고 해서 보통 '초조대장경'이라고 말해요. 몽골의 침입으로 모두 불타 없어진 줄 알았는데 일본과 우리나라 몇몇 곳에서 인쇄본이 조금씩 발견되고 있어요.

속장경
초조대장경을 다 만든 뒤 대각국사 의천이 중심이 되어 만든 대장경 해설집.

대장경 경판
한 면은 보통 스물세 줄이고, 한 줄에는 열네 자를 새겼어요. 뒷면도 이렇게 해서 두 면을 모두 활용했지요. 경판을 만든 나무는 그동안 주로 자작나무라고 알려져 왔는데, 실제 분석을 해 보니 산벚나무가 64퍼센트, 돌배나무가 15퍼센트쯤이었어요. 벌레나 습기를 막으려고 옻칠을 했다는 이야기도 사실과는 조금 다르다고 해요. 옻칠을 한 경판은 얼마 없고, 그나마 칠을 한 것도 글자가 없는 테두리 같은 곳에만 조금 되어 있을 뿐이라고 해요.

❶ 경판 가로 길이 64~74센티미터
❷ 마구리를 더한 경판 가로 길이 68~78센티미터
❸ 마구리를 더한 경판 세로 길이 24센티미터
❹ 마구리 너비 4센티미터
❺ 경판 두께 2.8센티미터
❻ 마구리 두께 4센티미터

얼마나 고되고 긴 작업이었을까

몽골의 침입으로 온 나라가 쑥대밭이 된 가운데 이런 팔만대장경을 새겼다는 것은 정말 입이 딱 벌어지는 일이에요. 한번 생각해 보세요. 오로지 손과 조각칼만으로 8만 장이 넘는 나무 판에 5천2백만 자를 새겨 넣은 그 정성을 말이에요. 전문가들이 말하기로는, 능숙한 사람이 하루에 새길 수 있는 글자 수는 많아야 50자라고 해요. 경판 한 장을 새기는 데 빨라도 보름은 걸렸을 거란 얘기예요. 사람이 하는 일이니 '아차' 하는 순간에 획이 날아가 다시 파는 일도 많았을 테고요.

목판에 글자를 새기기 전의 과정도 만만치는 않았어요. 나무를 고르고, 베고, 옮기고, 판자를 켜는 데까지 수많은 사람이 참여해야 했지요. 이렇게 만든 판자는 다시 일일이 소금물에 삶아 갈라지거나 틀어지는 것을 막았어요. 혹시 숨어 있을지도 모를 애벌레가 나중에 경판을 파먹는 일을 막아야 했으

❶ 마구리를 잇는 구리 장식
경판 양옆에 경판보다 두꺼운 나무로 손잡이처럼 끼운 것이 '마구리'예요. 마구리가 있으면 선반에 꽂았을 때 틈이 생겨 바람이 더욱 잘 통하고, 판이 뒤틀리는 것도 막아 주지요. 마구리를 경판 네 귀퉁이에 단단히 붙이려고 구리 장식을 나무못으로 박았어요.

❷ 김정희도 감탄한 경판 글씨
한 자 한 자 새길 때마다 부처님께 합장을 하고 절을 올렸다고 해요.

니까요. 이렇게 만든 경판은 네 귀퉁이와 가운데 두께 차이가 1밀리미터도 안 될 만큼 판판하게 다듬었어요. 이는 오늘날의 전기대패로도 쉽지 않는 기술이라고 해요.

나무 판을 만들면서 따로 준비한 일은 대장경에 새길 글씨를 종이에 쓰는 것이었어요. 팔만대장경은 마치 한 사람이 쓴 것처럼 반듯한 '구양순체'로 되어 있는데, 그러자면 누군가 일일이 글씨체를 검사해 '합격, 불합격'을 판가름해야 했을 거예요. 얼마나 글씨가 아름다운지 조선 시대 으뜸 명필 김정희도 팔만대장경판의 글씨를 보고 '이는 사람이 아니라 마치 신선이 내려와서 쓴 것 같다.'고 말했대요.

지금 이 세상에 남아 있는 가장 길고 정확한 불경 목판

대장경은 한자로 번역한 불교 경전의 '종합 전집'이라고 볼 수 있어요. 불교 경전은 한마디로 석가모니 말씀과 그 해설의 모음집이에요. 기원전 500년쯤에 살았던 석가모니의 말씀은 처음엔 입에서 입으로만 전해 내려 오다가, 옛날 인도 문자인 산스크리트로 처음 기록이 됐지요. 2세기쯤부터 중국에서 한자로 번역을 시작했는데, 983년 송나라 태종 때에 이르러 처음으로 '북송칙판대장경'을 만들었어요. 대장경은 이렇게 고려뿐만 아니라 중국,

대장경
산스크리트(옛 인도 말) 불경인 '트리피타카'(Tripitaka)를 한자로 옮긴 말. '광주리 세 개'를 뜻해서 삼장경이라고도 해요. 부처님 가르침을 기록한 경장, 불자나 교단이 지켜야 할 계율을 기록한 율장, 경장과 율장을 여러 가지로 풀이한 논장, 이렇게 세 광주리죠. 《서유기》의 '삼장법사'로 잘 알려진 당나라 현장 스님이 바로 대장경을 한자로 옮기는 데 가장 큰일을 한 사람이에요.

대장경을 찍는 해인사 스님
오늘날 팔만대장경이 아무 탈 없이 남아 있는 데 가장 큰 공을 세운 사람은 해인사 스님들이에요. 인쇄를 하고 나면 목판에 묻은 먹을 일일이 소금물에 씻어 그늘에 말리는 정성을 기울였어요. 불이 났을 때 온몸을 던져 대장경을 지킨 사람도 스님들이고, 조일전쟁 때는 의병이 되어 실제 전투에 참여하기도 했어요.

발해, 거란, 일본, 대만에서도 만들었어요. 그 수를 모두 더하면 서른 종에 이른다고 해요.

산스크리트로 기록한 불경은 물론이고 팔만대장경 이전에 만든 '북송칙판대장경'(중국), '초조대장경'(고려), '거란대장경'(거란)은 거의 다 사라져 버렸어요. 이 모든 대장경을 빠짐없이 참고해서 만든 팔만대장경은 오늘날 남아 있는 가장 길고 정확한 인쇄용 불경 목판이지요. 그 뒤에 나온 중국, 일본, 대만의 대장경은 거의 다 팔만대장경을 바탕 삼아 만든 것들이에요. 그러면서도 내용의 꼼꼼함과 넉넉함에서는 팔만대장경을 못 따라와요. 팔만대장경은 전해 내려오는 불경을 그대로 베껴 쓴 것이 아니었거든요. 팔만대장경을 다 만든 뒤 고려는 옛날 대장경들과 하나하나 내용을 맞대어 보고 경전의 잘못된 곳, 겹친 곳, 빠진 곳을 바로잡아 '교정별록'이란 서른 권짜리 책

❶ 해인사
경남 양산 영취산 통도사, 전남 순천 조계산 송광사와 더불어 우리나라 삼보 사찰로 꼽히는 절이에요. 팔만대장경은 조선 태조 때부터 보관해 온 것으로 전해 내려와요.

❷ 장경판고
'장경판고'는 건물 하나만으로도 국보와 세계 문화유산에 올라 있을 만큼 팔만대장경을 지키는 데 아주 중요한 구실을 해요. 건물은 모두 네 채인데 대장경은 남쪽과 북쪽에 있는 기다란 건물(수다라장, 법보전)에 있지요. 건물 바닥에 숯을 묻었다고 하는데 실제 땅을 파 보니 숯을 넣은 흔적이 없었어요. 구태여 숯을 안 넣어도 물 빠짐과 습기 조절이 잘 되는 곳에 이 건물을 지었다는 뜻이죠.

을 따로 만들기도 했어요. 그 수많은 글자 가운데 잘못 쓴 것이 겨우 130자 남짓밖에 안 된다고 하니 얼마나 꼼꼼히 새겼는지 짐작할 수 있어요.

756년이 지난 오늘날에도 여전히 또렷한 팔만대장경

팔만대장경은 그동안 통째로 사라질 뻔한 적도 많았어요. 《조선왕조실록》을 보면, 일본은 툭하면 우리나라에 찾아와 팔만대장경을 달라고 떼를 쓰거나 심지어 약탈을 계획했지요. 그때 일본에서 절을 새로 지으면 팔만대장경 인쇄본을 얻어다 모셔 놓는 것을 가장 큰 '영광'으로 여겼어요. 얼마나 귀찮게 했는지 세종 때에는 아예 일본에 줘 버리자는 말까지 나오기도 했어요. 조일전쟁, 일제 강점기, 한국전쟁 때에도 위기는 여러 차례 있었지요.

게다가 해인사에는 1695년(숙종 21년) 뒤로 모두 일곱 차례 크고 작은 불

👆 **수다라장 어귀와 앞뒤 창문**
나무로 된 경판은 바람이 잘 드나들고, 온도와 습도가 알맞은 곳에 있어야 안 썩고 오래 갈 수 있어요. 그래서 팔만대장경을 보관하는 수다라장과 법보전은 앞뒤, 위아래 창문을 서로 다른 크기로 냈어요. 그래야 건물 안으로 들어온 공기가 위아래로 잘 돌아나갈 수 있으니까요. 벽과 바닥은 습기를 알맞게 머금었다 내뱉는 흙으로 쌓았고 선반은 바닥과 떨어지게 세웠어요.

이 났다는 기록도 있어요. 팔만대장경이 있는 장경판고는 바람이 잘 통하라고 해인사 가장 꼭대기에 있는데, 그만큼 불이 나면 바람을 따라 불길이 번지기에도 쉬운 곳이지요. 그런데 그 바로 아래 건물까지는 여러 차례 불에 탔는데도 장경판고만은 늘 멀쩡했어요. 아마도 부처님의 자비 덕분 아닐까요? 아니면 '기적'이라 해도 좋을 듯싶고요.

그런데 이렇게 장경판고에 잘 있던 팔만대장경이 1970년대 대통령의 말 한마디에 다른 건물로 옮겨질 뻔한 적이 있었어요. 장경판고는 나무 건물이라 불이 나면 다 타버릴 위험이 있으니 철근 콘크리트로 새 창고를 지어 옮기라는 박정희 대통령의 명령이었죠. 마침내 1974년 해인사 동쪽 골짜기에 새 건물이 들어섰어요. 그리고 시험 삼아 몇몇 경판을 옮겨놓아 봤어요. 그랬더니 몇 달도 안 지나서 경판이 갈라지고 뒤틀어졌어요. 700년 넘게 멀쩡히 잘 있던 경판이 겨우 몇 달 사이에 이렇게 되다니! 경판은 다시 본래 자리인 장경판고로 돌아왔어요.

우리는 지난 2008년 2월에 국보 1호 숭례문을 어이없이 잃어버린 적이 있어요. 문화유산을 잘 지킨다는 것은 그만큼 어려운 일이지요. 관리하는 사람들한테만 책임을 맡겨서도 안 될 일이에요. 팔만대장경처럼 구경하러 오는 사람이 많은 문화유산은 늘 위험에 드러나 있다고 볼 수 있으니까요. 실제로 지금 팔만대장경은 사람들의 정신 없는 발걸음에 숨이 막히고 있어요. 사람들이 많이 드나드는 쪽 장경판고의 경판은 글씨가 안 보일 만큼 먼지가 많이 쌓인 것도 있다고 해요. 그렇게 숨구멍이 막히면 나무는 곧 썩고 말지요. 혹시라도 팔만대장경이 잘못된다면? 그건 정말 상상하기도 싫을 만큼 끔찍한 일이에요. 756년을 지켜온 조상님들께는 말할 것도 없고, 앞으로 태어날 후손들한테도 씻을 수 없는 부끄러움으로 남겠지요. 우리의 정성이 모자라면 '부처님의 자비' 또한 영원하지만은 않을 거예요.

초등학생이 밝혀낸 팔만대장경 인쇄 종이의 비밀

팔만대장경을 인쇄한 종이는 10미터가 넘는 두루마리예요. 한지 여러 장을 이어 붙여서 이처럼 긴 종이를 만든 것이죠. 이 종이가 수백 년이 지나도 안 떨어지고 잘 붙어 있는 까닭은 삶은 콩을 발효해서 만든 '자연 풀' 덕분이라고 해요. 그런데 그 발효 콩이 왜 종이를 오래 붙어 있게 하는지는 아무도 몰랐어요. 그러다 지난 2003년 경북 문경 영순초등학교 6학년 장건일, 임병호 어린이가 8개월 동안 연구와 실험을 되풀이한 끝에 그 비밀을 알아냈어요. 두 어린이는 그해 전국과학전람회에서 화학 분야 최우수상을 받았어요.

왜 이름이 '팔만' 대장경일까?

불교에서 '8만' 또는 '8만 4천'은 특별한 뜻을 지닌 숫자예요. 부처님 가르침이나 세상의 번뇌가 모두 8만 4천 가지가 된다고 하지요. 팔만이란 숫자는 실제 경판이 8만 장이 넘고, 8만 4천 법문을 실었다고 해서 붙은 이름이에요. 이런 명칭이 기록에 나오는 것은 15세기 후반에 들어와서였어요.

목판에 새기다 틀리면 어떻게 했을까?

잘못 새긴 글자를 파 내고 다른 나무에 새로 글자를 새겨 맞추어 넣었다고 해요. 뒷면에는 아교를 발라 단단히 붙어 있게 했고요. 결과는 아주 감쪽같았어요. 경판을 뚫어지게 살펴보지 않고는 그 흔적을 찾아내기가 매우 어렵다고 해요.

수많은 경판은 어떻게 정리할까?

비슷한 내용끼리 '함'이란 단위로 묶은 다음 천자문 글자 순서에 따라 이름을 붙였어요. 첫 번째 함은 천(天), 두 번째 함은 지(地), 세 번째 함은 현(玄)……. 이렇게 해서 함은 모두 639개예요. 함 하나는 다시 권과 장으로 나누어 숫자로 표시했고요. 오른쪽 사진은 '해(海)' 함에 든 경판이에요.

'명령 불복종'으로 팔만대장경을 지켜낸 김영환 대령

한국전쟁이 한창이던 1951년 12월 18일. 대한민국 공군 김영환 대령은 아침부터 울린 비상벨 소리에 서둘러 에프-51 전투기에 몸을 실었어요. 합천 가야산 해인사에 무장한 인민군들이 숨어 있으니 폭격을 하란 명령이 떨어진 것이지요. 1호기 편대장으로 전투기 3대를 이끌고 나선 김영환 대령은 낙동강 줄기를 따라 하늘을 날다가 이윽고 가야산 기슭에 접어들었어요. 아니나다를까. 해인사 둘레 곳곳 진지와 참호에서 사람들이 급히 도망가는 모습이 눈에 들어왔어요. 드디어 정찰기가 공격 목표를 나타내는 연막탄을 해인사 앞마당에 떨어뜨렸어요. 뒤따르던 전투기 조종사들은 이제 폭격 명령만 기다리고 있었지요. 비행기마다 500파운드 폭탄 2개, 로켓탄 6개, 기관총과 탄환 1,800발이 실려 있었고, 편대장 비행기는 750파운드짜리 네이팜탄까지 지니고 있었어요. 편대장의 명령 한마디가 떨어지면 해인사는 눈 깜빡 할 사이에 잿더미가 되는 순간이었어요. 그런데 무전기에서 흘러나온 김영환 대령의 명령은 뜻밖이었어요.

"폭탄과 로켓탄은 쓰지 말아라. 기관총으로 절 바깥 능선만을 공격하라."

뒤따르던 전투기 조종사들은 어리둥절한 채 명령에 따랐어요. 조금 뒤 연막탄을 터뜨린 정찰기에서 다급한 명령이 다시 떨어졌지요.

"편대장은 무얼 하나? 해인사를 네이팜과 폭탄으로 공격하라."

그러나 김영환 대령은 꿈쩍도 하지 않았어요. 오히려 뒤따르던 전투기 조종사들한테 다시 한 번 '절대로 해인사를 공격하지 말라.' 고 말했어요.

그날 밤, 작전권을 쥐고 있는 미국 공군의 월슨 소령이 작전본부에 찾아왔어요. 그리고 날카로운 목소리로 김영환 대령한테 왜 명령에 안 따랐는지 물었어요. 전쟁이 벌어졌을 때 명령에 따르지 않는 것은 '죽음'을 뜻하는 것이니까요. 김영환 대령은 담담히 얘기했어요.

"해인사에는 팔만대장경이란 나라의 보물이 있습니다. 공비 몇백을 죽인다고 해서 전쟁의 승패가 바뀌지도 않는데, 그런 공비와 팔만대장경을 바꿀 수는 없지요. 일찍이 2차 대전 때 연합군도 문화재가 많은 프랑스 파리나 일본 교토를 폭격하지 않은 사실이 있지 않습니까?"

이 소식을 들은 당시 이승만 대통령은 머리끝까지 화가 치솟았다고 해요. 나중에 김정렬 공군참모총장(김영환 대령의 형이었음)이 앞뒤 사정을 잘 말해서 김영환 대령은 다행히 죽음을 피할 수 있었지요. 오늘날 해인사 들머리에는 이때 일을 기념하여 세운 '김영환 장군 팔만대장경 수호 공적비'가 있어요.

정말 '부처님 힘을 빌어 몽골을 물리치려고' 만들었을까?

1231년 몽골 군대가 쳐들어 올 무렵 고려는 최씨 무인정권의 부패가 한창이었어요. 백성들은 벌써 오래 전부터 최씨 정권한테서 마음이 떠나 있었지요. 몽골 군대가 쳐들어오고 나서는 '사람답게' 사는 백성이 하나도 없을 지경이었어요. 비록 섬으로 도망가 있던 최씨 정권이었지만 뭔가 대책을 세워야 했어요. 그것은 무엇이었을까요? 금속활자를 만들 만큼 앞선 금속 기술을 바탕으로 무기를 만드는 것? 물에 약한 몽골 군사들을 바다로 유인해 전투를 벌이는 것?

뜻밖에도 최씨 정권이 짜낸 생각은 '대장경을 찍자.' 는 것이었어요. 온 나라가 불바다로 바뀌고 있는데 한가하게 대장경을 새기자니, 오늘날 눈으로 본다면 정말 엉뚱하기 짝이 없는 계획이지요. 하지만 그때는 이 같은 생각이 '말이 되는' 시대였어요. 알다시피 고려는 온 나라가 불교를 믿고 있었으니까요. 최씨 정권은 '200년 전에 거란이 쳐들어 왔을 때에도 대장경(초조대장경)을 새겼더니 거란 군대가 물러갔더라.' 는 이야기를 앞세워 대장경 만드는 일에 나섰어요. 우두머리 최이는 자기 재산까지 털어가며 발벗고 앞장섰지요.

여기서 우리는 꼭 하나 생각하고 넘어가야 할 점이 있어요. 아무리 고려가 불교의 나라였다지만, 정말로 최씨 정권이 대장경을 만들면 몽골 군대가 물러간다고 믿었을까요? 그건 너무 순진한 생각이고, 한편으로는 그때 사람들 수준과 불교의 참다운 진리를 욕되게 하는 말이에요. 예나 지금이나, 부처님이든 하느님이든 참다운 종교는 동전을 넣으면 물건을 내뱉는 자판기 같은 것이 아니니까요. 대장경을 새기거나 간절히 기도를 하는 것은 어떤 딱 부러진 결과를 바란다기보다, 그만큼 사람이 할 수 있는 '정성' 을 다 바친다는 뜻이 더 깊어요.

썩을 대로 썩어 있던 최씨 정권이 노린 점은 그런 정성을 자신들의 체제 유지에 '이용' 하는 것이었어요. 부처님을 앞세워 백성들의 마음을 한 곳에 모을 커다란 '이벤트' 가 필요했던 것이죠. 더구나 그때 고려에서 백성들한테 가장 커다란 영향력을 지닌 사람은 스님들이었어요. 성난 백성들 편에 서서 최씨 정권에 맞서는 스님들을 먼저 달래야 자신들한테 쌓인 불만을 잠재울 수 있다고 보았어요.

🌱 **평양 시민들**
2008년 2월 26일, 미국 뉴욕 필하모닉 오케스트라가 평양에서 공연을 했어요. 그날 공연을 앞둔 만수대 예술극장(왼쪽 뒤 건물) 앞에서 찍은 평양 시민들 모습이에요.

통일된 나라에서 함께 가꾸어야 할 우리 겨레의 첫 서울
평양

"평양은 넓고, 조용하고, 깨끗하다. 하지만 왠지 삭막하다."
우리나라에서 평양에 가 본 사람은 그리 많지 않지만, 한번 갔다 온 사람들 이야기를 들어보면 대개 이래요. 실제로 평양은 아주 넓은 곳이에요. 남쪽의 서울과 견주어 보면 그 넓이가 네 배도 훌쩍 넘지요. 그러면서도 사는

사람은 사분의 일밖에 안 돼요. 서울처럼 빽빽한 건물 사이에 자그마한 공원이 있는 것이 아니라, 아주 큰 공원 안에 군데군데 건물이 있다고 해도 좋을 만큼 숲과 나무도 많아요. 밤에는 시내 어느 곳에서나 별자리가 또렷이 보일 만큼 공기도 맑다고 하지요. 서울처럼 도시 한가운데에 큰 강이 흐르는데, 강을 따라 쭉 늘어선 아름드리 능수버들이 아주 볼 만하다고 해요.

'공원 속 도시'와 '잿빛투성이'의 두 얼굴

평양의 길은 아주 시원스럽게 쭉쭉 뻗어 있어요. 길에는 자동차도 별로 없어 더욱 넓어 보여요. 찻길 옆 인도는 서울보다 훨씬 널찍하지요. 그런데 밤

평양 시내

오늘날 평양은 1950년 한국전쟁 때 심한 폭격을 맞아 거의 다 부서졌다가 처음부터 다시 만들다시피 한 도시예요. 계획해서 짓다 보니 자로 그은 것처럼 도시가 반듯해지고 길도 쭉쭉 낼 수 있었지요. 서울처럼 도시 한가운데에 큰 강이 흐르지만 산은 없고 낮은 구릉만 조금 있어요.

👉 **대동강 능라도**
대동강은 평양 한가운데를 흐르는 강이에요. 예부터 물이 맑기로 소문나 '옥류' 또는 '청류'라고도 일컬었어요. 우리가 잘 아는 북한 음식점 '옥류관'이 바로 여기서 이름을 따온 것이죠. 대동강은 멋들어진 능수버들로도 이름이 무척 높은데, 그 가운데에서도 '능라도'는 평양 사람들이 나들이로 가장 많이 즐겨 찾는 아름다운 섬이에요.

이 되면 아주 어두컴컴하다고 해요. 전기가 넉넉지 않아 가로등을 다 켜는 날이 거의 없다고 하니까요. 평양 공기가 맑은 것도 서울처럼 '석유를 태워' 하는 일이 별로 없는 까닭이에요. 자동차를 움직이는 것도, 온 시내를 전깃불로 환하게 밝히는 것도 실은 모두 석유가 필요한 일이죠. 평양에 다녀온 사람들은 공기가 깨끗해 사람 살기 참 좋겠다고 하면서도 '왠지 딱하다.'는 얼굴을 숨기지 않아요. 온통 잿빛인 건물에, 붉은 글씨로 갖가지 구호를 붙여 놓은 길거리 모습을 이야기할 때면 얼굴빛이 조금 어두워지기도 해요. 우리한테는 낯선 사회주의 이념을 상징하는 탑과 동상이 시내 곳곳에 가득한데, 그 크기와 높이가 하나같이 입이 떡 벌어질 만큼 엄청나다고 하지요. 풍경이 아름답지만 왠지 삭막하다고 사람들이 입을 모으는 까닭도 아마 이런 것들 때문일 거예요.

'공원 속의 도시'라고 말할 만큼 반듯하고 깨끗한 평양, 전기가 부족해서 밤이면 어두컴컴한 잿빛투성이 평양. 여러분은 부러움이 앞서나요, 아니면 안쓰러운 마음이 앞서나요?

북한의 수도가 된 오랜 역사의 중심지

평양은 역사와 문화가 아주 깊은 도시예요. 한반도에서 처음 구석기 시대 유적이 나온 곳도 바로 평양 상원군 '검은모루유적지'예요. 평양은 수십 만 년 전에도 사람이 살던 곳이란 얘기지요. 먼 옛날 단군 할아버지가 처음 나라를 세울 때 서울로 정한 곳 또한 바로 이곳 평양이었다는 말도 전해 내려와요.

역사 기록에서 확인할 수 있는 사실로만 봐도, 평양은 지금으로부터 1600년 전쯤에 벌써 우리 겨레의 중심 도시가 됐어요. 서기 427년, 고구려 20대 왕 장수왕은 두만강 위쪽 도시인 국내성을 떠나 평양으로 도읍을 옮겼어요. 이름 그대로 '평평한 땅' 인 평양은 기름지고 너른 들판이 많아 백성들이 살기에 아주 좋은 곳이었죠. 남쪽의 백제와 신라, 북쪽과 바다 건너의 유연, 북위, 남조로 두루 뻗어갈 수 있는 자리이기도 했고요. 그 뒤로 고구려가 망할 때까지 평양은 줄곧 도읍의 자리를 지켰어요. 오늘날까지 남아 있는 평양성의 유적과 유물이 바로 그 흔적들이에요.

평양은 668년 고구려가 멸망한 뒤로 한때 당나라 안동도호부에 속했다가, 676년 신라가 삼국을 통일하면서 다시 우리 땅이 되었어요. 그 뒤 고려는 태조 왕건의 중심 세력이 오랫동안 터를 닦은 개성에 도읍을 정했지만, 평양을 도읍에 맞먹는 곳으로 삼아 '서경' 이라 했지요. 평양은 중국을 오가는 길목에 있어서 국방, 경제, 문화 모든 면에서 아주 중요한 도시였어요. 한양을 도읍으로 삼은 조선 시대에도 이는 마찬가지였어요. 1948년 남과 북이 서로 떨어지면서 평양은 조선민주주의인민공화국(북한)의 수도가 되었지요.

활짝 핀 고구려 문화의 흔적들

평양은 오랜 역사를 간직한 도시답게 유적과 유물이 아주 많아요. 안학궁 터, 대성산성, 평양성, 대동문, 보통문, 을밀대와 같은 고구려 시대 흔적들이 더욱이 많지요. 지금은 그 터만 남은 안학궁은 장수왕이 처음 평양으로 도읍

안학궁 터

평양 대성구역 안학동. 안학궁은 고구려의 으뜸 전성기인 장수왕 때 평양에 처음 세운 궁궐이었어요. 여기서 찾아낸 유물 가운데 학자들을 가장 깜짝 놀라게 한 것이 '치미'(지붕의 용마루 양쪽 끝머리에 얹는 장식물)였어요. 그 높이가 210센티미터나 됐는데, 이런 장식과 주춧돌을 바탕으로 중심 건물을 컴퓨터로 되살려 봤더니 자그마치 길이가 87미터에 이르렀어요. 건물 하나의 길이가 훗날 조선 경복궁에서 가장 크게 지은 근정전의 세 배 가까이나 된 것이죠.

  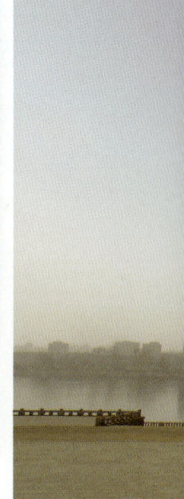

❶ 대동문
고구려 왕실이 안학궁을 나와 새로 쌓은 평양성의 동쪽 대문. 대동강 기슭에 있어서 '대동문(大同門)'이란 이름을 붙였어요. 평양성 서쪽에 보통강을 바라보고 낸 성문은 '보통문'이라고 해요. 평양성에는 이런 성문이 모두 여섯 개가 있는데, 대동문은 그 가운데 가장 크고 중요한 대문이었지요. 여기에서 허리를 굽히면 대동강 맑은 물도 바로 떠올릴 수 있다고 해서 2층 누각에는 '읍호루(挹灝樓)'라는 현판이 걸려 있어요.

❷ 을밀대
평양성 내성의 북쪽 장대(장수가 군사를 지휘하는 곳). 평양성은 외성·중성·내성·북성으로 구역을 나누어 성벽을 쌓았어요. 성의 바깥 둘레는 16킬로미터, 구역을 나눈 안쪽 성벽 길이를 더하면 23킬로미터에 이르지요.

을 옮겼을 때 왕궁으로 삼았던 곳이에요. 안학궁터 뒤쪽 산에는 전쟁이 났을 때 피하려고 쌓았던 대성산성이 있는데, 그 안에서 찾아낸 연못만도 170개가 될 만큼 산성 또한 엄청난 크기였어요.

고구려는 568년(평원왕 10년) 지금의 평양 시내가 있는 지역에 '장안성'이란 성을 쌓아 다시 한 번 본거지를 옮겼어요. 이것이 바로 오늘날 북한에서 '국보 유적 1호'로 보호하고 있는 '평양성'이에요. 평양성은 고구려가 멸망하는 그날까지 단 한 번도 적의 손에 문이 열린 적이 없을 만큼 '난공불락'의 요새였어요. 그 이전의 안학궁과는 달리 전쟁이 나도 산성으로 피하지 않고, 그 안에 왕과 백성이 모두 함께 살 수 있는 커다란 '도시'와도 같은 성이었죠. 평양성 서쪽으로 나 있는 문이 '보통문', 동쪽에 있는 문이 '대동문'이에요. 조선 시대 서울에 도성을 쌓고 사대문을 낸 것과 같은 우리나라 독특한 성의 모습이 바로 평양성에서부터 비롯했어요.

평양 문이 활짝 열리는 그날이 오려면

"서울에서 평양까지 택시 요금 2만 원!"

한때 우리나라 대학생들이 통일을 바라면서 무척 많이 부르던 노랫말에

요. 지금은 그 요금이 좀 달라졌을지 몰라도 서울과 평양은 멀리 떨어진 곳이 아니라는 얘기지요. 서울과 평양은 '경의선'이란 철길로도 이어져 있어요. 2007년 12월부터는 이 철길을 따라 개성까지 열차가 다니기 시작했고요. 통일이 되어 더욱 북쪽으로 달릴 수 있다면 평양, 신의주를 거쳐 중국, 러시아, 유럽까지 한달음에 다다를 수 있어요.

이렇게 신 나는 상상이 현실이 되려면 어서 빨리 남과 북이 하나가 되어야 해요. 그러려면 먼저 '전 세계에서 가장 비밀스러운 도시' 평양의 문이 활짝 열려야 하고요. 남쪽의 대통령이 지난 2000년과 2007년 두 차례 평양에 다녀오긴 했지만 여전히 가야 할 길은 멀고 험해 보여요. 앞서 평양을 부러워한 사람이든, 아니면 안쓰러워한 사람이든, 어느 쪽이라도 '감정'을 느꼈다면 그 사람 마음속에는 '뭔가 서로 가진 것을 주고받고 싶다.'는 생각이 있다는 얘기겠지요. 지금 당장 무얼 해야 할지는 몰라도 언젠가 자라서 큰 나무가 될 '씨앗' 같은 마음이에요. 그런 씨앗을 가슴에 품은 사람이 지금보다 훨씬 많아진다면 평양의 문도 통일의 문도 언젠가는 꼭 활짝 열리지 않을까요?

❸ **노동자, 농민, 지식인 동상**
노동자와 농민과 지식인이 힘을 모아 사회주의를 이룩하자는 뜻을 담은 동상이에요. 사회주의는 민주주의가 아닌 '자본주의'의 반대말이죠. 이 동상 뒤에는 세계에서 가장 높은 돌탑(170미터)인 '주체사상탑'이 있어요.

❹ **김일성 광장**
북한에서는 김일성이 태어난 4월 15일을 '태양절'이라고 해서 나라의 큰 기념일로 삼고 있어요. 평양에 사는 젊은이들이 김일성 광장에 나와 태양절을 축하하는 춤을 추고 있는 모습이에요.

땀 흘리는 민중의 일과 놀이와 꿈이 어우러진 몸짓
풍물굿

우리 겨레가 잘하는 것이 어디 한두 가지일까만, 그 가운데에서도 가장 첫 손가락에 꼽을 만한 것은 '노는 것'이 아닐까 싶어요. 못 믿겠다면 지금 당장 동네 경로당에 찾아가 보세요. 그리고 신 나는 음악을 틀어놓고 손뼉만 맞춰 보세요. 꾸벅꾸벅 졸던 할아버지 할머니도 벌떡 일어나 덩실덩실 어깨춤을 추실 테니까요. 언제부터 우리 겨레는 이렇게 음악만 있으면 없던 힘도 불끈불끈 솟아나게 되었을까? 우리 겨레가 노는 것은 일하기가 싫어 농땡이를 부리는 것도, 유럽이나 남미의 '페스티벌'처럼 '자, 이제부터 놀자!' 하고 딱 정해놓고 노는 것도 아니에요. 우리는 '급'이 좀 달라요. 우리 겨레는 '일하면서 노는' 그런 경지예요.

🔸 마당밟이 풍물굿

옛날 마을에 굿이 열리거나 두레패가 모여 함께 일을 나갈 때에는 꼭 풍물패 소리가 울려 퍼졌어요. 보통 정월 대보름이 되면 마을 풍물패가 집집마다 돌면서 땅과 집을 다스리는 신에게 복을 비는 굿을 했는데, 이를 바로 '마당밟이'(지신밟기)라고 해요. 이때 집 안으로 들어온 풍물패는 문, 샘, 마당, 부엌, 장독대, 외양간, 측간을 골고루 돌면서 이 사진에서처럼 '풍물굿'을 하지요.

놀면서 일하고, 일하면서 놀았다

'일하면서 논다.' 얼핏 생각하면 말이 좀 안 되는 얘기예요. 그런데 이렇게 말이 안 되는 걸 우리 겨레가 해 왔다니 참 놀랍다는 거지요. 옛날에 '일'이란 곧 '농사'를 뜻했어요. 하루 종일 뙤약볕에서 김매기를 하다 보면 날은 덥고 허리는 정말 끊어질 듯 힘겨웠어요. 게다가 그렇게 농사를 짓는다고 그게 다 농사꾼 것이냐. 그게 또 절대 그렇지가 않았어요. 수확을 하면 절반은 땅 주인을 줘야 하고 나라에 세금까지 내야 했어요. 이만하면 정말 짜증이 나도 보통 나지 않았겠지요?

그런데 우리 조상들은 그 '짜증'을 어떻게 이겨냈을까? 놀랍게도 흥얼흥얼 노래를 부르고 덩실덩실 춤까지 췄어요. 꽹과리, 장고, 징, 북 같은 것을

바닷가 마을 두레패의 풍물굿.

👆 당산제 풍물굿
당산제는 마을을 지켜 주는 신과 조상들한테 한 해 농사의 풍년과 사람들의 건강을 비는 마을 제사예요. 이렇게 우리 조상들은 '무언가를 바랄 때' 풍물굿을 꼭 같이 했어요.

치면서 그 소리에 맞추어 '미끄러지듯' 일을 해 나갔지요. 왜 무슨 일이든 그렇잖아요? 같은 일이라도 재미있게 하면 힘이 반으로 줄고, 따분하게 하면 그 반대가 되는 것 말이에요.

바로 이것이 풍물굿이에요. '굿' 이란 말이 들어가니까 무당이 작두 타는 그런 굿을 떠올리기 쉬운데, 우리 문화에서 '굿' 은 꼭 그런 것이 아니에요. 무엇을 바라거나 고마워하면서 제사 같은 것을 지낼 때도 '굿' 을 한다고 말하죠. 풍물굿에는 농사가 잘 되게 해 달라는 '바람' 이 담겨 있어요. 그래서 마을굿이나 당산굿을 할 때에도 풍물패가 꼭 나와요.

보통 풍물굿을 이야기하는 책에는 별별 말이 다 써 있는데, 이렇게 '일' 을 떠나서 풀이한 글은 모두 가짜라고 봐도 좋아요. 풍물굿을 무슨 '음악'을 대하듯, 악기가 어쩌고 장단이 저쩌고 하는 이야기만 늘어놓는 것도 번지 수가 조금 잘못된 말이죠. 굳이 풍물굿의 기원을 찾으려면 저 멀리 고대 부족국가 시대까지 거슬러 올라갈 수 있는데, 사실 이것도 코에 갖다 붙이면 코걸이 귀에 갖다 붙이면 귀고리 같은 말이에요. 악기로 연주하고, 노래를 부르고, 춤을 추는 모든 예술 행위 그리고 하늘에 제사를 올리거나 무언가 소원을 비는 신앙은 모두 그 옛날 '제천 의식'에서 찾을 수 있으니까요.

태평소
'풍물(風物)'은 풍물굿에 쓰는 악기를 일컫는 말이에요. 보통 꽹과리, 장구, 북, 징, 소고, 태평소가 여기에 들어가죠. 이 가운데 가락을 낼 수 있는 악기는 태평소 하나뿐이에요. 태평소는 원래 종묘제례악이나 군악인 대취타처럼 '엄숙한' 연주에 쓰던 것인데, 언제부터인가 풍물굿에도 쓰고 있어요.

풍물굿은 두레에서 나왔다

'일'과 '풍물굿'이 떼려야 뗄 수 없는 관계라는 사실은 두레를 보면 잘 알 수 있어요. 두레는 농사꾼들이 서로 힘을 모아 모를 심고 김도 같이 매는 조직을 말하죠. 그런데 옛날 시골에 가면 오늘날 우리가 아는 풍물굿을 가리켜 '두레굿'이라고도 했어요. 더 줄여서는 그냥 '두레'라고도 했고요. 그러니까 두레는 힘을 모아 일하는 '조직'을 나타내는 말이면서도, 그럴 때 꽹과리 치고 장구 치며 함께 노는 '행위'를 나타내는 말이기도 했어요.

사실 이렇게 두레가 나온 것은 그저 이웃끼리 서로 친했던 까닭만이 아니라 '먹고 살려고' 였어요. 두레가 생겨난 것은 조선 후기 '이앙법'이 나오고 난 뒤였지요. 이앙법은 모판에서 모를 길러 제법 자란 벼를 논으로 옮겨 심는 모내기 방법이에요. 이렇게 하면 논에다 바로 볍씨를 뿌릴 때와는 달리 튼튼한 모만 골라서 심을 수 있어요. 또한 반듯반듯 줄을 맞춰 심을 수 있으니까 김매기를 하기에도 아주 편해요. 이렇게 이앙법이 나온 뒤로 수확량은 엄청 늘어났어요. 당연히 일손도 훨씬 많이 필요했지요. 도저히 혼자서는 할 수 없었을뿐더러, 물이 부족한 모내기 철엔 논에 물 대는 차례를 놓고 마을 사람들 사이에 다툼도 일어났어요. 일도 같이 하면서 공동 질서도 잡아 줄 수 있는 조직이 필요했지요. 그것이 바로 두레가 된 것이에요. 밭농사를 주로 짓던 북쪽에서는 두레 대신 '황두'라는 말을 쓰기도 했어요.

왜 요즘엔 농사일을 하면서 노래를 안 부르나
예나 지금이나 농사일이 힘들기는 마찬가지인데, 요즘엔 옛날처럼 시골 논밭에서 흥얼흥얼 노래 부르는 농사꾼을 찾아보기가 힘들어요. 가장 큰 까닭은 요즘엔 농사일을 사람이 아닌 기계가 해서 그런 것 같아요. 두레패와 어울려 모를 심거나 소를 부려 쟁기를 끌려면 박자를 잘 맞추는 것이 중요한데, 노래만큼 그 일에 잘 맞아 떨어지는 것이 없었지요. 하지만 요즘엔 경운기를 운전하고 이앙기로 모를 심다 보니 박자 맞출 일이 없어졌어요. 게다가 기계 소리가 아주 시끄러워 노래를 해도 들리지도 않고요.

사당패 공연

19세기쯤에 생겨난 사당패는 오늘날로 치면 '연예인' 같은 사람들이에요. 수십 사람이 한데 무리를 지어 나라 곳곳을 떠돌면서 풍물, 탈놀이, 어름(줄타기) 같은 '공연'을 펼쳤지요. 보통 마을에 있는 풍물패보다 훨씬 수준 높은 재주를 지녀서 아주 인기가 높았대요.

일제에 맥 끊길 뻔한 풍물굿

이렇게 자연스럽게 생겨난 두레 풍물패가 19세기에 들어서면 좀 더 체계가 잡힌 모습으로 발전을 거듭해요. 집집마다 다니면서 풍물굿을 연주하고 마을 공동 기금을 마련하거나, 아예 사당패와 같은 '전문' 풍물패를 만들어 다른 마을까지 떠돌게 되지요. 이맘때 전국을 떠돌아다니던 광대들('탈춤'편 117쪽 참조)이 풍물패에 끼어들기도 했어요. 그러면서 서로 갈고 닦은 솜씨를 나누면서 더욱 수준 높은 연주와 가락을 만들어 냈지요.

이렇게 발전해 온 풍물굿은 일제 강점기 때 하마터면 맥이 끊어질 뻔했어요. 풍물굿 속에는 일제가 싫어하는 것이 다 들어 있었으니까요. 일제는 농사꾼 같은 일반 백성들이 '스스로 모이는 것'을 무척 두려워했어요. 게다가 풍물굿엔 우리 겨레의 '정신'이 담겨 있다고 보았지요. 마을에서 장구나 징을 칠 만한 청년들은 몽땅 강제 징용을 보내 버리고, 심지어 꽹과리 같은 쇠붙이를 전쟁 물자로 쓴다며 거둬 가기도 했어요. 그러면서 이름까지 '농악'이라 바꾸어 놓았지요. '농악'이라고 하면 '농사꾼들만의 음악' '농사에만 쓰이는 음악'을 뜻하게 돼요. 앞서 풍물굿을 '음악'으로만 보면 번지 수가 틀렸다고 말했지요? 게다가 농사가 아니어도 열심히 '일'을 하면서 무언가를 '바라는' 사람은 참 많아요. '농악'이라고 틀에 딱 가두어 버리면 풍물굿은 널리 퍼지고 싶어도 못 퍼질 수밖에 없어요.

'일과 놀이'가 어우러지면 풍물굿도 되살아난다

1970~80년대 군사정권 시절에도 풍물굿은 제대로 된 대접을 못 받았어요. 새마을운동 때는 '미신'과 '낭비'라는 굴레를 쓴 채 짓밟히고, 그 뒤로는 '특별한 행사' 때에만 하는 '구경거리'로 굴러 떨어졌어요. 다행히 70년대 말부터 대학생들을 중심으로 '우리 것'에 관심이 높아지면서 풍물굿, 탈춤 같은 것들이 조금씩 되살아났어요.

풍물굿이 가장 널리 퍼진 것은 87년 민주화 운동과 노동자 투쟁 때라고 해도 크게 틀리지 않을 듯싶어요. 그때만큼 '일하는 사람'들이 무언가를 '간절히 바라던' 때도 흔치 않았으니까요. 그맘때 대학생들한테 공부보다 중요한 일은 '민주화'였고, 형편 없는 환경에서 일하던 노동자들은 '사람 대접'을 해 달라고 크게 소리쳐야 했어요. '투쟁이 곧 일'이던 시절이었죠. 그런데 하루 종일 '투쟁'만 하면 얼마나 재미없고 목도 아팠겠어요? 뭔가 '일하면서 노는' 방법이 필요했어요. 그러기엔 풍물굿만 한 것이 없었지요. 정말 신기하게도 그 옛날 농사꾼들이 처음 풍물굿을 하던 때와 닮은 구석이 참 많아요. 풍물굿은 이렇게 '일하는 민중'들이 삶 속에서 만든 땀이 섞인 놀이이자 함께하는 이들의 꿈을 담은 뜨거운 몸짓이에요.

사물놀이

풍물굿에서 중요하게 쓰는 네 가지 악기(꽹과리, 징, 장구, 북)만을 모아서 하는 연주. 1978년에 김용배, 김덕수, 최종실, 이광수 네 사람이 풍물굿을 '오늘날 공연 형식'에 맞추어 새롭게 만들었어요. 풍물굿처럼 '굿'을 하는 것이 아니라 그냥 '놀이'라고 하죠. 정해진 공연장에서 화려한 연주 솜씨를 뽐내는 것이 중심이라 풍물굿처럼 구경꾼들이 마음대로 껴들어 어울리기는 좀 힘들어요.

땅을 사람처럼 아끼고 살핀 마음
풍수

 여러분도 한 번쯤은 '배산임수(背山臨水)'란 말을 들어봤을 거예요. '산을 뒤에 두고 물을 앞에 둔다.'는 뜻이에요. 이 말은 예부터 좋은 집이나 마을 터를 구할 때 가장 먼저 따진 조건이었지요. 왜 이런 곳에 살고 싶어 했는지는 조금만 생각해 봐도 금세 알 수 있어요. 집 뒤에 산이 있으면 겨울엔 찬바람을 막아 주고 땔감도 손쉽게 구할 수 있어요. 농사철엔 물을 끌어다 쓰기

편하고 더우면 풍덩 물에 들어가 멱도 감을 수 있지요. 그렇다면 옛날 우리나라의 마을과 집들은 모두 이렇게 '산을 뒤에 두고 물을 앞에 둔 곳'에만 있었을까요? 그런 곳에 살 수 없었던 사람들은 그저 손가락 빨면서 부러워만 하고 있었을까요? 우리나라의 풍수 사상은 바로 여기에서 출발해요.

부족한 땅은 고쳐 쓰면 그만

흔히 '풍수지리' 하면 '명당'이란 말부터 떠올리는 사람이 많아요. '집터를 잘못 잡아 집안이 쫄딱 망했다.'거나 '조상 묘를 잘 쓴 덕분에 자식을 왕으로 만들었다.'와 같은 꽤나 그럴듯한 옛 이야기도 전해 내려오고 있고요. 이런 말을 두고 딱 잘라서 '틀렸다.'고 말하기는 쉽지 않아요. 그 말이 참이

👆 '비보 사상'을 보여주는 마을숲
경남 남해군에 있는 '물건방조어부림'이란 마을숲이에요. 300년 전부터 마을 사람들이 심기 시작해서 이처럼 온 마을 집과 논밭을 세찬 바닷바람으로부터 지켜 주는 든든한 숲이 됐지요. 한때 이 숲의 나무를 베었다가 폭풍이 몰려와 마을 사람 몇몇이 목숨을 잃은 뒤로는 숲에 떨어진 나뭇가지 하나도 함부로 안 주워 간다고 해요.

① 도갑사 도선국사 영정
전라남도 영암군에 있는 도갑사는 신라 말 도선국사가 세운 것으로 알려진 절이에요. 도선은 827년 이 마을에서 태어나 전국을 떠돌며 수많은 절을 세우고 898년에 전남 광양 옥룡사에서 세상을 떠났어요.

② 도갑사 도선국사비
전설에 나오는 이야기로는 도선이 고려를 세운 왕건한테 《도선비기》란 책을 주면서 여러 가지 가르침을 전했다고 해요. 하지만 이것은 도선을 너무나 떠받든 뒷날 사람들이 지어낸 얘기예요. 뒤집어 생각해 보면 그만큼 도선의 가르침이 사람들한테 커다란 영향을 끼쳤다는 말이에요.

든 아니든, 그렇게 믿는 사람들은 실제로 아주 많으니까요. 여러분이 흔히 믿고 있는 '혈액형과 성격' 이야기처럼 말이에요.

그런데 우리 조상들의 '진짜 풍수'는 이런 것이 다가 아니었어요. 그저 '좋은 땅 골라서 조상 덕 좀 보자.'는 생각만 있었다면 너도나도 나침반 들고 산에 올라가 묘 자리만 보러 다녔겠지요. 우리나라의 풍수지리 사상은 한마디로 '완전한 땅은 없다.'예요. 그러니 좀 부족한 땅은 고쳐 쓰면 된다는 얘기지요. 땅은 살아 있는 생명과 같아서 잘 보살피고 가꾸면 나쁜 땅도 살기 좋은 곳이 될 수 있다는 생각이에요. 이것을 좀 어려운 말로 '비보(裨補)' 사상이라고 해요.

땅을 사람처럼 보았다

비보 사상을 처음 들고 나온 사람은 우리나라에 풍수지리를 처음 널리 알린 신라 말 스님 도선국사예요. 그때 신라는 지방 호족들의 세력이 커지고 왕권은 점점 약해지고 있었어요. 백성들이 살기도 어려워 곳곳에서 민란도

자주 일어났지요. 풍수지리를 깨친 도선국사는 이 같은 나라의 어지러움이 '땅이 병들어 있는 탓'이라고 보았어요. 병 든 나라를 고치려면 땅의 기운을 잘 다스려야 한다고 생각하고 곳곳에 많은 절과 탑을 지었어요. '도선국사 위인전'이라고 할 수 있는 고려 말의 책 《고려국사도선전》에는 이런 내용이 나와요.

> 사람이 병이 들어 위급하면 곧장 혈맥을 찾아 침을 놓거나 뜸을 뜨면 곧 병이 낫는다. 이와 마찬가지로 산천의 병도 그러하다. 절을 짓거나 불상을 세우거나 탑을 세우거나 부도를 세우면, 이것은 사람이 침을 놓거나 뜸을 뜨는 것과 같다. 이를 이름하여 말하기를 비보(裨補)라고 한다.

이렇게 땅을 '사람'처럼 여기는 것이 중국과는 다른 우리나라 풍수 사상의 가장 큰 특징이에요. 중국의 풍수지리는 '완벽한 명당'을 찾는 것이 중심이라 우리처럼 '땅을 고쳐 쓴다.'는 생각은 별로 하지 않아요. 중국과는 달리 나라가 비좁다 보니 우리나라에서는 이론과 꼭 맞는 명당이 그리 많지도 않고요. 도선국사의 이런 생각은 오늘날 개념으로 말하면 '국토 균형 발전 계획'과도 같은 것이었어요. 그 생각은 고려 시대 내내 왕실과 백성들한테 커다란 영향을 주었어요.

왕실과 백성들 사이에 두루 퍼진 풍수 사상

조선 시대에 접어들면서 풍수지리의 방향은 크게 두 갈래로 나눠졌어요. 고려에서 이어받은 비보 사상과 더불어, 집터를 정하는 '양택(陽宅)'과 무덤을 정하는 '음택(陰宅)'을 중요하게 생각했지요. 도읍지와 궁궐을 정하는 일, 왕의 무덤을 쓰는 일에는 반드시 풍수 전문가를 불러 땅의 기운을 보게 했어요. 아예 '지관'이란 관직을 두어 이런 일만 맡아 보게 하기도 했지요. 백성들 사이에서는 그 마을 땅을 잘 알고, 어느 정도 풍수지리를 공부한 사람이 지관 노릇을 했어요.

패철
무덤 자리나 집터를 정할 때 풍수지리 지관이 쓰던 나침반. 다른 말로는 '윤도(輪圖)'라고도 해요.

풍수_171

❶ 흥인지문 현판
서울의 흥인지문(동대문)은 조선 시대 비보 사상이 절과 불탑에서 벗어나 어떻게 발전했는지 보여 주는 한 가지 보기예요. 서울의 '좌청룡'인 낙산이 '우백호'인 인왕산보다 산세가 약한 탓에 동쪽 대문인 이곳에만 산 모양의 '지(之)' 한 글자를 더 넣어 부족한 기운을 채우려 했지요.

❷ 제주도 방사탑
방사탑은 제주도에서 마을에 나쁜 징조가 있거나 풍수지리 기운이 약한 곳에 액운을 막으려고 세운 돌탑이에요. 뭍에서 장승이나 솟대를 세우는 것처럼 마을 어귀에 보통 두 개를 쌓았어요. 이 사진의 방사탑은 남제주군 대정읍 인성리에 있는 것으로, 뒤에 보이는 '바굼지오름'의 나쁜 기운을 막으려고 세웠다고 해요. 이 오름의 생김새가 박쥐가 날개를 피고 마을을 덮치는 모양이에요.

비보 사상 또한 절과 불탑에서 벗어나 다양한 형식으로 발전했어요. 시골에 가면 흔히 볼 수 있는 돌탑, 장승, 정자 같은 것들은 마을의 나쁜 기운을 누르고 있는 땅을 잘 살려 쓰려는 풍수 사상과 관계가 깊지요. 산이 없어 맞바람이 심한 곳에 사는 사람들은 169쪽 사진처럼 마을 앞에 숲을 만들어 바람을 막기도 했어요.

우리가 살려 써야 할 조상들의 지혜

오늘날엔 풍수지리를 '미신'으로 보는 사람도 많아요. 오로지 '명당'만을 좇는다면 풍수지리는 그렇게 '믿거나 말거나' 한 얘기겠지요. 원래 명당은 따로 있는 것이 아니라고 해요. '누구나 좋아하는 땅'이 없으면 '나한테 맞는 땅'을 고르면 되고, 그 땅이 어딘가 부족하다면 사람처럼 아끼고 보살펴 고쳐 쓰면 그만이란 것이지요. 그래서 요즘엔 서양에서도 집을 짓고 집 안을 꾸밀 때 동양의 풍수 사상을 많이 참고한다고 해요.

풍수지리는 그 참뜻을 알고 나면 오늘날에도 얼마든지 우리 삶을 넉넉하게 해 줄 수 있어요. 땅은 그저 '소유'나 '이용'의 대상이 아니라 '아끼고 살펴야' 할 것이란 지혜를 선물하지요. 오늘날 어떤 사람들은 함부로 산을 뚫고 물길을 마구 비틀어 놓는 것도 '개발'이라고 말해요. 땅을 사람처럼 보았던 우리 조상님들은 과연 이를 어떻게 생각하실까요?

서울은 배산임수의 으뜸 명당

'풍수(風水)'는 '장풍득수(藏風得水)'를 줄인 말이에요. '장풍'은 '바람을 막는다.'는 말이고 '득수'는 '물의 기운을 얻는다.'는 뜻이죠. 바람을 중요하게 본 까닭은 땅의 기운이 흩어지지 말라고 해서예요. 그래서 명당은 산을 등지고 물을 앞에 두는 '배산임수'가 기본이 된 것이죠.

'배산임수'는 집터를 정할 때뿐만 아니라 마을 자리를 잡는 데도 가장 중요한 조건이었어요. 더구나 나라의 서울을 정할 때는 이보다 훨씬 까다롭게 '장풍득수'를 꼼꼼히 따졌지요. 1392년에 나라를 세운 조선의 첫 번째 왕 태조는 한양과 개성 그리고 충청도 계룡산 세 곳을 놓고 어디를 서울로 정할지 한참 고민했어요. 그런데 곰곰이 따져 보니 개성과 계룡산은 '장풍'은 좋은데 '득수'가 시원치 않았어요. 마침내 태조는 이듬해인 1393년 한양을 서울로 삼겠다고 선포했어요. 서울이 왜 '장풍득수'가 뛰어난 명당인지 오른쪽 지도를 천천히 살펴보세요.

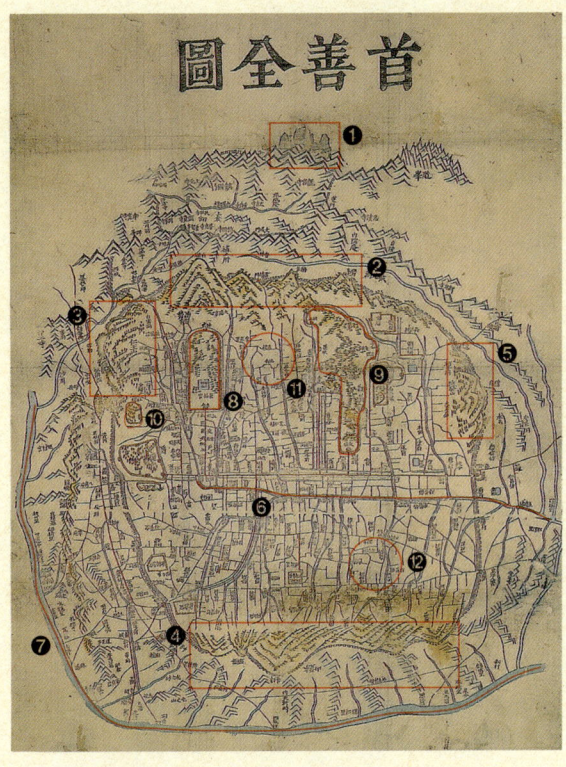

❶ **북한산(삼각산)** 서울의 진산(수호신 구실을 하는 산)
❷ **북악산(백악산)** 북현무(北玄武), 서울의 주산(집터나 무덤 바로 뒤쪽에 있는 산)
❸ **인왕산** 우백호(右白虎)
❹ **남산(목멱산)** 남주작(南朱雀), 서울의 안산(집터나 무덤 맞은편에 있는 산)
❺ **낙산(타락산)** 좌청룡(左靑龍)
❻ **청계천** 내수(명당수, 명당 안쪽에 흐르는 물)
❼ **한강** 외수(명당 바깥쪽을 휘감아 흐르는 물)
❽ **경복궁**
❾ **창덕궁, 창경궁, 종묘**
❿ **사직단**
⓫ **북촌** 조선 시대 으뜸 양반들이 살던 마을(풍수지리 명당)
⓬ **남촌** '남산골 딸깍발이'라고 하던 가난한 양반 마을(배산임수가 거꾸로 되어 있음)

소설《토지》에 나오는 만석꾼(곡식 만 섬을 거둘 만큼 논밭을 많이 가진 부자) 최참판댁을 소설에 나오는 대로 되살려 지은 집. 마당 앞에 너른 악양 들판이 펼쳐져 있고 그 앞에는 섬진강이 흘러가는 '배산임수'의 명당이에요.

누구나 쉽게 배우고 날마다 쓰기 편하게 하라
한글(훈민정음)

위 사진은 세종대왕이 손수 지은 《훈민정음》 첫머리를 15세기 한글로 풀이한 것이에요. 오늘날 우리가 쓰는 말로 좀 더 알아듣기 쉽게 옮겨 볼게요.

우리나라 말 소리는 중국 사람들과 달라서 한자(문자)로는 그 소리를 제대로 쓸 수 없다. 못 배운(어리석은) 백성들은 자기 생각을 나타내려 해도 그 뜻을 글자로

👉 서울 동대문구 청량리동 세종대왕기념관에 있는 《훈민정음》 첫머리 조각.

적지 못한다. 내가 이를 딱히 여겨 새로 스물여덟 글자를 만들었으니, 누구나 쉽게 배우고 날마다 쓰기 편하게 하고자 할 따름이다.

세종은 왜 '우리 글자'를 만들려고 했을까?

옛날 우리 겨레는 중국 글자인 한자를 빌려 하고 싶은 말을 글로 적었어요. 말과 글자가 따로 놀았으니 얼마나 불편했을까요? 더구나 한자는 어려서 천자문을 익힌 '높은 사람'들이나 마음껏 쓸 수 있는 글자였어요. 못 배운 백성들한테는 한자가 그저 '까만 붓 자국'일 뿐이었어요.

한자에 어두운 백성들을 위해 신라 때 설총이 만든 '이두'란 글자가 있었지만, 이 또한 못 배운 백성들이 쓰기에는 문제가 많았어요. 이두를 읽고 쓰

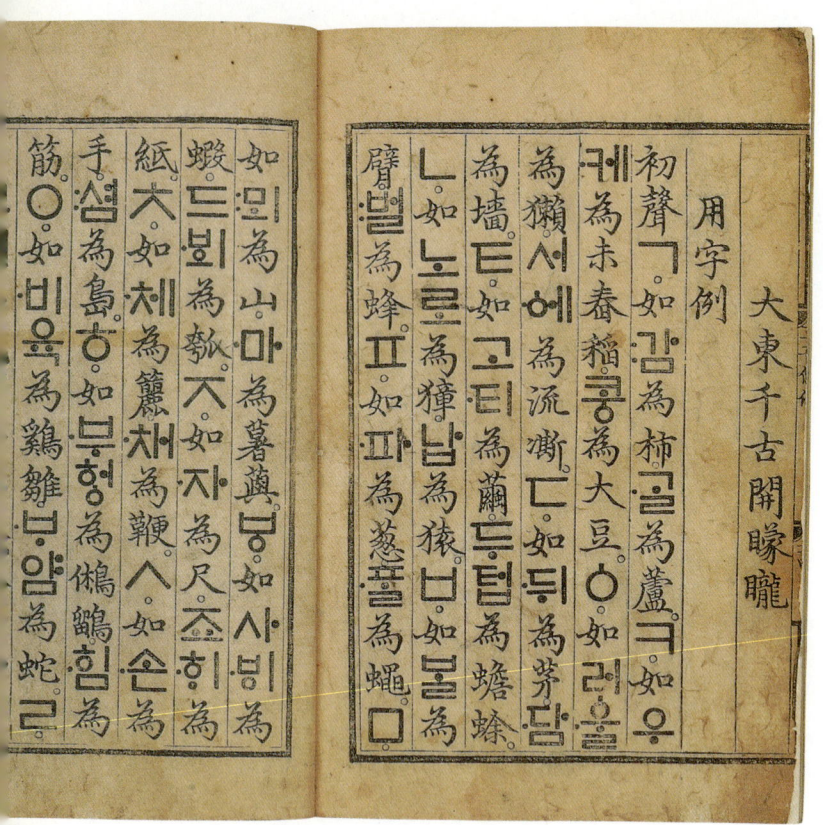

훈민정음은 어떤 책일까?

'훈민정음'은 세종이 만든 글자 이름이기도 하고, 이를 알리려고 펴낸 책 이름이기도 해요. 세종이 한글을 만들고 3년이 지난 다음인 1446년 9월 29일에 펴냈어요. 이때 펴낸 책을 보통 '해례본'(보기를 들어 풀이한 책)이라고 해서, 훗날 이 책에서 세종이 지은 머리말만을 한글로 옮긴 '언해본'(한문을 한글로 풀어 쓴 책)과 따로 다루어요.

《훈민정음》을 펴냈다는 사실은 실록에 기록으로만 전해 내려왔는데, 1940년 경북 안동의 어느 집에서 딱 한 권을 찾아내 비로소 세상에 그 모습을 드러냈어요. 그때까지 우리나라 사람들은 세종이 어떻게 한글을 만들었는지 아무도 정확히 모르고 있었지요. '창호지 문창살을 보고 만들었다.'거나 '몽골 또는 산스크리트 문자에서 따 왔다.'와 같은 어렴풋한 짐작만이 떠돌고 있었어요. 아래 그림이 바로 이 책에 나온 기록을 바탕으로 그린 한글 자음과 모음을 만든 원리예요. 엑스레이도 없던 그때 세종은 이런 원리를 어떻게 알았을까요?

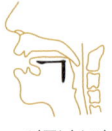
어금닛소리

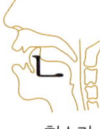
혓소리

목구멍소리

《훈민정음》 해례본의 짜임과 내용

구분		내용	지은이
어제 (御製)	머리말	훈민정음 글자를 만든 까닭.	세종
	예의	28개 자음과 모음의 소리와 쓰임새.	
해례	제자해	자음과 모음을 만든 원리. 성리학 음운 이론으로 풀이한 글자의 짜임새.	성삼문, 신숙주, 정인지, 박팽년, 최항, 이개, 이선로, 강희안
	초성해	초성의 본바탕을 보기를 들어 풀이.	
	중성해	중성의 본바탕을 보기를 들어 풀이.	
	종성해	종성의 본바탕을 보기를 들어 풀이.	
	합자해	초성, 중성, 종성이 어떻게 말소리 단위로 쓰이는지 보기를 들어 풀이.	
	용자례	그때(15세기) 쓰던 낱말 94개로 글자 쓰는 보기를 들었음.	
머리말		훈민정음은 똑똑한 사람은 하루아침이 가기 전에 깨칠 수 있고, 어리석은 사람도 열흘이면 배울 수 있다. 유교 경전을 풀이하면 백성들도 뜻을 충분히 알 수 있고, 재판의 판결문을 쓰면 백성들이 편리할 것이다.	정인지

세종이 지은 《훈민정음》 첫머리. 이 부분을 '어제(御製), 왕이 몸소 짓거나 만들었다는 뜻)'라고 해요.

려면 적어도 아주 기본이 되는 한자는 알고 있어야 했거든요. 조선은 태조 때 나라 법인《경제육전》을 이두로 펴냈는데 생각만큼 보람이 없었어요. 세종도 한때(1432년)는 아버지처럼 이두로 법을 알리려고 한 적이 있지요. 그런데 그때 이조판서 허조가 이렇게 반대하고 나섰어요.

"못된 백성이 일일이 법을 알면 죄의 크고 작음을 골라 법을 제 마음대로 가지고 놀려고 들 것입니다."

왕의 뜻을 나쁜 쪽으로만 몰아붙이는 신하의 모습에 세종은 어이가 없었어요. 끝내 이두로 쓴 법률 책은 못 펴내고 말았지요. 아마 세종은 이때부터 이두보다 훨씬 쉬운 '우리 글자'를 만들려고 마음먹지 않았나 싶어요. 세종의 꿈은 조선이 유교 가르침에 따라 법과 도덕이 바로 선 나라가 되는 것이었으니까요. 백성들이 글자를 모르면 '제 뜻을 실어 펼치지' 못해서 불편하지만, 왕의 처지에서는 유교의 가르침을 널리 알리기에도 아주 불편한 일이었어요. 하지만 유교를 보는 생각이 달라서 허조처럼 오로지 '위아래 질서'만 따지는 신하들이 세종한테는 아주 큰 골칫거리였지요. 세종은 신하들이 아무런 눈치를 못 챌 만큼 조금씩 뚜벅뚜벅 자신의 계획을 실천에 옮겼어요.

신하들은 몰랐던 깜짝 발표

1437년 1월, 세종은 갑자기 신하들한테 '이제부터 왕의 일을 조금씩 세자한테 넘기겠다.'고 말해요. 몸이 아파 일을 다 돌보기 힘들다는 까닭이었어요. 실제로 세종은 하도 책 읽기만 좋아하고 운동은 안 해서 온갖 병을 달고 살았지요. 하지만 신하들은 나라의 명령이 두 곳에서 나올 수 없다며 앞다퉈 '아니 되옵니다!' 만 되풀이했어요. 그래도 세종은 틈만 나면 병을 핑계로 세자한테 왕 노릇을 넘기려 들었어요. 마침내 1442년에는 세자 밑에 비서실을 두게 해서 웬만한 일들을 모두 세자한테 맡겼어요.

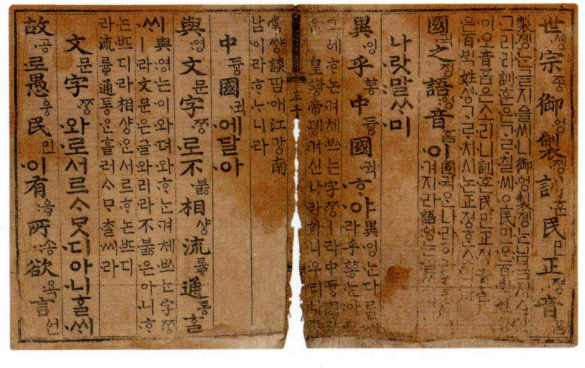

👆 《훈민정음》 언해본
176쪽 표에서 세종의 '어제(御製)' 만을 떼어내 한글로 풀어 옮긴 것이 이처럼 우리 눈에 익숙한 '언해본' 이에요. 1459년(세조 5년)에 나온 《월인석보》라는 한글로 펴낸 불경 책에 이 글이 실려 있어요. 맨 앞에 '세종'이 들어간 것을 보면 이 글이 세종이 죽은 다음에 한글로 옮겨졌다는 사실을 알 수 있어요. 세종대왕이 살아 있을 때는 아직 '세종'이란 말이 없었으니까요.

한글은 세종 혼자서 만들었을까?
거의 그렇다고 할 수 있어요. 집현전 학자들은 세종의 언어학 연구를 돕고 나중에 '해례본'을 펴낼 때 비로소 참여했을 뿐, 한글이 나오기 전에는 세종이 한글을 만들고 있다는 사실도 뚜렷이 몰랐지요. 세종이 터놓고 '비밀'을 나눈 사람은 자식인 왕자와 공주들이었어요. 세자(문종), 수양대군, 안평대군, 정의공주(둘째 딸)가 세종이 한글을 만들 때 옆에서 도운 사람이라고 해요.

그런데 그렇게 몸이 아프다던 세종이 좀 이상했어요. 웬일인지 몸 돌볼 생각은 안 하고 날마다 '언어학' 책에만 코를 박고 있었지요. 집현전에 있는 책을 다 읽고도 모자란 세종은 중국과 일본으로 사신들을 보내 다른 책들을 구해 오게 했어요. 이윽고 1443년 12월 30일, 세종은 그렇게 열심히 공부한 '열매'를 신하들 앞에 꺼내 놓았어요. 그것이 무엇이냐고요? 바로 '새로운 스물여덟 글자'인 한글이에요.

실력과 뚝심으로 반대를 물리치다

왕이 갑자기 새로운 글자를 만들어 발표하자 신하들은 너무도 기가 막혔는지 두 달쯤은 찍소리도 안 하고 가만히 있었어요. 그러다 1444년 2월 20일, 집현전 우두머리 최만리와 여섯 신하가 드디어 내놓고 반대를 했어요. 그 내용을 간추리면 이래요.

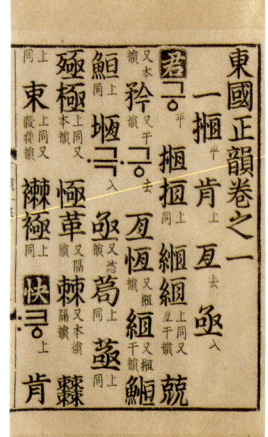

동국정운

세종이 최만리의 반대에 되묻는 말에는 한글을 만든 뜻 두 가지가 뚜렷이 드러나요. 하나는 '백성들이 편히 글을 쓰게 하려는' 것, 다른 하나는 '한자 소리를 통일하려는' 것이에요. 그때 한자는 같은 글자를 놓고도 사람마다 다르게 읽어서 혼란이 아주 컸어요. 그래서 나온 책이 《동국정운》(1448년)이에요. 이 책에서 한글은 한자 소리를 알려 주는 '발음기호' 처럼 쓰이고 있어요.

> 첫째, 조선은 대대로 중국을 본받아 살았다. 한자와 다른 글을 쓴다면 중국을 섬기는 데 부끄러운 일 아닌가?
> 둘째, 예부터 한자와 다른 글을 지닌 나라는 몽고, 서하, 여진, 일본, 서번 같은 오랑캐들뿐이다. 우리도 오랑캐가 되려는 것인가?
> 셋째, 이두가 있는데 왜 쓸데없이 새 글을 만드나. 옛것을 버리고 새것을 좋아하는 폐단에 왕도 물들었는가? 더구나 언문은 이두만큼도 한자와 관계가 없어서 나라의 문화 수준을 떨어뜨릴 것이다.
> 넷째, 말과 글자가 같은 중국에서도 죄인들은 흔히 억울한 일을 당한다.
> 다섯째, 급하지도 않은 일을 왜 신하들과 아무 의논 없이 했는가? 왕이 지금 애써 할 일은 아픈 몸을 돌보는 것이다.
> 여섯째, 세자가 이 일에 정신이 팔려 성리학 공부를 게을리 한다.

세종은 치솟는 화를 억누르고 이렇게 대답했어요.

> 설총이 지은 이두나 내가 만든 언문이나 모두 백성들을 편안케 하려는 것인데, 설총은 옳다고 하고 그대들 임금은 그르다고 하는 것은 무슨 까닭이냐?

그리고 그대들이 운서를 아느냐? 사성 칠음은 무엇이고 자음과 모음은 모두 몇 개냐? 내가 아니면 누가 운서를 바로잡겠느냐?

세종이 되묻는 말에 신하들은 잠시 꿀 먹은 벙어리가 됐어요. 신하들 가운데 그 누구도 세종만큼 뛰어난 언어학자는 없었으니까요. 이들은 모두 의금부 옥에 갇혔다가 이튿날 아침에 풀려났어요. 그 뒤로 신하들의 반대는 쑥 들어갔어요.

사대부 양반이 무지렁이 백성들과 어찌 같은 글자를 쓸꼬?

하지만 한글의 진짜 가시밭길은 바로 그때부터였어요. 세종이 죽고 난 뒤 한글은 양반들 사이에서 '찬밥 신세'일 뿐이었지요. 그 까닭은 어이없게도 '너무 쉬워서'예요. 공부깨나 한 사대부 양반들은 자기들이 쓰는 글자와 무지렁이 백성들이 쓰는 글자가 같아진다는 것을 상상도 할 수 없었어요. 그것은 '성리학의 고향'인 중국에 왠지 미안한 일이기도 했고요. 더구나 양반들은 굳이 한글을 배워야 할 까닭도 없었어요. 나라의 법과 제도, 집안의 족보나 땅 문서 따위가 모두 한자로 되어 있었으니 말이에요.

오늘날이라고 해서 이런 생각이 싹 사라졌다고는 볼 수 없어요. 누구나 한글을 쓰는 세상에 이게 도대체 무슨 소리냐고요? 그 이야기는 다음 장에서 자세히 풀어 볼게요.

세종이 한글을 만든 또 다른 뜻
조선 시대 한자로 글을 읽고 쓰는 것은 사대부 양반의 '특권'이나 마찬가지였어요. 신하들이 처음에 한글을 반대한 까닭 속에는 이 같은 권리를 안 빼앗기려는 몸부림이 숨어 있었죠. 백성들이 글을 깨치면 세상 돌아가는 형편에 훤해지고, 그러면 자기들이 설 자리가 점점 좁아진다고 생각했을 거예요. 세종이 노린 점은 바로 이것이에요. 쉬운 글자를 만들어 왕이 백성들과 곧바로 뜻을 주고받는다면 그것은 곧 '왕권'이 올라가는 것과 같은 보람을 거두지요. 한글을 만들고 처음 펴낸 책이 선대 왕의 업적을 받드는 《용비어천가》였다는 점도 이 같은 뜻에서였다고 볼 수 있어요. '삼강행실도' '열녀도' '효경' 같은 책을 잇따라 펴낸 것도 백성들 머릿속에서 불교를 지우고 '유교'를 넣으려는 뜻이었어요.

한글 600년, 틈만 나면 헤살꾼은 날뛰었네

조선 시대 사대부 양반

조선 시대 양반들을 모두 싸잡아서 '한글 헤살꾼(훼방꾼)' 이라고 할 수는 없어요. 흔히 알려진 것처럼 양반들이 아예 한글을 안 쓰지는 않았으니까요. 이들이 한글에 보인 태도를 한마디로 말하면 '겉 다르고 속 다른' 모습이에요.

15세기 말에 한글은 벌써 제법 빠르게 백성들 사이에 퍼지고 있었어요. 낮은 관리와 기술직을 뽑는 과거 시험(잡과)에는 한글이 들어가 있기도 했고요. 그러니 사대부 양반이라도 막무가내로 한글을 안 쓸 수는 없는 노릇이었어요. 양반들은 한글을 '암클' (여자들이나 쓰는 말)이라 얕보면서도, 편지나 자유로운 문학 작품을 쓸 때에는 바로 그 '암클' 을 쓰기도 했어요. 왜냐고요? 알아듣기 쉽고, 느낌도 아주 잘 통했으니까요! 하지만 양반들이 자랑스럽게 내놓고 쓰지를 않으니, 한글은 조선 시대에 아무런 '영향력' 을 지닐 수 없었어요.

일제 강점기, 일본 사람들과 친일파

일제는 한글에 헤살 놓기를 넘어 아예 우리말을 죽이려고 했어요. 학교에서는 일본말을 '국어' 로 가르쳤어요. 한글은 '조선어' 라고 해서 마치 오늘날 '외국어' 처럼 가르쳤지요. 그나마 나중엔 이마저도 아예 없애 버렸어요.

이런 세상에서 '출세' 를 하려면 우리말보다는 일본말을 더 잘 써야 했어요. 말뿐 아니라 생각까지 일본 사람과 닮아야 했어요. 그러다 보니 저절로 '친일파' 가 생겨났지요. 우리말 살리기 운동을 해도 모자랐을 이름난 소설가, 시인, 교육자 가운데에도 이런 사람이 많았어요. 이들은 겉으로만 뛰어난 글 솜씨로 조선 청년들을 전쟁터 총알받이로 내몰고 일제를 떠받드는 일에 앞장섰어요. '우리말로 우리말을 더럽힌' 꼴이죠. 차마 양심을 저버리지 못해 숨어서 글을 쓰거나 아예 붓을 꺾어 버린 사람도 있었는데, 친일파들은 정말 '어쩔 수 없어서' 그랬을까요?

일제 강점기 아이들은 학교에서 일본 말을 배우고, 일본 천황한테 바치는 '황국신민의 서사' 라는 맹세문을 아침마다 외웠어요. 사진 속 어린이가 쓰고 있는 말은 '쥐를 잡자.' 예요.

- 마쓰이 히데오! 그대는 조선 경기도 개성 사람 …… 그대는 자랑스러운 가미카제 특별 공격 대원 …… 장하도다 우리의 육군 항공 오장 마쓰이 히데오여. (서정주)
- 씩씩한 우리 아들들은 총을 메고 전장으로 나가고, 어여쁜 우리 딸들은 몸뻬를 입고 공장으로 농장으로 나서네. (이광수)
- 오냐, 지원을 해라. 엄마보다 나라가 중하지 않으냐. …… 폭탄인들 마다하랴. 어서 가거라. (모윤숙)
- 이제야 기다리고 기다리던 징병제라는 커다란 감격이 왔다. …… 우리는 아름다운 웃음으로 내 아들이나 남편을 전장으로 보낼 각오를 가져야 한다. (김활란)
- 제군! 대동아의 성전은 …… 세계 역사의 개조이다. 바라건대 일본 국민으로서의 충성과 조선 남아의 의기를 발휘하여 …… 한 사람도 빠짐없이 출진하기를 바라는 바이다. (최남선)

영어만 떠받드는 '배운 사람'들

일제가 물러난 뒤 우리말을 가장 크게 해친 사람은 이른바 '배운 사람'들이에요. 이들은 대개 잘 살던 친일파의 후손이거나, 일찍이 '서양 물'을 먹은 사람이죠. 미국에서 공부하고 미국에서 독립운동을 한 이승만 대통령도 그랬어요. 영어에 익숙한 자신이 그나마 편하게 쓸 수 있는 '19세기 성경 말투'로 한글 맞춤법을 고치라고 명령했지요. 이를테면 '앉았다.'를 '안잣다.'로, '좋지 않다.'를 '조치 않다.'로 쓰는, 그러니까 기껏 다듬어 놓은 우리 말법을 뒷걸음질시키는 정책이었어요.

오늘날 우리는 누구나 편하게 한글을 쓰면서도 끊임없이 '영어를 알아야 한다.'는 억누름을 받고 살아요. 걸핏하면 '경제'를 끌어다 들이는데, 우리보다 돈을 잘 버는 일본이 '영어를 잘해서' 그렇게 됐을까요? 몇 해 전 '영어를 국어로 쓰자.'(영어 공용화)는 사람들이 한참 목소리를 높이 내더니, 얼마 전엔 '국사도 영어로 가르치자.'(영어 몰입 교육)고 말하는 딱한 사람들까지 나오기도 했어요.

"힘 있는 쪽에 붙어야 우리가 잘 산다. 그러려면 우리 말보다 '힘 있는 말'을 배워야 한다!"

조선 시대, 일제 강점기, 그리고 오늘날 한글 헤살꾼들이 하는 말은 이렇게 다 똑같아요.

헤살꾼아 물러가라, 한글은 우리가 지킨다

조선 시대 여자들
조선 시대에 한글을 가장 많이 쓰고 다듬은 사람은 '여자'들이에요. 한글을 '암클'이라고 말했다는 것은 그만큼 여자들이 한글을 많이 썼다는 뜻이기도 하죠. 사진 속의 멋스러운 글씨는 선조의 부인 인목왕후가 후궁한테 보낸 병문안 편지예요.

일제에 맞선 한글학회
일제 강점기 때 뜻있는 국어학자들은 '조선어 연구회'(1931년 조선어학회로 바뀜)를 세워 맞춤법을 연구하고, 한글 잡지와 사전을 만들고, '한글날'도 정했어요. 그런데 일제는 이런 국어학자들을 1942년에 싹 잡아다가 모질게 고문하고 옥에 가두어 버렸어요. 이를 '조선어학회 사건'이라고 해요. 사진 속 오른쪽 책은 이 모임을 처음 이끈 주시경이, 왼쪽은 그의 제자 뻘인 최현배가 쓴 한글 공부 책이에요.

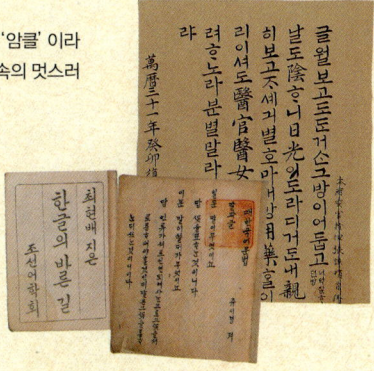

'배운 사람 말투' 꼬집은 이오덕
초등학교 선생님, 어린이 문학가, 수필가, 언어학자, 교육 운동가, 한글 운동가, 어린이 문화 운동가로 두루 일했어요. 어린아이나 시골 할머니가 쓰는 것처럼 깨끗하고 쉬운 말, 머릿속에만 있는 두루뭉실한 관념이 아닌 '삶'에서 우러나온 글을 자꾸 써야 우리말이 살아난다고 했지요. 많이 배운 사람들이 한자나 영어를 자꾸 쓰려는 것은 뭔가 더 많이 아는 것을 드러내려고, 알아듣기 쉽게 말하면 체면이 떨어져서, 귀한 지식을 자기들끼리만 나누려고 그런다고 날카롭게 꼬집었어요. 지금도 많이 남은 일제 강점기 일본말의 찌꺼기, 해방 뒤 밀려든 영어를 우리말로 옮긴 듯한 이상한 말투도 아주 꼼꼼히 파헤쳤어요.

자연과 평화를 사랑한 우리 겨레의 날개
한복

사람이 사는 데 꼭 있어야 하는 '의식주(衣食住)' 가운데 첫 번째로 드는 것은 '옷' 이에요. 왜 '식의주' 나 '주의식' 이라 안 하고 하필이면 '의식주' 라고 했을까요? 이는 반드시 옷이 먹을거리나 집보다 더 중요해서 나온 말은 아닐 거예요.

'사람은 사회적 동물' 이란 얘기를 한 번쯤 들어보았지요? 아주 먼 옛날, 사람이 동물처럼 혼자 힘으로 먹을거리를 찾고 동굴 같은 데에서 잠을 자던 시대에는 굳이 옷이 안 필요했어요. 힘을 모아 더불어 살고, 그렇게 '남의 눈' 에 마음을 쓰면서부터 사람은 자기 몸을 옷으로 감쌌지요. 옷이 꼭 '추위를 막아 주는 데' 필요한 물건만은 아니란 얘기예요. 그래서 우리 옛말엔 '옷이 날개' 란 말도 있어요. 옷은 그 사람의 겉모습뿐만 아니라 마음속 생각이나 개성까지 더욱 돋보이게 할 수 있으니까요.

50년 전까지만 해도 우리나라 사람 누구나 입던 옷인 '한복' 을 아는 것은 그래서 중요해요. 우리 조상들의 좋은 생각을 이어받고 부족한 점을 가다듬어 세계로 나아가려면 우리 옷의 역사를 아는 것만으로도 한 걸음은 크게 뗄 수 있어요.

흰옷 입기를 좋아한 우리 겨레

먼 옛날 우리 겨레의 모습이 나오는 중국 역사책 《삼국지》 가운데 '위지 동이전' 에는 '부여 사람들은 흰옷을 즐겨 입는다.' 고 나와요. 삼국 시대를 거쳐 고려와 조선에 이르기까지도 보통 서민들은 이렇게 '흰옷' 을 가장 많

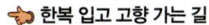 **한복 입고 고향 가는 길**
한복을 곱게 차려 입은 식구들이 시골 할머니 할아버지를 만나러 가고 있나 봐요. 요즘 우리는 주로 서양 옷을 입고 살지만 이렇게 명절이나 '특별한 날' 에는 한복을 꺼내 입지요. 예쁘고 비싼 한복을 한 해 며칠 밖에 안 입는 것은 이만저만 아까운 일이 아니에요. 이웃 나라 일본도 예전엔 젊은이들이 죄다 서양 옷만 입고 다녔는데, 요즘엔 지하철이나 버스에서 '기모노' 입은 모습을 보기가 어렵지 않아요. 멋쟁이는 원래 조금 용감한 법 아닌가요?

❶ 고구려 안악 3호 무덤 벽화
4세기쯤 고구려 귀족 여자 옷차림을 알 수 있는 그림. '유에프오'처럼 동글 게 말아 올린 머리 장식과 여러 가지 천을 덧대어 만든 옷이 아주 화려해요.

❷ 통일신라 시대 흙인형
6세기 통일신라 시대 귀족 여자들은 당나라 영향을 받아 윗도리 위로 치마 를 올려 입는 것이 아주 크게 유행했어요.

❸ 신윤복이 그린 미인도
조선 시대(18세기 후반)에 형편이 괜 찮은 여자들은 이렇게 멋을 부렸어 요. 짧은 저고리에 한껏 부풀린 치마 를 입고, 머리에는 가체(가발)를 얹 었어요.

이 입었지요. 그래서 흔히 우리 겨레를 '백의 민족'이라고 말해요.

오늘날 우리가 눈으로 볼 수 있는 '우리 옷'의 뿌리는 삼국 시대 그림이나 조각상에서 찾아볼 수 있어요. 삼국시대 귀족들 옷차림이 가장 화려한 나라 는 고구려가 아니었을까 싶어요. 남자든 여자든 갖가지 빛깔 옷을 해 입고, 호랑이처럼 용맹하게 보이는 점박이 무늬도 즐겨 썼어요. 신분에 따라 머리 를 꾸미는 장식이 아주 여러 가지였고 귀고리나 목걸이 같은 장신구도 매우 발달했지요.

삼국을 통일한 신라에서는 당나라 영향을 받은 옷차림이 크게 유행했어 요. 그 뒤 고려 시대에는 원나라 영향을 받은 옷차림이 새롭게 나타났고요. 하지만 이런 옷들은 주로 귀족층이 즐겨 따라 입었을 뿐이에요. 서민들은 남 녀 구분도 별로 없이 여전히 그 전과 비슷한 '흰옷'을 즐겨 입었어요.

우리 옷에 커다란 '혁명'이 일어난 때는 고려 말기예요. 원나라에 사신으 로 가 있던 문익점이 공민왕 13년(1364)에 가지고 돌아온 목화씨 덕분이에 요. 그때까지 보통 서민들은 추운 겨울에도 구멍이 숭숭 난 삼베나 칡으로

베 짜는 할머니
오늘날엔 시장이나 백화점에서 옷을 사 입지만 옛날에는 이렇게 어머니 할머니들이 일일이 천을 짜서 옷을 해 입었어요. 보통 서민들은 가진 옷이 한두 벌뿐이라서 거의 날마다 빨래를 하고, 올이 풀리거나 헤진 곳은 꼼꼼히 꿰매 입어야 했지요. 옷에 풀을 먹이고, 다듬이질을 하고, 다림질까지 하다 보면 날이 훤히 새기 일쑤였어요.

옷을 해 입었어요. 비단이나 모시는 귀족들이나 만질 수 있었고요. 목화에서 얻은 무명(면)으로 옷을 지어 입기 시작하면서 비로소 서민들도 그럴 듯한 '의생활'을 누릴 수 있었어요. 옷감 사이에 목화 솜을 넣어 바느질로 누빈 옷과 이불로 추운 겨울도 거뜬히 견딜 수 있게 되었지요.

지배층은 옷부터 바꿔 입었다

우리 옷은 구한말 서양 문물을 받아들이면서 조금씩 사라져 갔어요. '의식주' 첫 번째인 옷이 '개혁'을 해야 할 것으로 가장 먼저 손에 꼽혔지요. 신라나 고려에서 그런 것처럼 이때도 옷차림을 먼저 바꿔 입은 사람은 지배층이었어요. 관복과 군복을 서양 옷으로 바꾸고 백성들한테도 차림새를 싹 바꾸라고 했어요. 저고리 대신 교복을 입고, 장옷 대신 우산을 쓰고, 상투는 잘라 없애라는 '단발령'을 내렸어요.

일제 강점기에는 아예 흰옷을 없애려고 '색옷 입기 운동'을 펼치기도 했어요. 일제는 흰옷에 '우리 겨레만의 마음'이 담겨 있다고 보았거든요. 흰옷

문익점은 정말 붓두껍에 목화씨를 숨겨 왔을까?
《고려사》나 《태조실록》에는 그저 '얻어 왔다' 거나 '주머니에 넣어 왔다'고 나와요. 더구나 그때 원나라에서 목화씨가 '몰래' 가져가야 할 만큼 귀한 것도 아니었고요. 후대 사람들이 문익점을 너무 고마워한 나머지 '영웅'처럼 부풀린 이야기가 아닐까 싶어요.

한복_185

👉 **일제 강점기, 흰옷이 흑옷으로**
1920년쯤에 찍은 사진. 집 짓는 일을 도우려고 나온 듯한 여자들 옷차림이 흰 치마도 있고 검은 치마도 있고 해요. 유관순 열사의 모습이 담긴 1918년 이화학당 단체 사진에도 이렇게 흰 치마와 검정 치마가 섞여 있고요.

대신 권한 것은 정반대 빛깔인 검정 옷이었어요. 흰옷 입은 사람은 관공서에 못 드나들게 하고, 심지어 장터에서 먹물을 뿌리기도 했어요. 그래도 이때까지 서민들은 여전히 흰옷 입기를 굽히지 않았지요.

우리 옷에서 흰옷이 싹 사라져 버린 것은 해방 뒤 미군정과 함께 '양복'이 널리 들어오고부터예요. 바깥 일을 주로 하는 남자들과 지배층이 가장 먼저 양복 차림으로 옷을 바꿨어요. 그리고 일하는 여자와 학생들 옷이 바뀌고, 노인과 아낙네와 아이들 옷이 그 뒤를 이었어요. 마침내 오늘날 우리는 누구나 '청바지'를 입고, '넥타이'를 매거나, '하이힐'을 신으며 살게 됐어요.

한복은 한복이 사라지고 생긴 말

사실 '한복'이란 이름은 원래 있던 말이 아니에요. 서양에서 양복이 들어온 뒤에야 비로소 생긴 이름이죠. 오늘날 우리는 주로 큰 기념일이나 명절 같은 날에만 한복을 입어요. 사람들이 한복을 안 입는 까닭으로 가장 많이 하는 말은 '불편하다.'는 것이에요.

그런데 우리는 '한복이 불편하다.' 는 주장을 한번쯤 곰곰이 되씹어 볼 필요가 있어요. 불편한 것으로만 따지자면 넥타이를 매서 입는 양복이나 종종걸음을 해야 하는 미니스커트가 훨씬 더할 수 있어요. 몸에 꽉 끼는 청바지나 바닥을 다 쓸고 다닐 것만 같은 힙합 바지도 '편한 옷' 이라고 하기에는 뭔가 한참 모자라고요. 더구나 우리는 일할 때, 나들이할 때, 운동할 때는 그에 가장 알맞은 '서양 옷' 을 꼭 갖춰 입으면서도 한복은 저고리 하나만으로 이 모든 것을 다 해결하려고 들어요. 이렇게 견주는 것은 뭔가 공평하지 않아요.

사람들이 한복을 안 입는 까닭은 사실 따로 있어요. 우리가 지난 50년 사이에 너무나 깊고 빨리 서양 사람처럼 생각하는 데 길들여진 탓이에요. 그래서 알게 모르게 '한복을 입으면 왠지 뒤떨어져 보인다.' 는 생각을 하게 됐고요. 이쯤 되면 '한복이 더 편한가, 양복이 더 편한가?' 와 같은 논쟁은 아무 쓸데없는 것이 되고 말아요. 뭐든지 서양 것이 좋다는 한쪽으로 치우친 생각이 우리 것의 좋은 점도 몽땅 죽여 없애 버려요.

👆 '패션' 이 된 우리 옷
한복을 입고 '패션쇼' 를 하고 있어요. 한복의 아름다움으로는 보통 선, 모양, 빛깔을 들어요. 동정이나 버선코처럼 앙증맞은 꾸밈새도 아주 예쁘고요. 요즘은 이 사진에서와 같이 한복과 서양 옷의 좋은 점을 더한 '퓨전' 옷도 나오고 있어요.

우리 옷은 '더불어 입는 자연' 이다

모든 것이 '서양식' 으로 바뀌어 버린 지금 우리가 갑자기 양복을 버리고 한복으로 돌아가기는 어려울 것 같아요. 하지만 아파트 같은 '서양 집' 에 살면서 온돌을 그대로 살려 쓰는 것처럼 생각만 조금 바꾸면 얼마든지 우리 옷을 오늘날에 맞게 되살려 입을 수 있어요.

우리 옷의 좋은 점을 한마디로 말하면 '사람을 위한 옷' 이란 점이에요. 무

불편해 보이나요?
우리 옷을 입고 '바깥 일'을 하는 민주노동당 강기갑 국회의원. 강기갑 의원은 '그저 편해서' 이런 옷을 입는다고 해요. '남의 눈'이나 '권위'를 먼저 생각했다면 다른 의원들처럼 양복을 입지 않았을까요?

명, 비단, 모시, 삼베와 같은 천은 말할 것도 없고 여기에 갖은 빛깔을 내는 재료들까지 모두 '자연'에서 나와요. 아토피 같은 병을 앓아 본 사람은 화학 약품으로 물들인 서양 옷이 얼마나 몸에 나쁜지 아주 잘 알 거예요.

자연에서 나온 우리 옷은 몸가짐도 아주 자연스럽게 해요. 서양 옷처럼 '몸에 꼭 맞게' 만들지 않아서 사람을 옷 안에 가두지 않아요. 덜렁이 동생도 까탈진 언니도 그래서 한복만 입으면 마음까지 한결 부드럽게 바뀌지요. 예쁜 옷을 입으려고 밥 굶는 일 같은 건 생각할 수도 없어요. 조금 뚱뚱하거나 마른 사람도 우리 옷을 입으면 마음껏 맵시를 뽐낼 수 있으니까요. 갑자기 살이 찌거나 말라도 옷을 버리지 않아도 돼요. 키만 좀 비슷하면 친한 동무끼리 사이 좋게 나눠 입을 수도 있어요.

아무리 우리 삶이 서양처럼 바뀌었다고 해도 살다 보면 적어도 세 번쯤은 꼭 우리 옷을 입을 기회가 생겨요. 태어나자마자 입는 배냇저고리, 시집 장가 갈 때 입는 예복, 죽어서 입는 삼베옷이 바로 그것이에요. 하지만 이것만으로 한복을 '우리 옷'이라고 말하기에는 정말 낯이 뜨거워요. 세상 어디에도 우리나라처럼 자기 옷을 몽땅 버리고 싹 다른 차림새로 바꾼 나라는 없기도 하고요. 세계 사람들한테 뭔가 줏대 있는 생각을 펼치고 우리 겨레만의 개성을 뽐내고 싶다면 우리 옷이란 날개를 지금보다 더 활짝 펼쳐야 하지 않을까요?

갈수록 짧아진 조선 시대 저고리

우리 옷에서 남녀 구별이 뚜렷해진 것은 유교 예법을 중요하게 생각한 조선 시대에 들어와서예요. 오늘날 우리가 입는 '한복'은 주로 조선 후기 양반들 차림새를 이어받은 것이고요. 이 가운데 조선 초기와 견주어 가장 많이 달라진 옷은 여자들이 입는 저고리예요.

고려 시대까지는 남자든 여자든 윗도리가 보통 허리춤 아래까지 내려왔어요. 조선 시대에 와서 윗도리 밑이 허리 위로 올라가고, 허리띠 대신엔 고름을 매달았지요. 조선 초기에는 남자나 여자나 저고리 길이가 비슷했는데 시간이 갈수록 여자 저고리는 길이가 점점 짧아졌어요. 처음엔 기생들 사이에서 유행하다가 양반 여성들, 나중엔 보통 백성들한테까지 널리 퍼졌어요. 우리 옷은 원래 '넉넉함'이 가장 큰 특징인데 조선 후기 저고리만은 몸에 꼭 끼는 '답답한' 옷이 된 것이죠. 갈수록 바깥 세상에 설 자리가 좁아진 조선 시대 여자들의 처지가 이렇게 바뀐 옷차림에서도 나타난 것은 아닐까요?

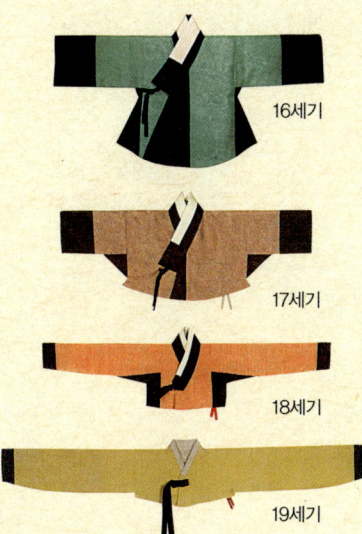

16세기

17세기

18세기

19세기

정말 이렇게 다 가슴을 드러내고 다녔을까?

조선 후기 저고리 길이가 아주 짧아지다 보니, 왼쪽에 있는 사진 같은 것만 보고 '그때 여자들은 다 이렇게 가슴을 드러내고 다녔다.'고 깜빡 속는 사람들이 있어요. 어떤 이들은 그때 여자들이 '아들 낳은 자랑'으로 일부러 가슴을 드러냈다고도 하고, 이렇게 하면 아이한테 젖 먹일 때 더욱 편했을 거라고도 말해요.

하지만 이런 얘기는 아주 많이 부풀려진 말이에요. 그때 여자들은 보통 치마와 저고리 사이에 '가슴 가리개'를 했지요. 물론 애 키우고 집안일 하랴, 논밭에 나가 김매랴, 정신 없이 바쁘다 보니 미처 옷 매무새를 다 못 챙기는 여자들도 있기는 했을 거예요. 그런 여자들을 콕 집어서 바라본 이들은 주로 사진기를 들고 온 외국 사람들이었어요. 자기들 눈에 '신기하고 재미있는 모습'만을 골라 찍어 마치 우리나라의 흔한 모습인 양 엽서로 만들었고요. '돈'이 되다 보니 일부러 사람을 불러다 '연출'을 시켜 찍는 일도 많았어요. 왼쪽 사진도 배경을 잘 보면 오늘날 '스튜디오'와 같은 곳에서 '하나 둘 셋, 찰칵!' 하고 찍은 사진이에요.

宇 천 天 字
우 집 텬 놀 하
宙 디 地
두 집 디 사
洪 현 玄 文
홍 블 너 현 물 가
荒 黃

자식을 바른 길로 이끈 어머니의 원칙과 모범
한석봉과 어머니

"너는 글씨를 써라. 나는 떡을 썰겠다."

우리나라 사람이라면 누구나 이 한마디 말만 들어도 대번에 머릿속에 떠오르는 사람이 있어요. 아무리 교과서가 바뀌어도 예나 지금이나 그 속에서 빠지지 않는 이름, 바로 한석봉과 그의 어머니예요.

'한석봉과 어머니' 이야기가 진짜인지 아닌지는 아무도 몰라요. 하지만 이 이야기가 진짜인지 아닌지는 별로 안 중요해요. 우리가 눈여겨봐야 할 사실은 자식을 바른 길로 이끈 부모의 오랜 기다림과 그런 부모의 깊은 뜻을 제대로 헤아릴 줄 알았던 아들의 마음 자세예요.

돌멩이와 질그릇에 글씨 연습을 하다

석봉(石峰) 한호(韓濩)는 조선 선조 때 사람이에요. 1543년에 지금은 북한 땅인 개성에서 태어나 1605년에 세상을 떠났지요. '한호'라는 이름보다는 '석봉'이란 호가 우리한테 더욱 잘 알려져 있어요.

한석봉은 어려서 일찍 아버지를 여의고 홀어머니 밑에서 몹시 가난하게 자랐어요. 얼마나 집이 가난했는지 먹이나 종이 한 장 살 형편이 못 돼 서당에 다니는 친구들을 빤히 바라만 볼 수밖에 없었다고 해요. 그런데도 글씨 쓰는 솜씨만은 어찌나 뛰어났던지 마을 사람들 칭찬이 엄청 자자했지요. 개성 지방의 역사와 이모저모를 기록한 《중경지》란 책을 보면 한석봉의 어린 시절을 조금은 짐작할 수 있어요.

한석봉 천자문
'천자문' 하면 여러분은 무엇이 가장 먼저 떠오르세요? 혹시 마법? 아마도 엄마 아빠 또래한테 물어보면 가장 먼저 '한석봉'이라고 답할 거예요. 그만큼 한석봉과 천자문은 떼려야 뗄 수 없는 관계죠. 이 천자문은 우리나라에 하나밖에 안 남아 있는 16세기 한석봉 천자문 초간본이에요.

천자문
중국 남조의 주흥사가 사언고시(네 글자로 지은 시) 250구를 지어서 엮은 책. 그래서 책의 글자 수가 꼭 1,000자예요. '천지현황'(天地玄黃)에서 시작해 '언재호야'(焉哉乎也)로 끝나는 책으로 요즘도 한자 공부를 할 때 많이 쓰고 있지요.

집이 가난하여 종이가 없어, 집을 나가서는 돌다리에 글씨를 쓰고 집에서는 질그릇이나 항아리에다 글씨 연습을 했다.

그렇게 날마다 글씨 연습과 글 공부에 매달린 끝에, 한석봉은 드디어 스물다섯 살이 되었을 때 과거에 합격했어요. 신출내기 관리가 되어 한석봉이 처음 맡은 임무는 나라의 문서를 두루 관리하는 '사자관'이란 직책이었지요. 여기서 한석봉이 한 일이 바로 '글씨'를 쓰는 것이었어요. 왕의 명령을 전하는 문서나 외교 편지 같은 것을 옛날에는 일일이 붓으로 써야 했으니까요.

글씨 하나로 왕의 사랑을 한 몸에 받아

마침 한석봉이 과거에 급제한 1567년은 조선의 14대 임금 선조가 왕위에 오른 해였어요. 선조는 좋은 글씨와 그림을 알아보는 눈썰미가 매우 뛰어났고 그 자신도 재주가 많은 사람이었죠. 그런 선조의 눈에도 한석봉의 글씨는 깜짝 놀랄 만한 것이었어요. 그 글씨에 감탄한 선조는 중요한 문서나 외교 편지는 반드시 한석봉이 쓰게 했어요. 선조는 한석봉을 명나라에 사신으로도 여러 차례 보냈는데, 한석봉의 뛰어난 글씨를 은근히 명나라에 자랑하려는 속뜻이었죠. 1592년 조일전쟁이 일어난 뒤부터는 조선에서 명나라에 보내는 외교 편지가 더욱 많아졌는데, 그때마다 명나라에서는 반드시 한석봉이 글씨를 써 줄 것을 요구했다는 이야기도 전해 내려오고 있어요.

한석봉은 환갑이 지난 어느 날, 갑자기 선조한테서 가평 군수로 가라는 명령을 받아요. 그때까지 날마다 조정에서 잠시도 쉴 틈 없이 글씨 쓰는 일에 매달리던 한석봉한테 한가한 시골 관직을 내 주며 여유 있게 글씨 쓰는 일을 즐기라는 뜻이었죠. 그러면서 선조는 이렇게 말했어요.

👆 **한석봉이 쓴 선죽교 비석**
황해도 개성시 선죽동. 선죽교는 고려 초부터 있던 돌다리예요. 원래 이름은 '선지교'였는데 정몽주의 곧은 절개를 기리는 뜻에서 '대나무 죽(竹)' 자를 넣어 선죽교라고 했어요.

"필시 너의 글씨를 구하는 사람은 필법을 후세에게 전하려 할 것이니 게으르게도, 촉박하게도 하지 말고, 기운이 피곤할 때는 쓰지도 말라."

이렇게 한석봉을 아끼는 선조의 마음은 한석봉이 죽는 날까지 이어졌어요.

조선의 표준 글꼴 '석봉체'를 만들다

조선 시대 한석봉이 태어나기 전까지 양반들이 즐겨 쓰던 글씨는 고려 말에 중국에서 들어온 조맹부의 '송설체'였어요. 하지만 한석봉이 좋아한 글씨는 이보다 천 년쯤 앞서 중국에 살았던 '왕희지'의 글씨였지요. 한석봉은 이를 바탕으로 어려서부터 갈고 닦은 자신만의 필법을 완성해 독창성 있는 '석봉체'를 이루었어요.

그때 조선의 임금이던 선조는 한석봉의 글씨를 온 나라에 널리 쓰이게 하고 싶었어요. 요즘으로 치면 한석봉의 글씨를 '표준 글꼴'로 삼으려 한 것이

한자 글씨체 다섯 가지

전서　　　　예서　　　　해서　　　　행서　　　　초서

전서 한자의 가장 오래된 글씨체. 오늘날에는 점잖고 무거운 느낌을 주고 싶을 때 주로 써요.
예서 전서 다음에 나타난 글씨체. 전서보다 읽고 쓰기가 많이 쉬워졌어요.
해서 예서 다음에 나타난 글씨체. 옛날에 한자를 배울 때 가장 기본으로 익힌 정자 글씨체예요.
행서 해서를 좀 더 빠르고 편하게 쓴 반 흘림 글씨체예요.
초서 가장 자유로운 흘림 글씨체. 처음부터 끝까지 한 번에 글을 쓰는 '일필지휘'라는 말과 가장 잘 어울려요.

왕희지, 구양순, 조맹부

우리나라 글씨체에 가장 큰 영향을 끼친 중국의 이름난 서예가들이에요. 왕희지(303~361 또는 321~379)는 동진 사람으로 중국 사람들은 그를 '글씨의 신'이라 일컫지요. 구양순(551~641)은 당나라 때 사람이고 조맹부(1254~1322)는 원나라 때 사람이에요.

지요. 그래서 선조가 시킨 일은 '천자문을 쓰라.'는 것이었어요. 천자문은 그 때 글공부를 하는 아이들이라면 누구나 꼭 봐야 하는 책이었으니까요. 정확한 기록은 없지만, 그 뒤 우리나라에서 가장 오랫동안 많이 팔린 책은 아마도 바로 이 '한석봉 천자문'일 거예요. 한석봉이 쓴 천자문은 우리말 새김(뜻)과 음(소리)이 하나하나 적혀 있어 한글까지 같이 배울 수 있는 '1석2조'의 교과서였어요. 그래서 오늘날 우리말의 역사를 밝히는 데에도 아주 중요한 자료가 되기도 해요.

잠자코 불을 끄고 떡을 썰던 어머니의 마음

중국에는 '맹모삼천지교(孟母三遷之敎)'라는 말이 있어요. 맹자 어머니가 자식 교육을 위해 세 번이나 이사를 할 만큼 '교육 환경'을 중요하게 생각했다는 말이지요.

중국에 맹자 어머니가 있다면 우리나라에는 한석봉의 어머니가 있어요. 아니, 오히려 한석봉의 어머니가 한 수 위라고 할 수 있어요. 무엇보다 한석봉의 어머니는 자신이 몸소 모범을 보이는 것으로 아들 스스로 어머니의 마음을 깨치게 했어요. 오늘날의 많은 어머니들처럼 '치마폭'에 아들을 감싸지 않고, 뚜렷한 원칙을 세우고 흔들림 없이 자식이 가야 할 길을 이끌었지요. 약속을 어긴 아들한테 잔소리나 꾸중 대신 잠자코 불을 끈 채 마음으로 이야기하는 부모. 그리고 그런 부모의 깊은 마음을 스스로 헤아려 바른 길로 나아간 자식. 오늘날 우리나라에서 부모와 자식으로 사는 사람이라면 꼭 한 번 자신을 비춰봐야 할 '한석봉과 어머니'의 모습이에요.

훗날 '예술성 논란'에 시달린 한석봉 글씨

오른쪽에 있는 사진은 경북 안동에 있는 도산서원 현판이에요. 이 글씨를 쓴 사람이 바로 석봉 한호지요. 이 글씨에는 한 가지 재미있는 이야기가 전해 내려오고 있어요. 1575년 선조는 그때 서른세 살이던 한호를 불러 대뜸 이렇게 말해요. "지금부터 과인이 불러주는 글씨를 왼쪽에서 오른쪽으로 받아 적으시오."

한호는 어리둥절한 채 서둘러 먹을 갈았어요. 그때는 위에서 아래로 아니면 오른쪽에서 왼쪽으로 글씨를 썼는데 그 반대로 글씨를 쓰라니 도대체 무슨 일인가 하면서 말이에요. 이윽고 선조가 천천히 입을 열었어요. "집 원(院), 글 서(書), 뫼 산(山)······." 한호는 그제서야 이것이 서원의 현판이란 사실을 눈치 챘어요. 드디어 선조의 입에서 마지막 한 글자가 떨어졌어요. "질그릇 도(陶)!"

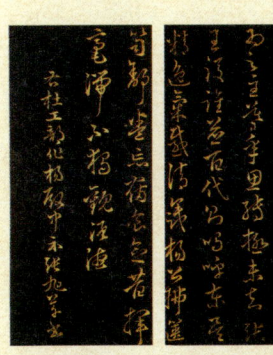

한호가 쓴 두보 시. 국립중앙박물관에 있음.

한호는 깜짝 놀라 붓을 멈칫하고 말았어요. 도산서원! 이것은 그때 온 나라의 스승으로 존경을 받다 돌아가신 퇴계 이황을 위해 임금이 내리는 바로 그 서원의 현판이었던 거지요. 그래서 한호는 이 마지막 글자를 쓰면서 붓이 조금 흔들렸다고 해요.

석봉 한호의 글씨는 선조뿐만 아니라 왕비와 후궁들까지 아주 좋아해 마치 '한석봉 팬클럽'이 왕실에 있는 것과 같았어요. 그때 중국 사람들이 '천하제일의 문장가'로 떠받들던 왕세정은 한호의 글씨를 보고 '목마른 천리마가 냇가로 달려가고, 성난 사자가 돌을 치는 모습'이라 말하기도 했고요.

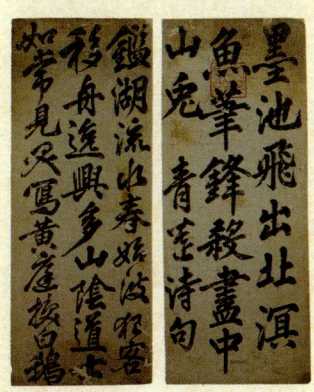

석봉서법. 규장각에 있음.

하지만 한호의 글씨가 너무 '교과서' 같다고 훗날 그 글씨를 깎아 내린 사람도 꽤나 많았어요. 오늘날 여러분이 컴퓨터로 쓰는 한글의 표준 글꼴이 '바탕체'라면 그때 조선의 표준 글꼴은 '석봉체'였는데, 컴퓨터 글씨가 아무리 예쁘고 반듯해도 그것을 '예술'이라고 하는 사람은 없으니까요. 한호는 글씨를 '작품'으로 썼다기보다 '업무'로 쓴 것이 훨씬 많다 보니 아무래도 이런 평가를 많이 받게 된 것이죠. 한호는 오로지 글씨 하나로 왕의 사랑을 듬뿍 받고 훗날 이름도 높이 날렸지만, 한편으로는 그 때문에 숱한 견제와 질투에 시달리기도 한 사람이에요.

우리나라 사람은 구들과 마루가 있는 집에서 살았다
한옥

서울 남산이나 전주에 가면 '한옥마을'이 있어요. 식구들 나들이나 체험 학습을 할 때 흔히 가는 곳이에요. 듬직한 기와 지붕과 오래된 나무 기둥, 은은한 창호지 문을 보고 있으면 왠지 마음까지 편안한 기분이 들지요. 그런데 이런 곳에 갈 때마다 딱 한 가지 무척 아쉬운 점이 있어요. 왜 이곳은 '한옥' 마을인데 기와집밖에 없을까? 서민들이 살던 초가 살림집도 보고 싶고, 그 밖에 사는 형편과 날씨에 따라 다르게 짓고 살던 한옥도 골고루 보고 싶은데! 이를테면 너와집, 굴피집, 귀틀집 같은 집들 말이에요.

흔히 기와집만 한옥이라고 하다 보니 오히려 섭섭한 건 기와집이 아닐까 싶어요. '기와집'이란 제 이름을 놔 두고 자꾸 '한옥'이라고 하니, 마냥 모른 척할 수도 없고 얼마나 답답하겠어요. 호랑이를 '호랑이'라고 해야지 '동물'이라고 하면 그야말로 '대략 난감' 아닐까요?

한옥은 우리 겨레가 살던 집을 두루 일컫는 말

우리 조상들 가운데에는 잘 사는 사람도 있고 못 사는 사람도 있었어요. 논밭이 너른 마을에 사는 사람, 깊은 산골에 사는 사람, 바다 건너 섬에 사는 사람도 있었고요. 곳과 형편이 다르다 보니 사는 집도 당연히 달랐어요. 이렇게 크기나 모양새는 달라도 우리 겨레가 살던 집을 한데 묶어 두루 일컫는 말이 '한옥'이에요.

한옥의 가장 큰 특징은 '구들과 마루'가 같이 있다는 점이에요. 서양은 물론 이웃 나라 중국이나 일본에서도 이런 집은 찾아볼 수 없어요. 중국의 집들은

🐾 서울 종로구 가회동에 있는 '한옥 치과'예요. 듬직한 대들보와 가는 서까래가 어울려 드러나면서 눈맛을 아주 시원스럽게 해요. 천장이 낮고 판판하게 막힌 양옥보다 집도 훨씬 넓어 보이게 하고요. 왠지 이런 치과에서 치료받으면 마음이 편안해져서 이도 덜 아플 것 같지 않나요?

우물마루
한옥의 마루는 못을 하나도 안 쓰고 짜는 '우물마루'예요. 길게 깐 나무 틀(귀틀)에 네모난 나무판(청널)을 서랍처럼 끼워 넣지요. 다 깔고 보면 무늬가 '우물 정(井)'자처럼 나타나요. 외국 사람들이 한옥을 구경하면 '이걸 어떻게 만들었나?' 고 보통들 아주 깜짝 놀라요.

한옥_197

❶ 온돌방
부엌 아궁이에서 불을 때면 뜨거운 열이 구들을 타고 올라와 방바닥을 따뜻하게 해요. 아궁이와 가까워 방에서 가장 뜨거운 곳은 방바닥이 까맣게 그을리기도 하지요. 이런 곳을 '아랫목'이라고 하는데, 집안 가장 큰 어른이 주로 이곳에 앉았어요. 더 자세한 내용은 《우리 민족문화 상징 100》 2권 '온돌' 편을 참조하세요.

❷ 조왕신
부엌 벽 가운데쯤에 있는 것이 조왕신께 바치는 물 그릇이에요. 조왕신은 우리말로 그냥 '부뚜막신'이라고도 하죠. 옛날 어머니들은 날마다 아침 일찍 일어나 샘에 가서 맑은 물을 길어다 이곳에 바치면서 식구들이 잘 되기를 두 손 모아 빌었어요. 아궁이에 불을 때면서 나쁜 말도 안 하고, 부뚜막에 걸터앉거나 발을 디디지도 않았어요.

보통 구들과 마루가 다 없고, 일본 집에는 마루는 있지만 구들이 없지요.

구들(온돌)은 옛날 부여나 고구려처럼 북쪽 지방에 살던 사람들이 추위를 견디려고 처음 만들었어요. 이와 반대로 마루는 따뜻한 남쪽 지방에서 생겨났고요. 이렇게 아주 다른 배경에서 나온 구들과 마루가 서로 만나 어우러져 '한옥'이 된 것은 신라가 삼국을 통일한 뒤부터 고려 초기 사이쯤이라고 해요.

집집마다 '신'이 있었다

우리 조상들은 하늘과 땅의 기운이 잘 모여 있는 곳에 집을 짓고 싶어 했어요. 그래서 집터를 잡을 때 '풍수지리'를 많이 따졌어요. 좋은 터에 집을 지으면 복이 굴러 들어오고, 나쁜 터에 집을 지으면 집안에도 나쁜 기운을 부른다고 생각했지요. 첫 삽을 뜰 때 그리고 대들보를 올릴 때에는 여러 신들한테 아무 탈 없이 집을 짓고 잘 살게 해 달라고 정성껏 고사를 지냈어요.

집을 다 짓고 나서는 아예 집안 곳곳에 신을 모시고 같이 살기도 했어요. 대들보에는 집안 신들의 으뜸인 성주신, 부엌에는 조왕신, 큰방에는 삼신, 마당에는 지신, 대문에는 문왕신을 모셨어요. 심지어 뒷간, 장독대, 외양간에도 그곳을 지켜 주는 신이 다 따로 있었지요. 조선 시대 큰 양반집에서는 조상신을 모시는 사당을 두기도 했어요.

되살아나는 한옥

오늘날 우리는 대개 '양옥'에 살아요. 옛날 한옥처럼 흙이나 나무가 아닌 시멘트와 철근으로 '반듯반듯' 만들어요. 그래서 둥글둥글한 초가 지붕처럼 정겹지도 않고, 버선코를 닮은 기와 지붕처럼 맵시가 나지도 않아요.

더욱 달라진 것은 집을 바라보는 '마음'이에요. 요즘 도시에서 집은 '돈'을 뜻하고, 그래서 많은 어른들은 '집값'에만 귀를 쫑긋 세우지요. 하지만 옛날엔 집을 생명이 자라는 어머니의 품과 같은 '우주'로 봤어요. 한자로 우주를 집 우(宇)와 집 주(宙) 자로 쓰는 것에서도 그런 생각을 엿볼 수 있지요. 우주는 하늘과 땅, 곧 '자연'과도 같아요. 그 속에 사람도 살고 신도 살아요. 이런 집에서는 늘 말이나 몸가짐을 바르게 하고, 남이 안 봐도 식구나 이웃들한테 덕을 베풀어야 했어요.

요즘 들어 우리 한옥의 좋은 점을 되살리려는 사람들이 조금씩 는다고 해요. 한옥에 살아 본 사람들은 집이 바뀌었을 뿐인데 언젠가부터 자기 자신도 한옥처럼 '자연'을 닮아 간다고 말해요. 왠지 마음이 넉넉해져서 식구들끼리 사이가 좋아지고 이웃과도 진짜 사촌처럼 가까이 지낸다고 입을 모으죠. 한옥은 집의 겉모습뿐만 아니라 그 속에 사는 사람들의 마음까지 이처럼 '자연스럽게' 바꾸어 놓는 푸근한 어머니 품과 같아요.

👆 경주 양동마을 초가와 기와집
옛날에는 죽어서 보는 저승사자도 반드시 집에서 맞이해야 한다고 생각했어요. 여러 조상님과 신들이 지켜 주는 집 안에서 세상을 떠나야 저승 가는 길이 편하다고 보았거든요. 그래서 지금도 집 밖에서 죽는 걸 '객사(客死)'라고 해서 아주 슬프고 안된 일로 생각해요.

고구려 기와집 모양 토기
기와집은 삼국 시대에도 있었어요. 백제에서는 기와 만드는 장인들한테 '와박사(瓦博士)'란 벼슬을 내리고, 훗날 일본에 그 기술을 전하기도 했지요. 9세기 통일신라 헌강왕 때는 서라벌(경주)에 초가가 한 채도 없을 만큼 기와집이 아주 많았다고 해요. 삼국 모두 무덤에서 기와집 모양 토기가 나오는 것으로 보아 그때 사람들은 죽어서도 기와집에 살고 싶어 했던 것 같아요.

'유교의 질서'가 나타난 조선 시대 양반집

조선 시대에는 유교에서 말하는 '예의'와 '질서'가 집의 크기와 배치에서도 나타났어요. 조선 후기에는 한 집 안에서도 남자와 여자가 머무는 곳이 더욱 엄격하게 갈라졌지요. 이 사진은 잘 지은 조선 후기 양반집으로 이름난 강원도 강릉의 '선교장'란 집이에요. 이런 사대부 양반집에서는 대문 바로 안쪽에 머슴들이 사는 행랑채, 중간 문을 열고 들어서면 남자 주인이 지내면서 손님을 맞이하는 사랑채, 그리고 가장 안쪽에 여자 주인이 머무는 안채를 따로 두었어요. 안채 뒤편에는 시집 안 간 딸이 사는 별채가 있었고요. 왼쪽 사진은 선교장 사랑채에서 안채로 넘어가는 중간 문이에요. 조선 시대 남자들은 말 그대로 '바깥 양반', 여자들은 '안 주인'으로 살았던 것이죠.

가장 화려한 한옥, 기와집

우리 옛 기와집의 멋은 추녀와 처마 그리고 용마루의 날렵한 맵시를 으뜸으로 들어요. 처마 끝 추녀가 살짝 들린 모습을 흔히 '버선코' 같다고 말하죠. 자칫 무거워 보일 수도 있는 기와 지붕은 이렇게 멋진 마무리 솜씨 덕분에 금세라도 사뿐히 날아올 학처럼 우아해 보여요.

❶ 용마루

앞에서 봤을 때 지붕 윗부분. 기와를 올릴 때 지붕 꼭대기 두 끝에 새끼줄을 묶은 다음, 가운데를 조금 늘어뜨려 자연스러운 둥글림을 만들어요.

❷ 추녀

지붕 네 모서리에 거는 큰 서까래를 말해요. 끝이 살짝 들린 추녀가 되려면 알맞게 굽은 나무를 써야 하죠. 목수들 말로는 쓸 만한 추녀 나무 찾기가 굵은 기둥 찾기보다 더 어렵다고 해요.

❸ 처마

지붕 밑부분, 그러니까 겨울에 고드름 매달리는 곳이 바로 처마예요. 서까래 길이와 각도를 목수가 꼼꼼히 조절해 부드러운 둥글림을 만들죠. 앞에서 보면 두 끝이 치켜 올라가 있고, 위에서 보면 활처럼 안으로 휘어 있어요. 위도에 따라 해가 드는 각도가 달라서 지방마다 처마 깊이가 조금씩 달라요.

초가나 기와집 말고는 어떤 한옥이 있을까?

한옥은 지붕, 벽, 담의 재료에 따라 일컫는 이름이 달라요. 초가나 기와집처럼 지붕 재료에서 이름이 생겨난 집은 '너와집'(나무판), '굴피집'(나무 껍질), '샛집'(억새)이 있어요. 벽은 대개 다 흙을 써서 만들었는데, 나무가 더 흔한 곳에서는 통나무를 포개서 벽을 세운 '귀틀집'을 지었어요. 제주도처럼 바람이 많이 부는 곳에는 돌을 쌓아 담을 올린 '돌담집'이 있고요.

너와집 지붕을 나무 널빤지로 이은 집이에요. 짚이나 기와를 얻기 힘든 두메산골에 사는 사람들이 주로 많이 짓고 살았어요. 잘 자란 소나무(적송)나 전나무를 베어 알맞은 크기로 자른 다음 도끼로 쪼갠 널빤지가 바로 '너와'예요. 너와로 지붕을 얹으면 돌이나 통나무로 바람에 안 날아가게 잘 눌러 줘야 해요. 한번 얹으면 5년에서 10년쯤 가고, 나중에는 썩은 것만 골라서 갈아요.

굴피집 너와집처럼 두메산골, 하지만 소나무나 전나무가 귀한 곳에 사는 사람들이 많이 짓고 살던 집이에요. '굴피'는 20년 넘게 자란 상수리나무나 참나무 껍질을 벗겨낸 것을 말해요. 나무의 속껍질은 그대로 두고 겉껍질만 떠내는데, 4~5년이 지나면 떠낸 자리에 겉껍질이 다시 생겨요. 지붕 재료 가운데 꽤 오래 가는 편에 들어서 길게는 20년도 버틴다고 해요.

귀틀집(투막집) 귀틀집은 통나무를 '우물 정(井)' 자 모양으로 쌓아 지은 집을 말해요. 보통은 나무를 위로 세워서 기둥을 만드는데, 귀틀집은 나무를 옆으로 눕혀서 하나씩 포개 벽을 만들죠. 그래서 귀틀집은 따로 기둥이 없어요.

울릉도에서는 귀틀집을 '투막집'이라고 해요. 울릉도는 왼쪽 사진에서처럼 눈이 아주 많이 내리는 곳이죠. 그래서 이곳 사람들은 눈이 집 안에 안 들이치게 하려고 처마 밑으로 돌아가며 기둥을 세우고 억새로 담을 엮어 한 번 더 둘렀어요. 이렇게 바깥에 두른 담을 '우데기'라고 해요. 우데기가 있으면 아무리 눈이 많이 와도 '집 안의 길'이 있어서 방문도 열 수 있고 장독대도 갈 수 있어요.

죽어서도 의리를 다하는 우리 겨레의 오랜 식구
한우

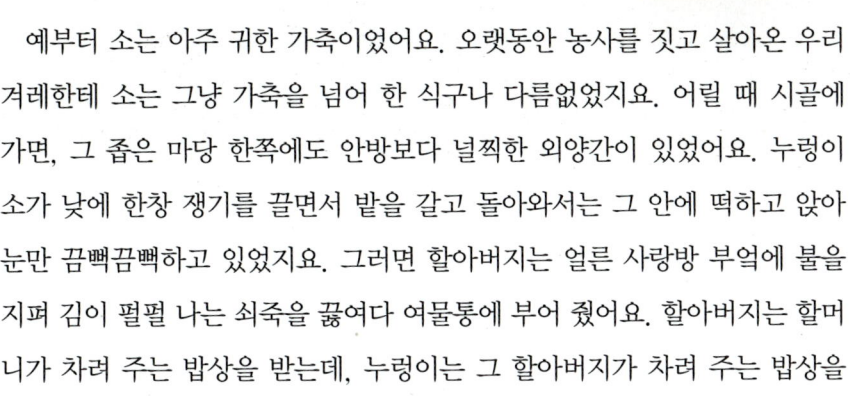

예부터 소는 아주 귀한 가축이었어요. 오랫동안 농사를 짓고 살아온 우리 겨레한테 소는 그냥 가축을 넘어 한 식구나 다름없었지요. 어릴 때 시골에 가면, 그 좁은 마당 한쪽에도 안방보다 널찍한 외양간이 있었어요. 누렁이 소가 낮에 한창 쟁기를 끌면서 밭을 갈고 돌아와서는 그 안에 떡하고 앉아 눈만 끔뻑끔뻑하고 있었지요. 그러면 할아버지는 얼른 사랑방 부엌에 불을 지펴 김이 펄펄 나는 쇠죽을 끓여다 여물통에 부어 줬어요. 할아버지는 할머니가 차려 주는 밥상을 받는데, 누렁이는 그 할아버지가 차려 주는 밥상을 받았던 것이죠. 그런 '특별 대접'을 아는지 모르는지, 누렁이는 콧구멍으로 허연 김을 씽씽 내뿜으며 밤늦도록 오물오물 되새김질만 했어요.

송아지 한 마리 태어나면 온 집안이 기뻐해

우리 속담에는 '바늘 도둑이 소 도둑 된다.'는 말이 있어요. 뒤집어 생각해 보면, 옛날 사람들이 상상할 수 있는 가장 큰 도둑이 바로 '소를 훔치는 도둑'이란 얘기지요. 그만큼 소는 매우 귀한 존재였어요. 그래서 옛날 어른들이 소를 대하는 마음은 자식이나 식구와 다르지 않았어요. 아침저녁으로는 짚을 잘게 썬 여물로 쇠죽을 쑤어 주고, 틈 나는 대로 풀밭에 몰고 나가 싱싱한 풀도 뜯어 먹였지요. 한여름 더위에 소를 부릴 때는 해가 들어간 저녁에만 일을 시켰어요. 겨울이 오면 외양간에서 잠자는 소의 등에 짚으로 짠 덕석을 덮어 주었고요. 모처럼 소가 쉬는 날엔 볕이 잘 드는 곳에 내어다 매어 놓고 손으로 등을 쓸거나 털을 빗겨 주었어요. 이렇게 하면 신진대사가

외양간
외양간에서 여물을 먹는 어미 소와 송아지. 여물은 소나 말을 먹이려고 말려서 썬 짚이나 풀을 말해요. 여기에 콩, 풀, 쌀겨 따위를 섞어 가마솥에 푹 끓이면 '쇠죽'이 되지요. 요즘엔 시골에서도 쇠죽 끓이는 구수한 냄새를 맡기가 쉽지 않게 됐어요. 여물이나 쇠죽 대신 사료를 먹여 소를 키우기 때문이에요.

덕석
추울 때 소의 등을 덮어 주는 멍석.

우리 소 '누렁이'
'한우' 하면 고기가 먼저 떠올라서 이렇게 자연 속에서 사람과 같이 어울리는 소는 그냥 '누렁이'라고 하는 편이 좋겠어요. 옛날 시골에서는 송아지가 태어나서 웬만큼 자라면 코를 뚫어 '코뚜레'를 꿰고 쟁기 끄는 훈련을 시켰어요. 소가 쟁기를 끄는 힘은 여덟 사람 힘과 맞먹는다고 하지요. 예부터 우리나라에 터를 잡고 살던 소는 이런 누렁이 말고도 검둥이(흑소), 얼룩이(칡소)가 있어요. (205쪽 참조)

잘 돼서 소가 더욱 튼튼해졌어요. 털도 반질반질 매끄러워져서 보기에도 좋았지요.

엄마 아빠 또래들이 어릴 때 소가 있는 집은 그래도 꽤 잘 사는 집이었어요. 그보다 더 옛날에는 열 집 건너 하나 있을까 말까 할 만큼 소가 아주 귀했지요. 지금 도시에 사는 동무들은 믿기 힘들겠지만 옛날엔 소를 팔아 자식을 학교에 보내고, 시집이나 장가도 보냈어요.

농사일의 큰 일꾼

모든 농사일을 사람 힘으로 짓던 시절에 소는 없어서는 안 될 일꾼이기도 했어요. 쟁기로 논밭을 갈고, 써레로 논바닥을 고르고, 거둬들인 곡식을 수레로 나르는 것처럼 힘든 일은 소가 다 했어요. 연자방아로 곡식을 찧는 것도 소가 없이 하려면 무척 어렵고 더딘 일이었지요. 소는 성품이 순하고 부드러워 고된 일을 하면서도 주인 말을 아주 잘 들었어요. 몸바탕을 튼튼하게 타고 나와 아파서 속 썩이는 일도 별로 없었어요.

우리 조상들이 소를 부려 농사를 짓기 시작한 것은 삼국시대쯤이 아닐까 하고 학자들은 짐작하고 있어요. 고구려 벽화 가운데에는 외양간에서 소 한테 여물을 먹이는 그림, 부잣집 가마를 끌고 가는 소 그림 같은 것이 남아 있지요. 신라 경주 고분에서도 진흙으로 만든 소 수레가 나온 것으로 보아 그 전까지 소는 주로 말처럼 '탈것'으로 쓰인 것 같아요.

신라 지증왕 3년(502년)에 이르면 드디어 소를 농사일에 썼다는 기록이 《삼국사기》에 나와요. 그때 신라는 나라 이름이 아직 '서나벌'이었는데, 백성들이 소를 부려 농사를 짓게 하라는 '우경법'을 만

들었다고 해요. 이 밖에도 고구려는 소를 함부로 못 죽이게 하는 법을 만들었고, 백제도 궁중과 왕실 사무를 맡아보는 관청에 '육부'라는 부서를 두어 소를 보호했어요. 이처럼 법과 관청을 만들어 백성들이 소 키우는 일에 힘쓰게 한 것은 고려와 조선 시대에도 마찬가지였어요.

소 잡는 날은 온 마을 잔치

옛날 시골에서 '소 잡는다.'는 말은 아주 커다란 잔치를 뜻했어요. 살아서 그토록 열심히 일한 소는 죽어서도 '온 몸을 바쳐' 주인한테 큰 기쁨을 선물했지요. 흔히 한우는 '버릴 게 하나도 없다.'고 하는데, 정말 그 말은 맞아요. 살코기는 물론 내장, 꼬리, 선지 같은 것까지 다 먹는 나라는 우리나라 사람들밖에 없다고 해요. 뼈는 푹 삶아 몸에 좋은 약처럼 먹기도 했고 가죽으로는 예쁜 신발을 만들어 귀하게 신었어요.

세월이 흐르고 경운기나 트랙터 같은 농기계가 널리 퍼지면서 소가 할 일은 확 줄었어요. 오늘날 우리나라에 있는 소들은 거의 다 고기를 얻으려고 키우는 '한우'지요. 아마 요즘 여러분한테 '한우' 하면 갈비나 꽃등심 같은 게 먼저 생각날 거예요. 엄마 아빠들도 '맛있지만 비싸다.' 같은 말을 먼저

칡소와 흑소

'송아지 송아지 얼룩 송아지 엄마 소도 얼룩소 엄마 닮았네.'
여러분도 아주 잘 아는 노래죠? 그런데 여기 나오는 '얼룩소'는 젖소가 아니에요. 바로 '칡소'예요. 사진 오른쪽에 호랑이처럼 검은 줄무늬가 있는 소가 바로 그 얼룩소지요. 정지용의 '향수'란 시에 나오는 '얼룩배기 황소' 또한 이것이고요. 칡소는 일제 강점기 때 자기 나라 소인 '화우'를 개량하는 데 쓰려고 일본 사람들이 마구 잡아가는 바람에 지금은 아주 귀한 소가 되고 말았어요. 왼쪽에 앉아 있는 소는 흔히 검둥이라고 하는 '흑소'예요.

👆 **소싸움**
옛날 아이들은 소를 몰고 산에 가서 풀을 뜯어 먹이고 소 등에 올라타 장난을 치거나 소들끼리 싸움을 붙이고 놀았어요. 이것이 발전해 나온 것이 바로 '소싸움'이에요. 그러니까 싸움소가 따로 정해져 있는 것은 아니란 얘기지요. 이는 오늘날도 마찬가지예요. 송아지 때 보고 '될 성싶은 떡잎'을 골라 서너 해쯤 훈련을 시켜 소싸움에 나간다고 해요.

한우와 국내산
한우는 '우리 땅에서 낳고 자란 토종 소'를 이르는 말이에요. 가끔 홈 쇼핑 같은 데에서 '국내산'이라고 광고하는 쇠고기가 있는데, 이는 한우와는 달리 외국 품종이거나 아예 다른 나라에서 태어난 소를 우리 땅에서 기르기만 한 소를 말해요.

하려 들 테고요.

그런데 이렇게 '고기를 얻으려고' 소를 키우다 보니 점점 소가 소답지 않게 바뀌고 있어요. 초식 동물인 소는 소화가 잘 안 되는 풀을 먼저 삼켰다가 나중에 다시 천천히 씹는 '되새김질'을 하는데, 요즘 소들은 거의 다 사료만 먹고 크다 보니 되새김질을 안 한다는 거예요. 게다가 아주 못된 어떤 (미국) 사람들이 그저 덩치를 크게 만들려고 소한테 고기를 먹여서 키우는 바람에 오늘날 우리가 그렇게 무서워하는 '광우병'이란 것이 생겨나게 됐어요.

놀 때도 소와 함께

소와 함께 일했던 우리 겨레는 놀 때도 소랑 같이 놀기를 좋아했어요. 경남 창녕에서 전해 내려오는 '영산쇠머리대기'가 그 대표로 들 수 있는 민속놀이지요. 해마다 정월 대보름에 하는 이 놀이는 나무를 엮어 소처럼 만든 다음, 사람들이 이를 어깨에 메고 서로 맞부딪혀 이기고 지는 것을 가리는 놀이예요. 온갖 깃발이 나부끼고 풍물패 가락이 흥겹게 울려 퍼지는 이 놀이판 속에서 마을 사람들은 한데 어울려 그 해 농사의 풍년을 기원했어요.

가을걷이가 끝날 즈음인 추석 때가 되면 진짜 소싸움을 벌이기도 했어요. 싸움에 이긴 소는 풍물패 장단에 맞추어 덩실덩실 춤추는 주인을 따라 자랑스럽게 온 동네를 한 바퀴 돌았지요. 소싸움이 가장 볼 만하다고 소문난 곳은 경북 청도예요. 지금도 이곳에서는 해마다 소싸움 잔치를 열고 있으니 나중에 시간 있으면 꼭 한번 가서 구경해 보세요.

고목우도
조선 시대 선비 화가 김식(1579~1662)이 그린 '고목우도(枯木牛圖)' 라는 소 그림이에요. 늙은 나무 아래에서 엄마 젖을 빠는 송아지를 아빠 소가 부드럽게 바라보고 있어요. 순한 눈과 초승달 같은 뿔 그리고 가위표처럼 쓱쓱 그린 콧등이 아주 귀여워 보이죠?

'자유'를 달라는데 왜 한우가 죽어 나갈까?

2008년 이명박 대통령이 취임한 뒤 '소'가 온 나라의 관심거리로 떠올랐어요. 미국산 쇠고기를 우리 정부가 순 엉터리로 협상해 들여오려고 한 사실이 밝혀지면서 수많은 국민들이 아주 크게 화를 냈지요. 정부가 쇠고기를 수입하려는 뜻은 아주 간단했어요.

'한우가 비싸서 못 먹는 사람들이 싸고 질 좋은 미국 고기를 마음껏 먹을 수 있게 하겠다!'

얼핏 보면 뜻은 나쁘지 않다고 생각할 수 있어요. 그런데 이런 말의 뒤편에는 아주 무서운 논리가 숨어 있어요. '시장에서는 무엇이든 자유롭게 경쟁을 시켜도 괜찮다.' 는 생각이 바로 그것이에요. 이것을 좀 어려운 말로 '신자유주의' 라고 해요.

신자유주의 시장에서는 한우나 수입 쇠고기나 말 그대로 '자유롭게' 경쟁을 펼쳐야 해요. 미국산 쇠고기보다 보통 세 배는 비싼 한우는 당연히 그 경쟁에서 지고 말 테고, 그러면 한우를 키우는 사람들도 언젠가는 망하고 말아요. 반대로 수입 업자들은 더 큰 부자가 되고요. 사람들이 맛있게 먹으면 그만 아니냐고요? 이것은 마치 사람과 호랑이를 한 곳에 가둬 놓고 '자유롭게' 싸움을 시키면서 '재미있으면 그만' 이라고 하는 것과 다를 게 없어요. 이런 것이 '자유' 라면 모기도 새라고 우길 수 있어요.

수입 쇠고기가 들어오기 이전 활기가 넘쳐 흐르던 소 시장.

천 년을 가도 살아 숨 쉬는 기적
한지

남달리 '세계 처음'을 좋아하는 우리나라 사람들이 아직 잘 모르는 우리 겨레의 발명품이 하나 있어요. 추운 겨울에도 싱싱한 채소를 먹을 수 있게 해 주는 '온실'이 바로 그것이에요. 15세기 세종 때 의관 전순지가 지은 《산가요록》이란 책을 보면 그때 사람들이 어떻게 온실을 만들었는지 자세히 나와 있어요. 비닐도 유리도 없던 조선 시대에 어떻게 온실을 만들었냐고요? 그 대신 쓴 것이 바로 우리 종이 '한지'였어요. 지난 2002년 2월에는 전문가들이 이 기록에 따라 경기도 남양주에 실제 온실을 지어 봤어요. 황토로 벽을 쌓고 남쪽 지붕엔 들기름을 먹인 한지로 커다란 창문을 냈지요. 그리고 무, 상추, 배추, 달래, 시금치, 근대를 심고 한 달쯤 지켜 봤어요. 채소들은 아주 싱싱하게 잘 자랐어요.

한지는 진짜 숨을 쉰다

옛날 기록에 따라 만든 온실에서 전문가들이 가장 걱정한 것은 과연 기름을 먹인 한지가 눈과 비에 얼마나 잘 견딜까 하는 점이었어요. 그래서 실제 큰 비가 내리는 것처럼 하늘에서 물을 흠뻑 뿌려 봤어요. 놀랍게도 한지는 찢어지지도 틀어지지도 않았어요. 전문가들이 깜짝 놀란 것은 그뿐이 아니었어요. 온실은 보통 안은 따뜻하고 밖은 차가워서 지붕 안쪽에 이슬(결로)이 많이 생기는데, 한지로 낸 창문에는 그런 물방울이 거의 안 맺혔어요. 차가운 이슬이 밑으로 떨어지면 채소 잎에 상처를 내 빛깔이 바뀌거나 나쁜 균이 스며들 수 있지요. 그런데 한지는 비나 눈은 막으면서도 축축한 공기는 잘

🔸 도침질
중요무형문화재 117호 류행영 한지장. 한지 만드는 마지막 과정으로 이렇게 말린 종이를 겹쳐 쌓아 디딜방아나 나무 방망이로 골고루 두드려 다듬어요. 우리 종이에만 있는 이런 도침질 과정 덕분에 한지는 그 어느 나라 종이보다 매끈하고 치밀한 종이로 이름이 높아요.

고려지
종이를 처음 만든 나라는 중국이에요. 105년 한나라 때 사람인 채륜이 종이 만드는 법을 꼼꼼히 정리한 기록이 《후한서》에 남아 있지요. 그런데 그 기술을 활짝 꽃피운 나라는 고려였어요. 청자, 인쇄술, 종이, 먹과 같은 당시 최첨단 분야에서 고려는 세계 으뜸 기술을 지닌 나라였지요. '고려지'는 고려 시대에 만든 한지를 말하는데, 중국 사람들은 나중 조선 시대에 만든 한지도 고려지라고 했을 만큼 그 이름값이 아주 높았어요. 명나라, 청나라 때 궁궐인 자금성의 벽과 창문에 바른 종이도 고려지였다는 사실이 얼마 전 새롭게 밝혀지기도 했어요.

👉 **외발뜨기**
'흘림뜨기'라고도 하는 한지만의 종이 뜨는 방법. 줄 하나에 발을 매달아 앞, 뒤, 오른쪽, 왼쪽으로 골고루 잘 움직이지만 제멋대로 기울 수도 있어서 균형을 잘 잡기가 아주 어려워요. 그 대신 종이 결이 우물 정 (井) 모양으로 얽히는 질긴 종이가 나오죠. 일본에서는 앞뒤로만 발을 흔드는 '쌍발뜨기'(가둠뜨기)를 해요.

동양의 다른 종이들
중국 선지 닥나무와 닥풀만으로 만드는 한지와는 달리 여러 가지 나무 껍질에 볏짚을 재료로 해서 만들어요. 만드는 과정도 한지보다는 아주 간단해요. 먹이 잘 번져서 그림 그리기에는 좋지만 종이가 약하고 거친 편이에요.
일본 화지 일본에서 나는 닥나무를 재료로 한지보다는 간단한 과정으로 만들어요. 한지와 가장 크게 다른 점은 종이의 결이에요. 화지는 종이를 떠낼 때 발을 한쪽 방향으로만 흔들어 종이 결도 한쪽으로만 나요. 그래서 한지보다 잘 찢어지고 인쇄 품질도 떨어지죠. 먹이 한쪽 방향으로만 잘 번져서 선이 날카로운 일본 그림에는 잘 어울려요.

드나들게 하는 성질이 있어서 그런 문제가 생기지 않았어요. 빛을 잘 들여 식물이 쑥쑥 광합성을 잘하게 한 것은 물론이었고요.

실제로 우리 조상들이 가장 한지를 많이 쓴 곳은 문과 창이었어요. 조선 중기 때까지만 해도 종이로 된 책은 주로 양반들이나 볼 수 있었지만, 초가에 살든 기와집에 살든 방문과 창문엔 누구나 한지를 발랐지요. 한지는 빛을 부드럽게 들여와 방 안이 아주 아늑한 느낌이 들게 했어요. 눈에 안 보이는 작은 구멍들이 나 있어서 환기도 잘 되고 방 안 습도까지 알맞게 조절해 주었지요. 그냥 말뿐인 얘기가 아니라 한지는 진짜 '살아 숨 쉬는' 종이예요.

질기고 오래 가는 종이

한지는 또한 아주 질긴 종이예요. 중국 종이 '선지'나 일본 종이 '화지'와 견주어 보면 아홉 배나 더 센 힘에도 안 찢어지고 버틸 수 있지요. 그래서 중국은 세계에서 처음 종이를 발명한 나라이면서도 중요한 책을 만들거나 건물을 지을 때에는 옛날 우리 한지인 '고려지'를 가져다 썼어요.

질긴 한지로는 못 만드는 것이 없었어요. 신발, 비옷, 가구, 항아리와 같은 생활 용품은 물론이고 옷칠을 해서 화살도 쉽게 못 뚫는 갑옷을 만들기도 했어요. 조선 시대에는 질긴 한지로 만든 신발이 하도 인기가 많아 책 도둑이 늘어나는 일까지 있었다고 해요.

한지는 세계 그 어떤 종이보다 오래 가는 종이로도 이름이 아주 높아요. 우리가 잘 아는 《무구정광대다라니경》은 1200년 전쯤 신라 시대에 만든 불경이지요. 그런데 이 불경을 만일 다른 종이에 찍었다면 벌써 한참 전에 석가탑 안에서 다 썩고 부스러기만 남았을 거예요. 웬만한 종이는 다 그렇게 오래 가지 않냐고요? 서양이 자랑하는 구텐베르크의 성경은 오래 전부터 종이가 자꾸 상해 아주 깜깜한 곳에만 보관하고 있어요. 현대 과학으로 만드는 요즘 종이도 길어야 100년을 채 못 버틴다 하고요. 한지는 화학 약품이 안 섞여 있어서 재활용도 잘 되니까 죽었다가도 다시 살아나는 종이예요.

서양의 옛날 종이

파피루스 4000년 전쯤 이집트 사람들이 오늘날 종이와 비슷하게 쓰던 풀의 이름. 줄기 껍질을 벗겨내고 가늘게 찢은 속을 엮어 말린 다음 그 위에 문자를 기록했어요. 영어로 종이를 뜻하는 '페이퍼'(Paper)란 말이 여기에서 나왔어요.

양피지 동양에서 종이 만드는 기술이 들어올 때까지 유럽에서는 양의 가죽을 벗겨서 종이 대신 썼어요. 책 한 권을 만들려면 수백 마리 양을 죽이고 글씨도 손으로 아주 꾹꾹 눌러 써야 했지요. 오늘날 선진국인 독일과 영국은 14세기 전까지도 종이를 못 만들었어요.

21세기에도 쓰임새가 많은 첨단 종이

한지는 오늘날에도 여전히 살려 쓸 값어치가 매우 높아요. 무엇보다 한지는 베어도 베어도 또다시 자라는 닥나무로 만드니까 '친환경', 화학 물질 하나 없이 자연으로만 만드니 '참살이'에 가까워요. 벽지나 장판은 물론 냅킨, 마스크, 가운, 기저귀처럼 사람 몸이 닿는 것 어디에나 한지만큼 마음 놓고

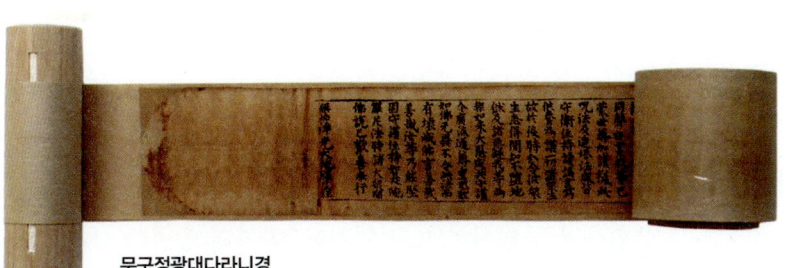

무구정광대다라니경
경주 불국사 삼층석탑(석가탑)에서 나온 세계에서 가장 오래된 목판 인쇄물. 만든 지 1200년이 넘은 세계에서 가장 오래된 종이일 뿐만 아니라, 황벽나무 껍질로 곱게 물들인 세계 첫 색종이로도 꼽혀요.

한지로 끈을 꼬아 엮어서 만든 작은 밥상.

❶ **닥나무**
옛날에는 닥나무를 '딱나무'라고 곧잘 말했어요. 부러질 때 '딱' 소리가 나서 '죽기 전에 제 이름을 부르고 죽는 나무'라는 우스갯소리도 있지요. 닥나무는 아무 흙에서나 잘 자라 우리나라 산과 들 어디에나 흔했어요. 참 신통하게 가지를 꺾어도 그 자리에서 새 가지가 다시 돋아나서 '지구 온난화'를 조금 덜 걱정해도 되고요. 가지를 벗겨낸 껍질로는 한지뿐 아니라 질긴 끈을 만들기도 했어요. 엄마 아빠 또래들이 어릴 때 가지고 놀던 팽이채로는 닥나무 껍질만 한 것이 없었지요. 겉은 볼품없어도 호랑이처럼 죽어서 가죽을 남기는 나무가 바로 닥나무예요.

❷ **닥풀**
'황촉규'라고도 하는 한해살이 풀. 뿌리에서 점액을 얻어 삶아서 불린 닥나무 가지와 함께 물에 넣고 골고루 섞은 다음 종이를 떠내요.

❶

❷

쓸 수 있는 재료는 없어요. 먹이 잘 안 번지고 글씨가 또렷하게 남아 요즘 인쇄에도 아주 잘 어울리고요.

최첨단 산업에도 한지는 아주 쓸 데가 많아요. 미국 항공우주국(NASA)에서는 우리 한지로 우주선 보호 장비와 로봇 만드는 연구를 지원하고 있어요. 한지만이 지닌 전기 특성이 태양 흑점의 전파 장애를 막아 주고, 긴 섬유소에 전기를 흘리면 마치 근육처럼 살아 움직인다고 해요.

한지는 소리를 잘 머금어서 아주 좋은 스피커의 울림판으로도 쓰이고 있어요. 200년도 못 가는 보통 사진 인화지를 대신한 한지 인화지도 나왔고요. 오토바이를 타는 사람이나 군인의 헬멧에도 가볍고 튼튼하며 바람까지 잘 통하는 한지가 곧 쓰일 수 있다고 해요. 그밖에 반도체, 자동차, 에어백 같은 것의 첨단 소재로도 한지가 두루 연구되고 있어요.

진짜 한지가 사라지고 있다

21세기에도 그 쓰임새가 끝없이 나오고 있지만, 한지의 앞날이 그리 밝지만은 않아요. 한지는 만드는 과정이 매우 복잡하고, 그 일을 모두 사람 손으로 해야 하다 보니 한꺼번에 많이 만들기가 쉽지 않아요. 값도 매우 비싸 보통 사람들이 선뜻 사기도 쉽지 않고요.

하도 사람들이 싼 것만 찾다 보니 화학 약품이 들어간 '짝퉁 한지'도 많이 나온다고 해요. 잿물 대신 가성 소다를 넣고, 화학 닥풀이나 표백제를 쓰고, 일본에서 들어온 쌍발뜨기 방식으로 그저 편하고 빠르게 한지를 만든다는 것이죠. 신라 시대 《무구정광대다라니경》에 쓴 한지만큼 질 좋은 종이를 만들 수 있는 사람도 이제는 거의 없다고 해요.

우리 삶에서 멀어진 만큼 한지는 본래 모습도 조금씩 잃어 갔어요. 그러는 사이 세계 으뜸 종이의 자리를 차지한 것은 이웃 나라 일본의 '화지'예요. 오늘날 세계 여러 나라에서 중요한 역사 기록이나 공예 작품을 만들 때는 일본 화지를 아주 많이 쓰고 있어요. 우리가 스스로 한지의 좋은 점을 깨닫고 먼저 찾아 쓰지 않는다면 언젠가 한지는 박물관에서만 만날 수 있는 '유물'이 될지도 몰라요.

유럽에 종이를 전파한 고선지 장군
고구려 유민 출신인 고선지는 당나라에서 장군이 되어 실크로드를 정복한 사람이에요. 알프스보다 높은 파미르 고원을 넘어 사라센제국과 동맹을 맺은 72개 나라에 항복을 받아냈지요. 그러나 751년 탈라스 전투에서 돌궐족의 반란으로 후퇴를 했는데, 그때 부하 가운데 종이 만드는 기술자가 이슬람 군대에 잡혀갔어요. 이때 전해진 종이 만드는 기술은 11~13세기 유럽과 이슬람이 벌인 십자군 전쟁을 계기로 온 유럽에도 퍼졌고요.

국가대표 핸드볼 선수와 한지는 닮은꼴?

만일 '누가 누가 세계에서 가장 오래되었나?'와 같은 것으로 올림픽이 열린다면 우리나라가 딸 금메달은 아주 많아요. '인쇄술' 종목에서는 금메달을 아주 싹쓸이할 수도 있고요. 무구정광대다라니경(목판 인쇄본), 직지심체요절(금속활자 인쇄본), 팔만대장경(불경 목판)이 바로 그와 같은 '금메달리스트'예요. 《무구정광대다라니경》은 '종이' 종목에서도 가장 오래된 것이라 '2관왕'에 오르겠지요.

하지만 올림픽에서 금메달을 많이 딴다고 해서 꼭 그 나라의 수준이 높다고는 말할 수 없어요. 몇몇 선수들만 죽어라 운동시켜 금메달을 따게 하는 것보다는 차라리 그 돈으로 누구나 드나들 수 있는 마을 체육관을 하나 더 짓는 것이 바람직한 일일 수도 있고요. 핸드볼처럼 올림픽 금메달을 따고서도 사람들의 관심이 그때뿐이라면, 정작 선수들은 앞으로 먹고 살 문제를 걱정해야 하는 어이 없는 일이 벌어지기도 해요.

옛날에 '세계 으뜸'이던 우리 인쇄술은 한글의 특성에 맞는 새로운 기술을 개발하지 못해 지금은 박물관에서나 볼 수 있는 '유물'이 되고 말았어요. 그나마 한지는 지금도 세계 으뜸이지만 마치 핸드볼처럼 사람들 관심 밖으로 밀려나 조금씩 제 빛깔을 잃고 있지요. 전통 거리로 이름난 서울 인사동 한지 가게에서도 실제 우리 한지는 10퍼센트밖에 안 되고 나머지는 값싼 중국산이나 태국산이라고 해요. 한지를 만드는 사람들 또한 해마다 조금씩 줄고 있고요. 이름난 장인들조차 하나같이 먹고사는 문제에 어려움을 겪는다니 뭔가 잘못되긴 한참 잘못된 것 같아요.

한지 만드는 과정

❶ **닥나무 베기** 섬유질이 많은 11월에서 이듬해 2월 사이에 베어내요. 태풍이 적은 해에 난 한해 살이 닥나무가 가장 부드럽고 좋아요.

❷ **찌기** 껍질이 잘 벗겨지라고 커다란 솥에 열 시간쯤 닥나무 가지를 푹 쪄요. 이 과정을 '닥무지'라고 해요. 닥무지를 마친 가지는 차가운 물에 담가서 잘 불려요.

❸ **껍질 벗기기** 겉 껍질을 칼로 벗겨서 햇볕에 말린 다음, 다시 한 번 속 껍질을 벗겨내요. 이렇게 속살이 드러난 가지를 '백피'라고 해요. 백피는 다시 차가운 물에 하루나 이틀쯤 담가 놓아요.

❹ **잿물 만들기** 볏짚, 콩대, 메밀대 따위를 태워 재를 만들고 물로 우려낸 다음 채에 걸러 잿물을 만들어요.

❺ **삶기** 물에 불린 백피를 잘게 잘라서 잿물에 대여섯 시간 삶아요. 이렇게 하면 종이가 알칼리성을 띠어 산화(썩는 것)를 막아 줘요.

❻ **씻고 쐬기** 삶은 백피를 흐르는 맑은 물에 사나흘쯤 담가 놓아요. 햇볕을 골고루 쐬게 자주 뒤집어 주어야 백피가 더욱 하얗게 돼요.

❼ **티 고르기** 닥 섬유에 남아 있는 껍질과 티를 꼼꼼하게 손으로 골라내요.

❽ **두드리기** 티를 없앤 닥 섬유를 넓은 돌 위에 올려놓고 나무 방망이로 반죽이 될 때까지 두드려요. 섬유가 한 올씩 곱게 풀려 펄프가 돼요.

❿ **닥풀 만들기** 닥풀(황촉규)이라는 식물의 뿌리를 잘 으깨어 짜면 끈적끈적한 점액이 나와요. 종이를 뜰 때 닥 섬유가 안 엉키게 돕고, 나중에 종이도 더 질기고 오래 가게 해요.

❾ **헹구기** 두드린 닥을 맑은 물에 담가서 골고루 저으면서 헹궈요.

⓫ **종이 뜨기** 닥 섬유와 닥풀을 물에 넣고 잘 풀어 준 다음, 물 위에 뜬 섬유를 발로 떠 올려요. 전통 기법인 외발뜨기(흘림뜨기)에서는 앞, 뒤, 오른쪽, 왼쪽으로 골고루 발을 흔들어 종이의 결이 우물 정(井) 모양으로 얽히는 질긴 종이가 나와요.

⓬ **물 빼기** 발로 건져 만든 종이 사이에 실을 넣어 차례로 쌓고, 그 위에 무거운 돌을 올려 물이 잘 빠지게 해요. 실을 끼워 놓으면 나중에 종이들을 쉽게 뗄 수 있어요.

⓭ **말리기** 물을 뺀 종이를 한 장씩 떼어 나무 판에 붙인 다음 햇볕에 말려요. 비가 올 때는 방바닥에 붙여 비로 쓸어 가면서 말려요.

⓮ **다듬이질(도침질)** 말린 종이를 여러 장 겹쳐 쌓은 다음 골고루 두드려 다듬어요. '도침'이라고 하는 이 과정은 우리 한지에만 있는 기술이에요. 도침을 하면 종이가 더욱 치밀하고 매끈해지는데, 두드리는 정도에 따라 먹의 번짐도 조금씩 달라져요.

무서운 산신령 호랑이가 왜 작은 토끼한테는 꼼짝 못했을까
호랑이

디브이디나 컴퓨터 게임이 흔한 지금은 안 그렇지만, 엄마 아빠 또래가 어릴 때만 해도 집 안에서 (부모님 몰래) 재미있게 놀고 싶으면 '비디오'를 봤어요. 왜 여러분도 그렇잖아요? 하지 말라고 하면 더 하고 싶고, 못 먹는 감은 찔러라도 봐야 속이 시원한 그런 거! 엄마 아빠도 실은 다 똑같았어요. 그런데 영화를 보려고 테이프를 돌리다 보면 그 첫머리에 꼭 이런 만화가 나와서 어린 가슴을 뜨끔하게 했어요.

"옛날 어린이들은 호환·마마·전쟁이 가장 무서운 재앙이었으나, 현대 어린이들은 무분별한 불법 비디오를 시청함에 따라 비행 청소년이 되는……"

헉! 비디오 하나 몰래 본다고 비행 청소년이 된다니. 이게 진짜 전쟁보다 무서워? 천연두보다 위험해? 호환보다……, 어, 근데 호환은 뭐지?

정확한 뜻도 모른 채, 그냥 어렴풋이 '뭔가 무서운 것'으로만 짐작했지요. 그러고는 한참 훗날이 되어서야 알았어요. 호환은 바로 호랑이 때문에 생겨난 말이란 사실을 말이죠.

툭하면 궁궐에도 뛰어들 만큼 많았던 호랑이

'호환(虎患)'은 호랑이한테 당하는 피해를 통틀어 일컫는 말이예요. 지금이야 호랑이를 보려면 동물원에 가야 하지만, 100년 전에만 해도 우리나라는 '호랑이의 나라'라고 일컬어질 만큼 전국 곳곳에 호랑이가 많이 살았지요. 호랑이가 애써 키운 가축을 물어 가거나 사람까지 죽고 다치게 하는 일이 참 많았다고 해요.

🐾 까치와 호랑이

우리 조상들이 설날 대문 앞에 붙이던 귀신을 쫓는 그림의 하나예요. 이렇게 '실용성'을 목적으로 그린 그림을 통틀어 '민화'라고 해요. 이런 그림은 보통 낙관도 없고 그래서 누가 그렸는지도 몰라요.

이 그림에 나오는 호랑이는 그다지 무서워 보이지 않아요. 오히려 귀엽고 우스꽝스러워요. 요즘 같으면 분명 '헬멧 좀 벗으라'고 놀림 받았을 법한 큰 머리에 왕방울만 한 눈, 배시시 벌린 입, 수염인지 헷갈리는 이빨……. 게다가 머리와 목에는 표범과 같은 점 무늬가 있어서 '족보'까지 의심스럽게 하고요. 옆에 있는 까치는 '기쁜 소식'을 뜻하고 소나무는 '무병장수'를 뜻해요. 그러니까 이 그림은 '나쁜 귀신은 호랑이를 보고 물러나고 기쁜 소식만 들어와 오래오래 잘 살면 좋겠다.'는 뜻을 담고 있지요. 만일 호랑이를 진짜처럼 무섭게 그렸다면 오던 복도 슬그머니 달아났을지도 몰라요.

얼마나 호랑이가 많았는지 조선 세종, 숙종, 영조 때는 한 해에도 수백 사람씩 백성들이 호랑이한테 물려 죽었다는 기록이 《조선왕조실록》에 남아 있어요. 조선 선조 40년(1607년)에는 '창덕궁 안에서 호랑이가 새끼를 쳤는데 한두 마리가 아니니 꼭 잡으라는 명을 내렸다.'는 기록이 있고, 이렇게 궁궐 안에 호랑이가 뛰어들었다는 이야기는 저 멀리 신라 헌강왕 때를 기록한 《삼국사기》까지 거슬러 올라가요. 조선 시대 호랑이가 나타났다는 기록은 너무나 많아 낱낱이 세기조차 힘들어요. 오죽하면 세종대왕은 아예 호랑이만 잡으러 다니는 '척호갑사'란 군대를 따로 두기도 했으니, 정말 우리나라에 호랑이가 많기는 엄청 많았나 봐요.

🌳 일제의 호랑이 사냥

100년 전만 해도 궁궐에 뛰어들 만큼 흔하던 호랑이는 일제 강점기 때 아주 씨가 말라 버렸어요. 사실 그때 호랑이보다 사람을 훨씬 많이 물어 죽인 동물은 늑대였는데, 일제는 '돈'이 되는 호랑이한테 '해로운 맹수'라는 억울하기 짝이 없는 죄를 뒤집어씌웠지요. 이 사진의 호랑이는 1922년 경주 대덕산에서 일본 순사 미야케가 총으로 쏴 죽인 수컷 호랑이에요. 미야케는 이 호랑이를 그때 우리나라에 와 있던 일본 왕족한테 바치고 '일계급 특진'의 기쁨을 맛보지요.

호랑이 씨를 말려 버린 일본 사람들

그런데 이 많던 호랑이가 왜 지금은 한 마리도 안 남았을까? 그것은 바로 일제 강점기 때 일본 사람들이 우리나라에서 아예 호랑이 씨를 말려 버린 탓이에요. 1933년 조선총독부 통계를 보면 이때까지 우리나라에서 잡아 죽인 호랑이가 자그마치 141마리나 된다고 나와요.

일제가 호랑이를 잡는 데 내세운 구실은 '해로운 맹수를 잡아 백성들을 보호한다.'는 것이었죠. 하지만 이들이 실제 노린 것은 '호랑이 가죽'이었어요. 일본에는 호랑이가 한 마리도 안 살아서 아주 비싼 값에 팔아 넘길 수 있었거든요. 한편으로는 날쌔고 용맹한 호랑이를 닥치는 대로 잡아 죽이면서 우리 겨레의 정신 또한 나약하게 만들려는 뜻도 숨어 있었는지 몰라요. 일제가 물러나고부터 오늘날까지, 우리 남쪽 땅에서 스스로 사는 호랑이를 본 사람은 아직 아무도 없어요.

호랑이는 그렇게 무섭기만 했을까?

우리 겨레는 맨 처음 시작부터 호랑이와 아주 인연이 깊어요. 단군 신화에 나오는 두 동물 가운데 하나가 바로 호랑이지요. 나라를 세운 영웅 이야기에도 꼭 호랑이 이야기가 하나쯤은 딸려 있어요. 갓난아기 때 호랑이 젖을 먹고 자랐다거나, 호랑이 덕분에 목숨을 구해 훗날 영웅을 낳았다거나 하면서 자기들이 호랑이처럼 힘 세고 용감하다는 '증거'로 삼으려 했어요.

또한 우리 겨레한테 호랑이는 '산신'을 상징하는 동물이었어요. 그래서 산신당에 있는 그림을 보면 해리포터 곁의 부엉이처럼 늘 호랑이가 산신령 옆에 있어요. 무섭고 사나운 호랑이가 귀신을 쫓는다고 여겨 새해가 밝으면 호랑이 그림을 대문 앞에 붙여 놓기도 했지요. 호랑이 수염이나 발톱을 몸에

❶ 까치 호랑이 그림
보는 사람마저 배시시 웃음이 나올 것 같은 그림이에요. 그런데 이 그림에서도 호랑이 목은 표범처럼 점박이에요. 옛날 우리나라에는 호랑이뿐 아니라 표범도 아주 많이 살았는데, 그때 사람들은 두루뭉술하게 둘 다 그저 '범'이라고 했던 것 같아요.

❷ 산신도
이런 그림에 나오는 산신은 거의 다 호랑이를 타거나 앞뒤로 거느리고 있어요. 아예 호랑이가 산신으로 나오는 그림도 있고요.

백두산호랑이

오늘날 지구 위에 남은 호랑이는 벵갈호랑이, 인도차이나호랑이, 수마트라호랑이, 중국호랑이, 시베리아호랑이 이렇게 다섯 종이에요. 우리나라에 사는 호랑이는 이들 가운데 가장 덩치가 크고 용맹한 시베리아호랑이고요. 백두산 쪽에 많이 살았다고 해서 '백두산호랑이' 또는 '한국호랑이'라 말하기도 하지요. 야생에는 아주 조금밖에 안 남아 있고 거의 다 동물원이나 보호 시설에 있어요. 남한에서는 1940년대를 마지막으로 호랑이를 보았거나 잡았다는 기록이 뚝 끊어졌어요.

지니면 큰 복을 받는다고 믿기도 했어요.

그런데 우리 겨레는 이처럼 '숭배의 대상'으로만 여기던 호랑이를 어느 때부터인가 자신들이 바라는 모습으로 새롭게 그려냈어요. 정과 의리가 있어 사람을 돕는 기특한 호랑이, 못된 짓만 일삼다 벌을 받아 죽는 나쁜 호랑이, 어리석다 못해 토끼 같은 약자한테도 속아 넘어가는 멍청한 호랑이……. 오늘날 우리가 아는 숱한 호랑이 옛이야기들은 바로 이런 결과로 나온 것들이에요. 이제 사람들은 자신들한테 해를 끼치는 호랑이를 무턱대고 떠받들거나 사냥감으로 싸워 없애려 하지 않았어요. '대결 관계'에서 벗어나 장난꾸러기 친구처럼, 효성 지극한 자식처럼 대하며 따뜻한 손길을 내밀었지요. 호랑이 발톱 아래 숨죽이지 않고, 마음속에서나마 그 등에 올라 타 속 시원히 소리쳐 보고 싶기도 했어요. 이때 호랑이는 힘 없는 백성을 괴롭히는 양반, 관리, 폭군과 같은 것이지요.

"툭하면 우릴 잡아 먹으려는 양반님네들, 힘만 믿고 자꾸 이러면 토끼 같은 우리한테 언젠가 크게 당할 거요!"

지금 우리 땅에 호랑이는 없지만

이제 우리 곁에는 호랑이가 살지 않아요. 그래서 그런지 요즘 새로 나오는 호랑이 이야기는 거의 다 동물원 호랑이 이야기예요. 우리 겨레의 정기를 꺾으려고 일제가 호랑이를 다 없앴다지만, 지금 그 못지않게 슬픈 사실은 앞으로 우리가 '진짜 우리 호랑이 이야기'를 더는 상상할 수 없을지도 모른다는 사실이지요.

하지만 혹시 또 모르죠. 북쪽 백두산 어딘가에 지금도 호랑이가 어슬렁어슬렁 먹이를 찾아 다니고 있을지 말이에요. 눈 덮인 산기슭 위에서 햇불 같은 두 눈을 끔벅끔벅하고 있을 백두산 호랑이. 우리 겨레가 꼭 통일을 이루어야 하는 까닭이 왠지 여러분 가슴속에 하나 더 생기지 않았나요?

마지막으로 잡힌 백두산호랑이
1993년 자강도 북한 낭림산에서 세 마리를 잡았는데, 이 가운데 한 마리를 지난 99년에 서울대공원에서 들여와 지금까지 키우고 있어요.

올림픽 금메달 싹쓸이는 우연이 아니다
활

2004년 8월 18일, 그리스 아테네 올림픽 양궁 경기가 열리고 있는 파나티나이코 경기장. 우리나라의 박성현 선수와 영국의 앨리슨 윌리엄슨 선수가 준결승에서 맞붙었어요. 이윽고 박성현 선수의 일곱 번째 차례. 꼭 다문 입술 위로 활시위가 힘껏 당겨지더니, 눈 깜빡할 사이에 화살이 70미터를 날아가 한가운데 10점 과녁에 꽂혔어요. 그런데 갑자기 과녁 쪽에서 나오던 텔레비전 화면이 뚝 꺼져버리고 말았어요. 화살이 날아오는 장면을 실감나게 잡으려고 과녁 한가운데에 심어 놓은 지름 1센티미터짜리 카메라 렌즈에 박성현 선수가 쏜 화살이 그대로 꽂힌 것이죠. 사람들은 깜짝 놀라 웅성거렸고, 텔레비전 아나운서는 한껏 목소리를 높여 '퍼펙트 골드'라고 소리쳤어요.

올림픽 20년 금메달 싹쓸이의 비밀은 무엇일까?

양궁 경기에서 원래 '퍼펙트 골드'란 말은 없어요. 가장 안쪽 4센티미터 과녁 안에 화살이 꽂히면 그냥 '10점'을 주지요. 그런데 1996년 미국 애틀랜타 올림픽 때 우리나라의 김경욱 선수가 10점 과녁에서도 한가운데에 있는 1센티미터짜리 카메라 렌즈를 두 번이나 맞춰 부서뜨리고 나서 이 말이 처음 생겼어요. 서양의 '윌리엄 텔'은 사람 머리 위에 있는 사과를 한 번에 꿰뚫었다는데, 우리나라 양궁 선수들 솜씨라면 방울토마토쯤도 대번에 맞출 수 있다고 해요. 더구나 여자 선수들은 1984년부터 2004년까지 올림픽에서 단 하나도 안 빠뜨리고 금메달을 싹쓸이했지요. 강산이 두 번이나 바뀐 스무 해 동안 세계 으뜸 자리를 지킨 그 솜씨는 도대체 어디에서 나온 것일까요?

 활은 어떻게 만들까?

시도무형문화재 6호 권영학(경북 예천) 궁장. 활대에는 세 가지 나무가 들어가요. 가운데 큰 뼈대는 대나무, 손으로 잡는 줌통은 참나무, 양끝에 줄을 거는 곳은 뽕나무로 모두 따로따로 만들지요. 이것을 이어 붙인 다음 활 안쪽이 될 곳에는 물소 뿔을 덧대고, 바깥쪽이 될 곳에는 소의 힘줄을 붙여요. 그리고 물기가 스며들지 말라고 삶아서 말린 벚나무 껍질로 활대를 잘 둘러싸지요. 이 모든 것들은 민어의 부레를 푹 끓여서 만든 '자연 풀'로 붙여요. 활시위는 여러 가닥을 꼴수록 줄이 단단해지는 명주실을 주로 썼어요. 재료를 구해서 깎고, 다듬고, 말리는 과정이 여섯 달, 실제 활 만드는 과정은 넉 달 남짓 걸린다고 해요.

우리나라 여인들의 활 솜씨
만날 밥 짓고 빨래만 했을 것 같은 조선 시대 여인들도 사진에서 보는 것처럼 활쏘기를 즐겼어요. 오늘날 우리나라 여자 양궁 선수들의 활쏘기 실력은 두 말 하면 잔소리와 같고요.

보통 많이 하는 말로는 우리가 고구려를 세운 '주몽의 후예'라서 그토록 활을 잘 쏜다고 해요. 주몽이란 이름이 원래 '활 잘 쏘는 사람'이란 뜻이죠. 어떤 사람들은 옛날 역사 책에 나오는 '동이(東夷)'란 이름에서 그 까닭을 찾기도 해요. 여기에서 '夷(이)'라는 한자가 '大'(큰 대)와 '人'(사람 인)과 '弓'(활 궁)을 더한 것으로 보고, '동이족'을 '활 잘 쏘는 겨레'라고 풀이하지요. 물론 동이족이 지금 우리나라만을 콕 집어 얘기한 것도 아니고, 그 한자 뜻풀이 또한 뿌리가 확실한 건 아니에요. 어쨌거나 사람들이 하고 싶어 하는 말의 알맹이는 '우리 겨레는 원래 활을 잘 쐈다.'는 바로 그 소리예요.

도 닦는 마음으로 활을 쏘다

국궁과 양궁, 멀리 가는 화살은?
국궁장 활 쏘는 곳에서 과녁까지는 남녀 모두 145미터, 올림픽 양궁 경기에서 가장 먼 거리는 남자 선수들만 하는 90미터예요. 화살이 날아가는 거리는 활 크기나 화살 무게에 따라 달라지는데 보통은 국궁 화살이 양궁보다 훨씬 멀리 날아가요.

그런데 우리나라 양궁 선수들을 실제 가르치거나 지켜본 사람들의 이야기를 들어보면 이런 게 다는 아니에요. 그저 활시위를 당기고 한가운데를 겨냥해 쏘는 '기술'만 놓고 보면 다른 나라 선수들과 종이 한 장만큼밖에는 다를 게 없다고 하지요. 우리나라 양궁 선수들만의 독특한 장점은 바로 '마음'에 있다고 해요. 아무리 바람이 불고, 아무리 구경꾼들이 시끄럽고, 아무리 상대가 바짝 쫓아와도 절대 마음이 흔들리지 않는 것. 이것이 바로 올림픽 금메달 싹쓸이의 '진짜 비결'이란 것이에요. 우리나라 양궁 선수들이 도 닦는 사람처럼 날마다 명상도 하고 여러 가지 '심리 훈련'을 받아서 그런가 봐요.

황학정에서 활 쏘는 어르신

이곳은 서울 종로구 사직동에 있는 '황학정'이에요. 조선 말 군대 무기에서 활이 빠져 버린 것을 안타까워한 고종 황제가 경희궁 북쪽 기슭에 이 활터를 짓게 했지요. 예부터 전해 내려온 활터에는 보통 정자도 같이 있게 마련이에요. 여기서 정자는 그냥 노는 곳이 아니라 풍류를 즐기고 몸과 마음을 단련하는 곳을 말하죠. 그래서 활터 이름에는 보통 '정'(亭)이라는 글자가 들어가요.

    이렇게 양궁 훈련을 '도 닦는 것'처럼 한다는 점은 우리 조상들이 즐겨 하던 활쏘기 방법과 꼭 닮았어요. 우리 조상들은 활 쏘는 것을 아예 '궁도(弓道)'라고 했으니까요. 활과 화살과 몸이 하나가 되었을 때 활을 쏴야만 제대로 과녁에 맞출 수 있고, 맞추겠다는 욕심이 앞서면 몸과 활이 흐트러져 과녁을 바로 맞출 수 없다고 했어요.

활 솜씨 못지않은 활 만드는 솜씨

    우리 조상들은 활 만드는 솜씨 또한 기가 막히게 뛰어났어요. 일찍이 고조선과 고구려에서 만든 활은 이웃 나라들이 모두 탐내는 귀한 물건이었지요. 훗날 고구려가 그토록 커다란 땅을 다스리며 중국까지 쩔쩔 매게 할 수 있었던 까닭 또한 이처럼 뛰어난 전쟁 무기를 지니고 있어서라고 보는 학자들이 많아요. 고구려의 활은 뒷장(227쪽) 고분벽화와 같은 것이 많이 남아 있어서 그 쓰임새와 모양을 자세히 알 수 있어요. 역사 기록에는 이 활을 '맥궁'이라고 했는데, 이것이 바로 오늘날까지 전해 내려오는 우리 활인 '각궁'과 거

활 쏘는 선비

조선 시대 선비 화가 강희언(1710~1784)이 그린 〈사인시예〉라는 그림이에요. 아주 옛날에는 전쟁이나 사냥터에서만 활을 쏘았는지 몰라도 언젠가부터 활쏘기는 이렇게 '몸도 마음도 튼튼' 하게 해 주는 중요한 여가 활동이 됐어요.

활로 총에 맞선 조일전쟁

요즘 우리 생각으로는 '어떻게 활로 총에 맞섰을까?' 싶지만, 1592년 조일전쟁 때 일본의 조총은 우리 활 각궁보다 실제 전투에서 나을 게 별로 없었어요. 가장 큰 단점은 총을 쏘고 다음 발을 쏘려면 아주 한참이 걸릴 만큼 화약 집어넣는 시간이 길었다는 점이에요. 총알이 날아가는 거리도 각궁 화살보다 오히려 짧았고요. 다만 각궁은 습기에 아주 약하고 많이 쏠수록 군사들 힘이 떨어져서 훗날 군대 무기에서 사라졌어요.

의 비슷한 것이 아닌가 짐작하고 있어요.

'각궁(角弓)'은 물소 뿔로 만든 활을 말해요. 물소 뿔이 없으면 그냥 쇠뿔로도 만들었다 하고요. 이렇게 동물의 뿔을 활대 안쪽에 덧대면 복원력(원래 모양으로 되돌아가려는 힘)이 엄청 세져요. 활대 바깥쪽에는 소의 등심줄을 잘게 찢어 붙여 인장력(잡아 늘이려는 힘)을 더욱 높였어요. 이렇게 만든 우리 활은 활대에 줄을 걸기 전에는 거의 동그라미에 가까운 모양이에요. 이 동그라미 모양을 반대로 잡아당겨 활시위를 걸면 비로소 우리가 아는 활 모양이 나오는 것이고요. 보통 서양에서 쓰는 활은 이렇지가 않아요. 활시위를 풀어 놓으면 일자 모양의 막대기가 될 뿐이에요. 일자 막대기를 반달 모양으로 휘게 해서 만든 활과, 동그라미 모양을 반대로 휘게 해서 만든 활. 어떤 것이 더 탄탄하고 화살도 힘껏 날아갈지는 답이 훤히 나와요.

각궁
우리나라 활인 각궁은 활시위를 풀어 놓으면 오른쪽 사진처럼 동그라미에 가까워요. 여기에 활시위를 걸 때에는 활대 양쪽 끝을 화살표 방향으로 힘껏 끌어당겨요. 그리고 양쪽 끝에 줄을 이어 걸면 아래 사진과 같은 활 모양이 나와요.

1600년 전 고구려 젊은이가 쏜 화살의 비밀

이 그림은 여러분 눈에도 꽤 익숙하죠? 중국 지린성의 고구려 춤무덤 벽화에 있는 '사냥' 그림이에요. 북방 벌판을 달리는 고구려 젊은이들의 힘찬 기상이 물씬 풍겨 나오지요.

먼저 그림 아래 호랑이를 겨누고 있는 사람의 활을 한번 보세요. 활대의 안과 바깥쪽에 뭔가를 덧붙인 것이 보일 거예요. 오늘날까지 전해 내려오는 우리 활인 '각궁'과 아주 비슷한 모습이죠. 화살도 자세히 보면 모양이 아주 독특해요. 화살촉이 뾰족하지 않고 뭉툭한 모양에 끝만 세 갈래로 되어 있어요. 이런 화살을 '명적(鳴鏑)'이라고 해요. 우리말로 '우는 화살'이란 뜻이죠. 뭉툭한 부분에 구멍이 뚫려 있어 날아가면서 정말로 '쉬이익' 하는 소리를 내요. 소리로 위협을 하거나 공격을 시작하라는 '신호'를 내릴 때 주로 이런 화살을 썼어요. 앞을 세 갈래로 낸 까닭은 화살이 동물의 가죽을 뚫고 들어가지 말라고 그렇게 만든 것이고요. 그저 사냥을 연습만 하거나 아니면 충격만 크게 줘서 동물을 산 채로 잡으려 할 때 이런 화살이 필요했어요. 이런 화살로 잡은 동물은 가죽에 구멍이 생기지 않아 더욱 좋았지요.

그 다음엔 위쪽에 사슴을 겨누고 있는 사람을 보세요. 말을 탄 채 몸을 완전히 뒤로 비틀어 활을 쏘려 하고 있어요. 힘껏 달리는 말 위에서 그러고 있으면서도 얼굴은 아주 편안해 보이죠. 어려서부터 몸에 배지 않고는 도저히 나올 수 없는 익숙한 몸짓이에요. 학자들은 이런 자세를 '파르티안 샷'이라고 하는데, 몽골과 같은 북방 유목 민족한테서 주로 찾아볼 수 있는 특징이에요. 흥미로운 사실은 이런 활쏘기 자세가 백제나 신라의 유물에서도 그림으로 나온다는 것이죠. 그래서 어떤 학자들은 우리 겨레의 먼 조상이 북방 유목민이 아니었을까 생각하고 있어요. 옛날 중국 역사책에 나오는 '동이족'은 바로 그 북방 겨레인 우리와 만주족, 몽골족을 두루 일컫는 말이었을 테고요.

살아 숨 쉬는 흙
황토

요즘 어린아이들은 흙에서 놀지 않아요. '엄마가 하지 말라고 해서' 그렇기도 하지만, 더 큰 까닭은 흙을 가까이 하며 놀 만한 곳이 없어서지요. 요즘은 웬만한 아파트의 놀이터조차 바닥을 모래로 안 깔고 푹신한 '매트'로 깔아요. 흙과 멀어지다 보니 심지어 흙을 '더러운 것'으로 아는 아이들도 많은 것 같고요. 그런데 참 이상하죠? 아이들한테는 그렇게 흙에서 못 놀게 하는 엄마 아빠들이 주말엔 '황토' 찜질방에 가고, 홈쇼핑에선 '황토 마사지' 화장품을 사니까 말이에요. 고구마도 '황토밭'에서 캔 것이 더 맛있다며 사 먹고, 어딜 놀러 가도 '황토 펜션'을 더 좋아해요. 이쯤 되면 뭔가 황토에 커다란 '비밀'이 숨어 있는 게 아닐까요?

🥔 **황토 고구마**
황토밭에서 갓 캐낸 고구마가 참 먹음직스럽지요?

우리 땅 어디에나 흔한 황토

우리나라 산과 들 어디에서나 흔히 볼 수 있는 누렇고 불그스름한 흙이 '황토'예요. 전라남도 쪽의 황토는 그 빛깔이 더욱 붉기로 아주 잘 알려져 있지요. 지구의 육지 가운데 한 10퍼센트쯤이 이런 황토로 덮여 있는데, 우리나라는 이보다 훨씬 많은 35퍼센트쯤이 황토로 이루어져 있다고 해요.

황토가 많은 우리나라에서는 예부터 이 흙을 삶에 두루 쓰고 살았어요. 황토에서 기른 곡식을, 황토로 만든 그릇에 담아, 황토로 지은 집에서 먹고 살았지요. 어쩌다 시골에 가서 흙집에 자 본 적이 있는 사람이라면 다음날 아침 기분이 왠지 평소와는 좀 다르다는 걸 느꼈을 거예요. 이것은 밤새 흙집에서 나온 원적외선을 듬뿍 쬔 까닭이에요. 예부터 흙으로 집을 지을 때는

👆 **황토밭**
전라남도 무안에 있는 황토밭이에요. 마을 사람들이 모여 양파를 심고 있네요. 흙 위에 비닐을 덮고 구멍을 내서 심는 까닭은 잡초가 나지 말라고 해서예요. 무안 황토는 우리나라 어느 곳보다 빛깔이 붉고 농사가 잘 되기로 이름이 높아요.

단단하게 잘 뭉쳐지는 황토를 많이 썼는데, 바로 이 황토가 다른 그 어떤 재료보다 원적외선을 많이 내뿜는다는 것이죠.

전자현미경으로 황토를 들여다보면 마치 작은 방들이 빽빽이 늘어선 '벌집'처럼 보인다고 해요. 그리고 그 방이 다른 흙과는 달리 '2층'처럼 보인다고 하지요. 이렇게 되어 있으면 원적외선과 산소를 저장할 수 있는 면적이 엄청나게 넓어져요. 보통 흙보다 많게는 열 배 가까이 차이가 난다고 해요.

가습기가 필요 없는 황토집

황토로 만든 집은 오늘날에도 일부러 되살려 짓고 사는 사람이 많을 만큼 뛰어난 점이 정말 많아요. 먼저 단열이 잘 되는 점을 꼽을 수 있어요. 단열이란 겨울엔 집 안의 따뜻한 기운이 밖으로 안 새어나가게 하고, 여름엔 바깥의 뜨거운 공기가 안으로 못 들어오게 하는 것을 말하지요. 똑같은 두께로 지은 시멘트 집과 견주는 실험을 해 봤더니, 황토집이 두 배쯤 더 단열이 잘

되는 것으로 나타났어요. 여기에 구들까지 놓고 불을 때면 흙의 숨구멍으로 좋은 기운이 마구마구 올라오지요. 어른들이 많이 좋아하는 황토 찜질방도 바로 이런 좋은 기운을 얻으려고 만든 것이에요.

   황토집에 살면 가습기도, 공기청정기도 둘 필요가 없어요. 흙으로 된 벽이 알아서 물기를 머금었다 내뿜기를 되풀이하는 까닭이죠. 나쁜 공기와 잡냄새는 필터처럼 걸러 버려요. 황토 한 숟가락 안에는 자그마치 2억 마리나 되는 미생물이 살고 있어서, 이 효소들이 집 안의 나쁜 독 성분을 없애 버리는 것이에요. 왠지 아늑하고 마음이 편안해지는 것 또한 황토집에 살면 따라붙는 '덤'이고요.

동물도 아는 황토의 효능

   황토는 '살아 있는' 흙이에요. 실제로 그 안에 수많은 미생물이 살고 있기도 하고, 황토와 더불어 지내는 사람과 동물을 살리기도 하니까요. 여러분이 태어났을 무렵에 나왔을 〈베어〉란 영화를 보면, 사냥꾼한테 총을 맞은 곰이 흙탕물에 들어가 상처 난 곳에 황토를 바르는 장면이 나와요. 어릴 때 시골

옛날과 요즘 황토집
옛날엔 대개 황토집에 살았어요. 부자든 가난한 사람이든 누구나 손쉽게 구할 수 있는 흙이 바로 황토였으니까요. 요즘 들어 이 같은 황토집을 살려 짓는 사람들이 조금씩 늘고 있어요. 사진 속 두 집이 마무리 재료가 조금 다를 뿐 바탕 생김새는 쏙 닮았네요.

에서 자란 엄마 아빠 또래들한테 여쭤 보면 개나 닭이 흙에 뒹굴거나 땅을 쪼아먹는 것을 본 적이 있을 테고요. 이렇게 짐승들은 누가 가르쳐 주지 않았는데도 황토가 자기를 살린다는 것을 본능으로 알고 있어요.

우리 조상들 또한 황토가 좋다는 것을 알고 온 삶을 황토 속에서 살았어요. 더구나 황토는 부자든 가난한 사람이든 누구나 쉽게 구할 수 있는 것이었지요. 그렇게 살던 사람들은 아토피나 알레르기 비염 같은 병에도 안 걸렸어요. 배탈이 나면 황토를 풀어 맑게 띄운 물을 마시거나 황토로 구운 기왓장을 달구어 배 위에 올려놓았지요. 벌레에 물리거나 화상을 입었을 때에도 몸에 황토를 발랐어요.

요즘 어른들도 황토가 좋다는 건 거의 다 알고 있어요. 다만, 도시에 사는 우리가 황토와 함께 살기가 쉽지 않을 뿐이지요. 그래서 황토로 만든 비누, 화장품, 옷, 침대, 베개, 벽지와 같은 것들이 쏟아져 나오고 있어요. 혹시 이 다음 시골에 갈 일이 있으면 황토 몇 줌만 봉지에 담아 가져와 보세요. 그리

바다를 살리는 황토
적조 현상으로 산소가 부족해진 바다에 황토를 뿌리고 있어요. 황토는 자기 자신이 살아 있는 흙이기도 하고, 이렇게 다른 생명을 살리는 흙이기도 해요.

고 집에서 꽃이나 콩의 씨앗을 심어 보세요. 그렇게 조금씩 황토와 친해지다 보면 어느새 여러분의 몸과 마음에도 그 살아 있는 기운이 훌쩍 자라나 있을 거예요.

원적외선이란

태양빛에는 우리 눈에 보이는 가시광선과 눈에 안 보이는 자외선 그리고 적외선이 있어요. 적외선은 다시 넷으로 나눌 수 있는데, 그 가운데 파장이 가장 긴 영역에 있는 것이 바로 원적외선이에요.

원적외선은 살아 있는 생명한테 좋은 기운을 내뿜는 신비한 광선이에요. 좋은 점이 하도 많아서 '기적의 광선'이라고도 하지요. 질병의 원인이 되는 세균을 없애고 세포를 잘 자라게 도와 사람을 생기 넘치게 해요. 어디가 아플 때 원적외선을 쬐면 통증도 줄어들고 잠도 푹 잘 수 있다 하고요. 이 밖에도 공기 정화, 중금속 제거, 제습, 탈취, 곰팡이 번식 방지……. 하나하나 들자면 정말 끝이 없어요. 세계 수많은 과학자들이 이 같은 원적외선을 많이 지닌 자연 물질을 찾으려 연구를 거듭하고 있지요. 이 가운데 황토는 우리가 가장 쉽게 만날 수 있는 '원적외선 덩어리'예요.

제주도 초가 황토벽

어버이 살아 계실 때 섬기길 다하여라
효

요즘으로 치면 중학교 교과서쯤 되는 《소학》이란 책에서 맹자는 이렇게 말해요.

"세상에는 다섯 가지 불효가 있다. 몸이 멀쩡하면서도 게을러서 부모 일을 안 돕는 것이 그 첫째요, 컴퓨터 게임만 하고 불량식품 사 먹기를 좋아하여 부모 속 썩이는 것이 그 둘째요, 용돈 적게 준다고 떼 써서 부모 마음 아프게 하는 것이 그 셋째다. 아무 데서나 하고 싶은 것을 못 참아 부모를 부끄럽게 하는 것이 넷째요, 툭하면 친구나 동생과 싸워 부모까지 화나게 하는 것이 그 다섯 번째다."

설마 그 옛날에 맹자님께서 정말 이렇게 얘기했냐고요? 물론 이렇게는 아니고, 이와 아주 비슷한 얘기는 했어요.

맹자님 말씀을 살짝 바꾸어 봤더니
《소학》에 나오는 맹자의 진짜 말씀은 이래요.

> 맹자가 말하기를 세속에는 다섯 가지 불효가 있다고 하였다. 몸이 멀쩡하면서도 게을러서 부모를 소홀히 모시는 것이 첫째 불효요, 도박하고 술 마시기를 좋아해서 부모를 소홀히 모시는 것이 둘째 불효이며, 재물을 좋아하고 여자를 밝혀 부모를 소홀히 모시는 것이 셋째 불효라. 눈과 귀의 욕구에 방종해서 부모의 수치가 되게 하는 것이 넷째 불효이며, 용맹을 좋아하고 다투고 싸워서 부모를 위태롭게 하는 것이 다섯째 불효이니라.

'효' 문자도
조선 시대에 병풍이나 족자로 많이 만들었던 한자 '효(孝)' 그림이에요. 이 그림에 나오는 잉어와 죽순은 서로 다른 옛날 중국 이야기에서 따 왔어요. '어머님이 먹고 싶어 해서 자식이 찾으러 나갔는데, 그 효성이 깊어 한겨울에 강에서는 잉어가, 대숲에서는 죽순이 솟았다.' 는 비슷한 이야기예요.

어때요. 이 말씀을 여러분한테 맞게 살짝 바꾸면 정말 위와 같은 내용이 되지요? 사실 '효란 이런 것이다.' 하고 말하는 옛날 책들을 보면 말 그대로 '공자님 말씀'만 가득 나와 있어서 조금 심심한 느낌이 없지 않아요. 그럴 땐 이렇게 '지금 나'한테 맞게 그 말씀을 바꿔서 읽으면 조금이나마 쉽게 다가와요.

그 어느 나라보다 효를 받들던 우리나라

'효(孝)'란 부모님을 잘 섬기는 일을 말해요. 사람이 자신을 낳고 길러 준 부모님께 효도하는 것은 아주 당연한 일이에요. 어느 시대, 어느 종교를 믿는 나라에서나 '효도'는 누구나 지켜야 할 도리로 여겨져 왔어요. 그런데 유교를 따르던 동양에서는 이런 생각을 아주 더 강조했어요. 그런 동양에서도 '효'를 가장 중요하게 생각한 나라가 바로 우리나라였지요. 효가 어떤 사람을 판단하고, 사회 질서를 통제하고, 나아가 나라를 다스리는 바탕까지 된 나라는 우리나라뿐이에요. 이것은 주로 조선 시대에 들어오고 나서부터였고요.

삼강행실도는 전설의 고향?

'삼강(三綱)'이란 임금과 신하, 부모와 자식, 남편과 부부가 지켜야 할 세 가지 근본 도리를 이르는 말이에요. 그러니까 이 책은 한마디로 '도덕 교과서'예요. 1431년(세종13년)에 한문으로 처음 펴내고, 이처럼 한글로 풀이한 '언해본'은 1481년(성종12년)부터 아주 여러 번 나왔어요. 이 가운데 왼쪽 그림은 '누백포호(婁伯捕虎)'라는 이야기예요. 아버지가 사냥 갔다가 범한테 물려 죽자 열다섯 살밖에 안 된 어린 아들이 원수를 갚으려고 도끼로 범을 쳐서 죽이는 모습이에요. 그 뒤 아들은 범의 배를 갈라 아버지 뼈와 살을 집으로 가져왔어요. 그리고 깨끗한 그릇에 담아 장례를 치르고, 무덤 곁에 움막을 짓고 살아요. 정말 보기 드문 효자이긴 한데, 여러분이 보기에는 어째 좀 으스스한 이야기일지도 몰라요.

그런데 삼강행실도를 다 보면 이런 얘기쯤은 아무것도 아니에요. 병든 부모님 드시라고 허벅지 살을 베거나 손가락을 잘라 고깃국을 끓이는 <전설의 고향>에서나 볼 듯한 이야기가 수두룩해요. 심지어 부모님 끼니를 축내는 어린 아들을 땅에 묻으려는 오싹한 이야기도 있어요. 게다가 '열녀'들은 하나같이 남편을 따라 죽거나 대신 죽어 주는 여자들뿐이에요. 그래서 일찍이 다산 정약용은 이렇게 무섭고 어이없는 삼강행실도를 날카롭게 꼬집은 적이 있어요. '나라가 힘 없는 백성한테 도덕이란 이름으로 폭력을 쓰면 안 된다.'는 얘기였어요.

모두 알다시피 조선은 유교를 바탕으로 세운 나라였어요. 유교에서 가장 중요하게 생각한 것은 '부모님께 효도하고 나라에 충성' 하는 일이었지요. 본래 효란 자식이 스스로 부모를 사랑하고 존경하는 마음에서 저절로 우러나와야 하는 것인데, 조선에서는 이를 아주 꼼꼼한 형식과 격식으로 만들어 하나하나 백성들한테 가르쳤어요. 여러분도 한 번쯤은 들어봤을 '삼강오륜' 과 같은 것이 바로 그런 보기예요.

왕의 효심이 어린 용주사

경기도 화성군 태안읍. 1789년 정조는 아버지 사도세자의 무덤을 '으뜸 명당' 이라고 소문난 지금의 경기도 화성군 자리로 옮기면서 가까이 있던 이곳 용주사를 크게 고쳐 짓게 했어요. 뒤주에 갇혀 억울하게 죽은 아버지의 넋을 잘 기리려는 뜻이었지요. 정조는 새로 옮긴 아버지의 무덤에서 '네가 감히 어디의 솔잎을 갉아먹느냐?' 하면서 송충이를 씹어 먹었다는 이야기가 전할 만큼 효심이 지극한 왕이었어요. 용주사에는 정조의 효심이 담긴 '부모은중경판' 이 남아 있고, 2005년에는 '효행박물관' 이 문을 열었어요.

돌아가신 뒤에도 살아 계실 때처럼

조선 시대에 효도하지 않는 사람은 정말 '사람 대접' 을 못 받았어요. 사람들의 손가락질을 받고 마을에서 쫓겨나는 일도 있었지요. 부모는 살아서도 잘 모셔야 하지만 돌아가신 뒤에도 정성을 소홀히 해서는 안 됐어요. 조선 시대에 부모님이 돌아가시면 3년 동안 산소 곁에 움막을 짓고 살아계실 때처럼 돌봐드려야 했지요. 이런 일을 '시묘살이' 라고 했어요. 돌아가신 날이 되면 그날이 되자마자(밤 12시) 빠짐없이 제사도 드려야 했고요.

돌아가신 날뿐만 아니라 설날과 추석날 아침에도 제사(차례)를 지내고, 한식이나 단옷날에는 산소에 찾아가 제사를 지내고, 돌아가신 부모님 생신이 돌아오면 또 제사를 지내고, 돌아가신 부모님 환갑이 돌아오면 더 큰 제사를 지내기도 했어요. 왕실에서는 '종묘' 라는 커다란 사당을 지어 돌아가신 왕들을 모셔두고 온 나라 백성들한테 모범이 되는 가장 커다란 제사를 지냈지요. 이 모든 제사마다 먹을거리, 상차림, 옷차림 같은 것들이 아주 엄격한 법도에 따라 정해져 있었어요.

오늘날에 맞는 새로운 삼강행실도를 그려야

옛날 온 식구가 한 집에 모여 살던 시대에는 효가 자연스럽게 이어졌어요. 하지만 요즘은 그렇지 않아요. 식구마다 뿔뿔이 흩어져 살게 되면서 효의 방법도 조금씩 달라지고 있지요. 옛날 유교의 가르침대로 부모한테 효도를 하

효자각
조선 시대에 가장 큰 칭찬은 '효자' 소리를 듣는 것이었어요. 살아서 부모를 정성껏 모신 효자가 죽으면 '효자각'을 세워 온 마을의 모범으로 삼고, 그 자손들도 이를 매우 자랑스러워했지요. 하지만 그만한 효자는 아무나 될 수 없었어요.

기에는 따르고 지켜야 할 형식이 너무 많은 것도 사실이에요. 더구나 요즘은 부모와 자식 그리고 남편과 아내의 관계가 옛날처럼 한쪽이 다른 한쪽을 쥐락펴락하는 '비민주' 세상도 아니지요. 오늘날 우리한테 어울리는 새로운 '삼강행실도'를 누군가 손으로는 꼭 그려야 해요.

비록 그 형식은 많이 달라졌을지 몰라도, 효 정신은 우리가 세계 여러 나라에 가장 자랑할 수 있는 귀중한 문화유산이에요. 우리나라는 지난 100년 동안 너무나 빨리 서양과 겉모습이 비슷해지면서 그 정신을 오늘날에 맞게 가다듬는 일에는 아주 많이 소홀했어요. 우리가 '오늘날에 맞는 효' 정신을 바로 세워 일으킬 수 있다면 그것은 세계 어떤 나라도 따라올 수 없는 우리만의 가장 큰 경쟁력이 될 거예요.

조선 시대에는 왜 그렇게 제사를 중요하게 여겼을까?

옛날 어른들이 가장 큰 불효라고 생각한 것은 '혼인을 안 해 자식을 낳지 않는 것'이었어요. 유교에서는 불교와는 달리 죽은 뒤 세상이 따로 없다고 생각한 까닭에 사람의 영원성은 오로지 자식을 통해서만 이어진다고 보았거든요.

그 영원성을 확인하는 가장 중요한 절차가 바로 제사였어요. 조선 시대 선비들이 불교를 비판한 까닭 가운데 하나도 스님들이 출가해 자식을 낳지 않는 것이었지요. 조선 후기에 들어와 제사는 아들이 있는 집에서만 지낼 수 있었기에 '남아선호사상'이 생기는 가장 큰 원인이 되기도 했어요.

👉 부모님 돌아가시면 이런 차림새로 3년

조선 시대에 부모님이 돌아가시면 자식들은 스스로 '죄인'이 됐어요. 나이가 많아서 돌아가셨어도 '내가 잘못 모셔서' 돌아가셨다고 생각했지요. 돌아가신 뒤에도 3년은 살아 계실 때처럼 모신다는 뜻으로 아들이 무덤 옆에 움막을 짓고 '시묘살이'를 했어요. 죄인은 함부로 얼굴을 내비칠 수도 없어서, 어쩌다 바깥 볼일이 생기면 머리엔 '방갓'을 쓰고 얼굴은 '포선'으로 가렸어요. 옷은 '상복(喪服)'이라고 해서 일부러 거칠게 바느질한 삼베옷을 입었어요.

🌸 기제일(忌祭日)

집안 웃어른의 제삿날과 생신을 적어 놓은 문서예요. 조선 시대 여자들이 시집을 가면 가장 먼저 이렇게 어른들 제삿날과 생신을 꼼꼼히 챙겨야 했어요. 종갓집처럼 큰 집안의 며느리들은 거의 다달이 돌아오는 제사 준비에 한 해가 어떻게 가는지도 몰랐다고 해요.

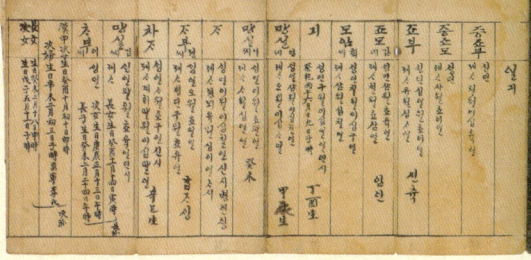

문화관광부 선정 — 우리 민족문화 상징 100

우리 민족문화 100대 상징, 교과서 어디에 있을까?

잠녀
중학교 2-2《국어》관광산업이 발달한 제주도

정보통신(IT)
3-2《사회》봉수와 컴퓨터 통신
4-2《사회》컴퓨터는 이렇게 활용할 수 있어 좋아요
5-2《사회》정보와 시대의 생활과 산업
6-2《사회》지구촌 속의 우리 나라
고등학교《도덕》정보 사회에서의 청소년 비인간화 문제
고등학교《생활과 과학》정보 통신 및 자동화

정약용
4-1《읽기》마음의 창을 열고
6-1《사회과 탐구》화성과 거중기
6-2《실험관찰》지레의 원리로 도르래 설명
중학교 2《도덕》정약용
고등학교《국어 상》유배지에서 보낸 편지

제주도 돌담
5-1《사회》여러 가지 모양의 집
중학교《도덕》우리 민족의 얼과 문화유산

조선왕조실록
고등학교《국사》조선왕조실록
고등학교《국사》실록편찬

종묘와 종묘대제
4-2《사회과 탐구》종묘
4-2《사회과 탐구》종묘 제례악

직지심체요절
4-2《사회》직지심체요절에 관한 조사 보고서
5-2《국어》직지와 흥덕사
6-1《사회》고려의 문화
6-2《사회》세계 속의 대한 민국
중학교《도덕》우리 민족의 얼과 문화유산
고등학교《국사》인쇄술의 발달

진돗개
6-1《과학》우리 주변의 생물을 조사해 봅시다

천상열차분야지도
고등학교《국사》천상열차분야지도

초가
5-1《사회》여러 가지 모양의 집

춘향전
고등학교《한국·근현대사》민중의식이 성장하다
고등학교《국사》한국 소설과 사설시조
고등학교 3《국어》춘향전

측우기
3-1《실험관찰》측우기
중학교《국사》학문과 과학 기술의 발달
고등학교《국사》과학 기술의 발달
고등학교《사회》기후와 인간 생활
고등학교《과학》과학의 탐구

탈춤
3-2《사회》우리 고장의 전통 문화
3-2《사회》전해 오는 민속
4-1《읽기》탈놀이
4-2《사회과 탐구》우리 고정의 다양한 전통 문화
6-1《국어》우리 나라의 탈 이름
6-1《사회과 탐구》탈놀이
6-1《사회》조선 후기의 서민 문화를 살펴보자
6-2《사회》세계 속의 대한민국
고등학교《문학 상》봉산탈춤
고등학교《국사》판소리와 탈놀이
고등학교《미술》미술 문화의 특성

태권도
4-2《말하기·듣기》우리 나라의 자랑거리
4-2《생활의 길잡이》태권도의 생활화

6-2 《사회》 의술과 태권도로 한국을 알린다
6-2 《사회》 세계 속의 대한민국
6-2 《사회》 세계 속에 한국을 심는 사람들

퇴계(이황)
3-1 《읽기》 훌륭한 행동
3-1 《말하기·듣기》 이야기와의 만남
고등학교 《국사》 붕당의 출현
고등학교 《국사》 성리학의 발달, 성리학의 변화

판소리
3-2 《사회》 우리 고장의 전통 문화
4-2 《사회》 세계적으로 인정받은 우리 문화재
6-1 《사회과 탐구》 판소리에 나타난 서민의 마음
6-1 《사회》 조선 후기의 서민 문화를 살펴보자
6 《음악》 극음악
고등학교 《문학 상》 판소리
고등학교 《국사》 판소리와 탈놀이

팔만대장경
4-2 《사회과 탐구》 우리 나라에서 제일 좋아하는 문화재
6-1 《사회》 고려의 문화에 대하여 조사해 보자
고등학교 《국사》 대장경 간행

평양
4-2 《말하기·듣기》 평양 학생 예술단 공연
4-2 《사회과 탐구》 고구려의 도읍지 평양
고등학교 《국사》 상품 화폐 경제의 발달

풍물굿
6-2 《읽기》 풍물놀이, 사물놀이
고등학교 《한국·근현대사》 사물놀이

풍수
고등학교 《사회》 풍수지리는 우리 조상들의 생활에 어떤 영향을 끼쳤을까
고등학교 《국사》 선종과 풍수지리설, 도교와 풍수지리설

고등학교 《사회》 서울의 지세와 풍수지리사상

한글(훈민정음)
1-2 《읽기》 세종대왕
4-2 《말하기·듣기》 우리 나라의 자랑거리
4-2 《사회》 세계적으로 인정받은 우리 문화재
6-1 《사회와 탐구》 훈민정음
6-1 《사회》 문화의 발달과 백성들의 생활 모습
6-2 《사회》 세계 속의 대한민국
중학교 1-2 《국어》 훈민정음 완성되다
중학교 《도덕》 우리 민족의 얼과 문화유산
고등학교 3 《국어》 훈민정음
고등학교 《한국·근현대사》 주시경의 한글 사랑
고등학교 《국사》 한글 창제

한복
3 《미술》 의상과 장신구
5-1 《사회과 탐구》 자연에서 얻은 한복의 재료

한석봉과 어머니
3-1 《생활의 길잡이》 부모님의 마음을 알아주는 것이 참된 효도

한옥
3 《미술》 아름다운 실내
5-1 《사회과 탐구》 조상들이 살던 곳

한지
4-1 《사회》 괴산한지
5-2 《사회》 한지
6-2 《사회과 탐구》 천 년의 수명 한지

호랑이
고등학교 《국사》 까치 호랑이

활
5-1 《실험관찰》 물체에 힘이 작용할 때의 변화

문화관광부 선정 — 우리 민족문화 상징 100

1권 (32상징)

강릉단오제
갯벌
거문고
거북선
경주(서라벌)
고구려 고분 벽화
고려청자
고인돌
고추장
광개토대왕
굿
금강산
금줄
길거리 응원
김치
냉면
다듬이질
단군
대금
대동여지도
도깨비
독도
돌하르방
동의보감
동해
된장과 청국장
두레
떡
막사발(조선 사발)
무궁화
물시계와 해시계
미륵

2권 (34상징)

반가사유상
백두대간
백두산
백자
백제의 웃음
분청사기
불고기
비무장지대
빗살무늬토기
삼계탕
색동
서낭당
서당
서울(한양)
석굴암
선(禪)
선비
세종대왕
소나무
소주와 막걸리
솟대와 장승
수원화성
씨름
아리랑
안중근
영산줄다리기
오일장(장날)
온돌
옹기
원효
유관순
윷놀이
이순신
인삼

3권 (34상징)

자장면
잠녀(해녀)
전주비빔밥
정보통신(IT)
정약용
정자나무
제주도 돌담
조선왕조실록
종묘와 종묘대제
직지심체요절
진돗개
천상열차분야지도
초가
춘향전
측우기
탈춤
태권도
태극기
퇴계(이황)
판소리
팔만대장경
평양
풍물굿
풍수
한글(훈민정음)
한복
한석봉과 어머니
한옥
한우
한지
호랑이
활
황토
효

사진·그림 제공 또는 출처

10~11_이장원 | **자장면** 12_이성준, 14_임승수, 15_임승수, 16_Ynotswim, 17_장기훈 | **잠녀** 18_제주해녀박물관·서재철, 20~21_제주해녀박물관, 22_제주해녀박물관·서재철(1960년대 잠녀)/이장원(제주 해녀 항일 운동 기념 공원), 23_제주해녀박물관, 24_제주해녀박물관(잠녀)/이장원(물질 도구), 25_제주해녀박물관 | **전주비빔밥** 26_뉴시스, 28_이장원, 29_이장원, 31_뉴스뱅크 이미지 | **정보통신(IT)** 32_임승수, 35_삼성전자/중앙포토 | **정약용** 36_이장원, 38_호암미술관, 39_이장원, 40~41_이장원, 42_고려대학교박물관, 43_규장각한국학연구원/이장원 | **정자나무** 44_백종하, 46~47_이장원 | **제주도 돌담** 48~51_이장원 | **조선왕조실록** 52_규장각한국학연구원, 54_연합뉴스, 55_이장원, 56_규장각한국학연구원, 57_이장원, 58_규장각한국학연구원 | **종묘와 종묘대제** 60_디스커버리미디어, 62_전성영(정전·공신당·영녕전)/이성준(칠사당), 63_유로포토서비스, 64_《한국생활사박물관》(사계절출판사), 65_규장각한국학연구원, 66_타임스페이스/전성영, 67_심 디스마/타임스페이스/타임스페이스 | **직지심체요절** 69_이장원, 70_청주고인쇄박물관, 71_백종하, 72_이장원, 73_이장원/국립중앙박물관, 75_청주고인쇄박물관/청주고인쇄박물관 | **진돗개** 76_윤신근, 77_이장원, 78~79_윤신근, 80_이장원/개인 소장 81_이장원 | **천상열차분야지도** 82_이장원, 83_연세대학교박물관, 84_국립민속박물관(국립고궁박물관 소장), 85_규장각한국학연구원, 86~87_이장원(일성정시의·간의·혼천의)/고려대학교박물관, 88_규장각한국학연구원, 89_이장원(도산서원 소장) | **초가** 90_이장원, 92_백종하/한솔교육 자료실, 93_이장원, 94_이장원, 95_백종하/이장원/중앙포토 | **춘향전** 96~99_이장원, 100_이장원(춘향전 창극)/태흥영화사(춘향전 영화 포스터)/이장원(춘향 묘) | **측우기** 102_이장원, 104_이장원(세종 때 측우대)/장기훈(기상청 소장 측우기), 105_백종하, 106_이장원/이장원, 107_박민지 | **탈춤** 108_이장원, 109_국립중앙박물관, 110~111_이장원, 112_이장원/중앙포토, 113_안동하회탈박물관, 114_이장원, 115_이장원(은율탈춤·봉산탈춤·강령탈춤·양주별산대놀이·송파산대놀이·가산오광대·통영오광대·수영들놀음·하회별신굿·강릉 관노가면극)/안동하회탈박물관(동래들놀음·고성오광대·북청사자놀이) | **태권도** 116_연합뉴스, 118_서울대학교박물관, 119_이장원, 120_이장원, 121_한솔교육 자료실, 122_이장원, 123_한솔교육 자료실/이장원 | **태극기** 124_중앙포토, 125_뉴스뱅크 이미지, 126_한솔교육 자료실, 127_한솔교육 자료실, 128_고명진, 129_이장원, 130_이장원, 131_한솔교육 자료실/연합뉴스 | **퇴계 이황** 132_이장원, 134~135_이장원, 136_이장원, 137_국립민속박물관, 138_한솔교육 자료실, 139_이장원 | **판소리** 140_이장원, 142_이장원, 143_이장원, 144_이장원, 145_이장원/고장판소리박물관 | **팔만대장경** 146_백종하, 148~149_백종하, 150_타임스페이스, 151~153_백종하, 154_이장원, 155_백종하 | **평양** 156_AFP·연합뉴스, 157_중앙포토, 158_유로포토서비스, 159_국립문화재연구소, 160_유로포토서비스/중앙포토, 161_민족21/연합뉴스 | **풍물굿** 162_심 디스마, 163_허용무, 164_이장원, 165_전성영, 166_백종하/타임스페이스, 167_성남문화재단 | **풍수** 168_이장원, 170_이장원/이장원, 171_국립민속박물관, 172_이장원, 173_성신여자대학교박물관/백종하 | **한글(훈민정음)** 174_이장원, 176_간송미술관, 177_독립기념관, 178_건국대학교 도서관, 179_세종대왕기념관, 180_한솔교육 자료실, 181_규장각한국학연구원(인목대비 글씨)/독립기념관(한글학회 책)/연합뉴스(이오덕) | **한복** 182_이장원, 184_한솔교육 자료실/국립대구박물관/간송미술관, 185_한솔교육 자료실, 186_한솔교육 자료실, 187_연합뉴스, 188_연합뉴스, 189_김혜순 한복, 163_한솔교육 자료실 | **한석봉과 어머니** 191_동국대학교 도서관(김민영 소장), 192_이장원, 195_이장원(도산서원 현판)/국립중앙박물관(두보 시)/규장각한국학연구원(석봉서법) | **한옥** 196_이장원, 198_이장원/이장원, 199_《한국생활사박물관》(사계절출판사), 200_이장원(선교장)/타임스페이스(기와집), 201_이장원/이장원/백종하 | **한우** 202_이장원, 204_백종하/이장원, 205_엔싸이버 포토박스, 206_이장원, 207_국립중앙박물관/백종하 | **한지** 208_최호식, 210_백종하, 211_연합뉴스/최호식, 212_백종하/백종하 | **호랑이** 216_개인 소장, 218_한솔교육 자료실, 219_개인 소장/국립중앙박물관(중박 200806-179), 220_유로포토서비스/타임스페이스 | **활** 222_이장원, 224_연합뉴스/한솔교육 자료실, 225_이장원/개인 소장, 226_이장원, 227_한솔교육 자료실 | **황토** 228_이장원, 230_이장원, 231_백종하/이장원, 233_부산일보/이장원 | **효** 234_최수연, 235_개인 소장, 236_《삼강행실도》(세종대왕기념사업회), 237_임승수, 238_오진선, 239_최호식(제사)/한솔교육 자료실(시묘살이 차림새)/서울역사박물관(기제일)

포토리서치_이성준(시몽포토에이전시)

※ 이 책에 쓴 사진은 해당 사진을 지닌 단체와 저작권자의 허락을 받아 실은 것입니다. 사진을 제공해 주셔서 고맙습니다.
※ 저작권자를 찾지 못하여 게재 허락을 못 받은 사진은 저작권자를 확인하는 대로 게재 허락을 받고, 통상 기준에 따라 그 값을 드리겠습니다.

우리 민족문화 상징 100
❸ 자장면에서 효까지

글 이장원 | **그림** 김이랑 | **사진** 이장원, 백종하, 시몽포토에이전시
초판 1쇄 펴낸날 2008년 7월 10일 | **2판 7쇄 펴낸날** 2013년 5월 20일
펴낸이 변재용 | **BC사업본부장** 남윤정 | **편집장** 김혜선
편집 이장원 | **디자인** 정상철 | **포토디렉터** 심환근
마케팅 김용재, 박영준 | **홍보** 이명제 | **영업관리** 김효순 | **제작** 김용학, 강명주
분해 (주)나모에디트 | **출력·인쇄** (주)삼조인쇄 | **제본** (주)선명제본
펴낸곳 (주)한솔교육 등록 제 10-647호 | **주소** 121-904 서울시 마포구 상암동 1653번지 한솔교육빌딩
전화 02-3279-3897(편집), 02-3271-3406(영업) | **전송** 02-3279-3889
전자우편 isoobook@eduhansol.co.kr | **북카페** cafe.naver.com/soobook | **페이스북** www.facebook.com/isoobook
ISBN 978-89-535-5173-2 74900 **ISBN** 978-89-535-5217-3 (세트)

ⓒ 2008 (주)한솔교육·이장원
※저작권법으로 보호받는 저작물이므로 저작권자의 서명 동의 없이 다른 곳에 옮겨 싣거나 베껴 쓸 수 없으며 전산장치에 저장할 수 없습니다.
※값은 뒤표지에 있습니다.

한솔수북의 모든 책은 아이의 눈, 엄마의 마음으로 만듭니다.